Los cuerpos desnudos no le temen al agua

MATTHIEU AIKINS

Los cuerpos desnudos no le temen al agua

Traducción de Lidia Rosa González Torres

TENDENCIAS

Argentina – Chile – Colombia – España
Estados Unidos – México – Perú – Uruguay

Título original: *The Naked Don't Fear the Water*
Editor original: HarperCollins
Traductor: Lidia Rosa González Torres

1.ª edición: marzo 2022

Plaza de los Reyes Magos, 8, piso 1.º C y D – 28007 Madrid
www.edicionesurano.com

ISBN: 978-84-92917-04-4
E-ISBN: 978-84-19029-71-3
Depósito legal: B-1.239-2022

Fotocomposición: Ediciones Urano, S.A.U.
Impreso por: Rodesa, S.A. – Polígono Industrial San Miguel
Parcelas E7-E8 – 31132 Villatuerta (Navarra)

Impreso en España – *Printed in Spain*

لُچ از آب نمی ترسد

Los cuerpos desnudos no le temen al agua.

—Proverbio darí

Berlín
ALEMANIA
Moscú
RUSIA
Trieste
Liubliana
ESLOVENIA
Belgrado
SERBIA
Sofía
ITALIA
BULGARIA
Sinemorets
Mar Negro
Igneada
GRECIA
Estambul
Patras
Lesbos
Eskicehir
Ankara
Atenas
Esmirna
TURQUÍA
Doğubayazit
Makū
Van
Mar
Mediterráneo
SIRIA
Damasco
Bagdad
IRAK
El Cairo
LIBIA
EGIPTO
Mar
Rojo
0
200
400 mi
0
200
400 km

Taskent
UZBEKISTÁN
Mar
Caspio
Mazar-e-Sharif
Kunduz
Mashhad
Peshawar
Islamabad
Kabul
Herat
Teherán
AFGANISTÁN
Kandahar
IRÁN
Spin Boldak
Quetta
Zaranj
PAKISTÁN
Zahedán
Shiraz
Golfo
Pérsico
Bandar Abbás
Dubái
Mar
Arábigo
U.A.E.

Índice

Parte III
El campamento

Parte IV
La ciudad

Parte I

La guerra

1

Con la primera luz del día, me apoyé contra la ventana y miré hacia abajo para contemplar las montañas. Estábamos volando hacia el sol naciente, y sus rayos ponían de relieve las tierras baldías; un color marrón ondulado cortado por los valles y salpicado de aldeas a las que aún se accedía en burro. Nos encontrábamos cerca de la intersección de Afganistán, Irán y Turkmenistán, pero no sabría decir qué país era el que tenía debajo. La escarcha se había cristalizado en mi ojo de buey, teñido de rosa por el amanecer, al igual que nuestra estela de condensación para las personas que estaban abajo.

Me acomodé sobre el reposacabezas. Todavía faltaban unas horas para llegar a Kabul, donde mi amigo Omar me estaba esperando. Al cerrar los ojos, pude ver su rostro cuando me dejó aquel verano en el aeropuerto, suplicando de manera repentina, con sus manos agarrando las mías.

—Vuelve, hermano. No me dejes. Todo el mundo se está yendo.

El avión estaba en silencio. Los pocos pasajeros que podía ver estaban durmiendo echados hacia delante o despatarrados a lo largo de las filas. Sabía que, en la vuelta hacia Estambul, los asientos vacíos estarían llenos de afganos que huían de la guerra. Puede que mi asiento lo acabara ocupando alguien que hubiera planeado cruzar el agua en esos pequeños barcos de goma que salen de Turquía en dirección a Europa. Ahora, miles de refugiados aterrizaban cada día en las islas griegas, y muchos más iban en camino. Era finales de octubre de 2015, y aquel otoño ocurrió un milagro, una violación de una ley fundamental: bajo el peso de las personas, habían abierto la frontera.

Durante años, la presión fuera de Europa se había estado forjando a medida que la guerra se iba expandiendo a través de Oriente Medio y dejaba a millones de personas sin hogar. Quienes iban en las embarcaciones eran, en su mayoría, sirios, afganos e iraquíes. Muchos de ellos eran mujeres y niños y, a no ser que les dispararan, era imposible detenerlos. Desde Grecia se dirigían al norte a través de los Balcanes, llenando las plazas de las ciudades y los pasos fronterizos, un espectáculo en las noticias, una crisis. Para evitar que la Unión Europea se hiciera añicos, Alemania suspendió sus normas y dejó que los migrantes pasaran; otros países siguieron el ejemplo, y ahora habían caído cinco fronteras entre Atenas y Berlín. Las pantallas en todo el mundo mostraban las masas que cruzaban las fronteras abiertas, una prueba de lo imposible, un clarín que anunciaba la libertad universal de movimiento, lo cual era un sueño para algunos y una pesadilla para otros.

Nadie sabía cuánto tiempo iba a durar el milagro. Ahora, cada día miles de personas[1] llegaban a tierra en embarcaciones. Un millón entraría a Europa.

Y Omar y yo nos íbamos a cruzar con ellas.

TOMAMOS LA DECISIÓN en agosto, cuando volví a casa en Kabul después de un encargo en Yemen. Conozco a Omar desde que empecé a trabajar en Afganistán, y él siempre había soñado con vivir en Occidente, pero su anhelo se volvió más urgente a medida que la guerra civil se intensificaba y su ciudad era bombardeada. Los soldados estadounidenses estaban abandonando el país; yo también estaba intentando avanzar, agotado tras pasarme siete años aquí informando, pero no podía dejar a Omar atrás. Así, pues, cuando volé de regreso a principios de aquel verano, no me quité a mi amigo de la cabeza. Todavía no tenía ningún plan, pero le estaba dando forma a una idea. Omar y yo teníamos que hablar.

BIENVENIDOS AL AEROPUERTO INTERNACIONAL HAMID KARZAI. En el mostrador de inmigración entregué mi pasaporte y puse las huellas dactilares sobre el resplandor verde del escáner, después fui hacia la cinta transportadora de equipaje y recogí mi maleta, a la cual llevé a la máquina de rayos X. El policía que estaba junto al monitor buscaba armas y botellas. El alcohol era ilegal en la República Islámica de Afganistán, excepto en las embajadas y en los organismos internacionales, pero cada visitante extranjero tenía permitido traer dos preciadas botellas. Subí mi maleta a la cinta transportadora junto con la bolsa que contenía el *whisky* escocés y la ginebra que había comprado en el *duty free* de Estambul, y caminé hacia el otro extremo mientras ensayaba mis líneas.

Mis antepasados procedían de Japón y de Europa, pero, asombrosamente, yo, con mis ojos almendrados, mi pelo negro y mi barba áspera, parecía afgano. Por ello, los guardias fronterizos siempre asumían que era de allí y que llevaba *haram* de contrabando, una partida lucrativa, ya que lo más seguro era que el alcohol confiscado acabara en el mercado negro. Con los años mi persa mejoró, pero eso solo hizo que las conversaciones se volvieran más incómodas.

—Hermano, ¿me estás diciendo que no eres afgano?

—No, señor —decía, apresurándome a llegar al otro extremo de la cinta con el pasaporte antes de que el policía pudiera arrebatarme las botellas—. Mire mi nombre, ni siquiera soy musulmán. Lo siento.

Fuera de la terminal, inhalé el aire seco del verano. No he dormido mucho desde Sanaa, pero todo el cansancio se fue desvaneciendo a medida que la escena se iba enfocando; los picos nevados del Hindu Kush a lo lejos, los suburbios en las laderas, el Humvee con su torreta apuntando hacia la puerta. En el aparcamiento vi un Toyota Corolla dorado, y dentro, escuchando la radio con la ventana bajada y un cigarro encendido, estaba mi amigo Omar. Salió del vehículo y caminó hacia mí. Era más alto que yo y ancho de hombros, y tenía una sonrisa carnosa y patas de gallo. Mientras nos abrazábamos, la presión hizo que su barba incipiente me pinchara la mejilla; olía a colonia y a humo. Me quitó la maleta de la mano y la metió en el maletero. Condujimos por la rotonda del aeropuerto: un remolino de taxis, todoterrenos blindados, autobuses, los policías gritando, los mendigos golpeando las ventanas, los vendedores ambulantes balanceando perchas con tarjetas telefónicas y adornos para el salpicadero. Omar iba adelantando con el Corolla mientras maldecía en voz baja, una mano sobre el volante y en la otra un cigarrillo de la marca Pine que de vez en cuando se dejaba entre los labios para pasarse los dedos por su oscura melena. No fue hasta que salimos a la autopista del aeropuerto, con su largo tramo de cavernosas y enormes salas, que pudimos relajarnos y ponernos al día.

—Qué bien que hayas vuelto, *baradar* —dijo en persa. Sonrió, pero mantuvo los ojos en la carretera.

—Yo también me alegro de verte, hermano —respondí.

Omar sabía que mi contrato de alquiler expiraba y que había vuelto para vaciar la casa. Parecía que la mitad de la ciudad estaba escapando de ese verano de *raftan, raftan* («irse, irse»). Los afganos estaban perdiendo la esperanza en el futuro de su país. La clase media gastaba sus ahorros en vuelos y visados a Turquía; los jóvenes llenaban los autobuses que partían hacia el desierto del sur, cerca de Irán. La propia familia de Omar se estaba marchando.

Cuatro de sus hermanos ya estaban en Europa, y su madre y su hermana se preparaban para escapar con contrabandistas. Sin embargo, durante mucho tiempo, el plan de Omar había sido emigrar a Estados Unidos a través del Visado Especial para Inmigrantes[2], un programa creado por el Congreso para recompensar a los empleados afganos e iraquíes leales, un final feliz para unos pocos para calmar la conciencia de Estados Unidos. Omar debería haber cumplido los requisitos, pues había servido en combate como intérprete para las Fuerzas Especiales y había trabajado con la USAID y con empresas de eliminación de minas. No obstante, cuando me envió su solicitud, vi que estaba en apuros. Necesitaba todo tipo de documentación que no se le había ocurrido reunir a lo largo de los años, como cartas de recomendación de sus supervisores y copias de los contratos de sus empleadores con el gobierno estadounidense. ¿Cómo se suponía que iba a localizar a un capitán de los boinas verdes al que solo conocía por su nombre? ¿O a conseguir documentos de la compañía de desminado, la cual había quebrado? Me envió un correo electrónico mientras yo estaba en el extranjero.

> Hola, mi querido y dulce hermano. Espero que estés bien y que te vaya bien. Por favor, deséame la mayor de las suertes para que encuentre la oportunidad de conseguir el visado de Estados Unidos y trasladarme allí. Estoy muy cansado de vivir aquí.

Enviamos todo lo que tenía. La respuesta tardó dos años en llegar:

> Lamentamos comunicarle que su solicitud de aprobación por parte del jefe de misión diplomática (COM) para presentar una petición para el programa del Visado Especial para

Inmigrantes SQ (SIV) ha sido denegada por la(s) siguiente(s) razón(es): Falta de documentos suficientes para emitir un dictamen. [...]

Cuando su sueño de irse a Estados Unidos se frustró, a Omar le quedó la misma opción que a su madre y a su hermana, es decir, emprender el camino de los contrabandistas hacia Europa, un largo y peligroso viaje a través de las montañas y del mar. Fue entonces cuando la idea llegó a mi mente. Si Omar iba a viajar de esa manera, yo quería ir con él y escribir sobre ello. Dado el riesgo que corría de ser secuestrado o detenido, tendría que disfrazarme de otro inmigrante afgano, pero, después de todas las misiones peligrosas que habíamos llevado a cabo juntos aquí, le confiaría mi vida a Omar. De este modo, yo podría ver la clandestinidad de los refugiados desde dentro. Y no tendría que dejar a mi amigo atrás. Nos ayudaríamos el uno al otro. Y yo pagaría por todo.

Sentados frente a mi casa aquel agosto, Omar se quedó un momento en silencio después de que se lo planteara. Se dio cuenta de que hablaba en serio. Luego sonrió.

—Pues claro que podemos ir juntos.

—¿Estás seguro?

—Estoy seguro, hermano.

—De acuerdo —dije—. ¿Cuándo nos podemos ir?

Suspiró.

—Todavía no —contestó. Había asumido que estaba listo, pero no era tan sencillo. Primero tenía que sacar a sus padres del país.

—Por supuesto —le aseguré.

Y había alguien más que lo retenía aquí en Kabul: Laila. Era la hija de su casero y vivía dos casas más abajo. Llevaban varios años viéndose en secreto, pero no me había dado cuenta de que las cosas se habían puesto serias. Según me dijo, era el amor de su vida.

Tenían planeado casarse. Pero ella procedía de una familia chií adinerada; Omar era suní y lo único que tenía a su nombre era el Corolla. Si hubiera conseguido el visado para Estados Unidos, habría tenido algo que ofrecerle a la familia de ella. Podría haberla llevado allí de manera legal. Ahora primero tenía que obtener asilo en Europa, antes de poder volver a por ella. Sin embargo, mientras estuviera fuera, su padre podría intentar casarla con otra persona; Laila le dijo que podía retrasar la decisión del patriarca, pero no desafiarla.

Ese era su dilema. Para conquistar a Laila, Omar tendría que marcharse y arriesgarse a perderla.

Después de haber lanzado mi propuesta aquel día de agosto, dejamos mi equipaje en la casa y nos fuimos a hacer recados. Para cuando volvimos ya era tarde y había un apagón en el barrio, nada fuera de lo normal. Teníamos un generador, pero, a medida que nos acercábamos con el coche, pude ver que, encima de la pared del patio, las ventanas de arriba estaban a oscuras, y me pregunté si habría alguien en casa. En ese instante, Omar tocó el claxon y el viejo Turabaz, nuestro *chowkidar*, nos abrió la puerta con un chirrido. Cuando entramos, la perra ladró y tiró de la cadena que la mantenía atada.

Había vivido en varias casas en Kabul durante los años que pasé allí trabajando como periodista *freelance*, pero esta era la primera que de verdad sentí que era mía. Unos años antes, me mudé con otros tres extranjeros. Reformamos la casa, plantamos rosas en el jardín, celebramos fiestas y luego, uno tras otro, mis amigos abandonaron el país y fueron sustituidos por otros compañeros de piso cada vez más transitorios. La mayoría de los expatriados no se quedaban en Afganistán mucho tiempo. Era una aventura o una oportunidad de ganar dinero.

Salí del coche y alumbré el césped amarillo y lleno de hierbajos. Llevaba meses fuera. El cobertizo, donde una vez habíamos destilado vodka, estaba lleno de basura. Por seguridad, alguien había tapiado toscamente una de las puertas que daban a la calle. Y la perra, salvaje en el mejor de los casos, estaba llena de suciedad y enloquecida por la emoción; su lengua le dio la bienvenida a las palmas de mis manos cuando me agaché junto a ella.

—¿No hay nadie que se ocupe de ella? —le espeté a Turabaz.

Omar estaba agazapado junto a nuestro viejo generador de gas. Tiramos y maldijimos, pero no arrancó, así que fuimos de habitación en habitación examinando los muebles de la casa con la linterna. Yo quería venderlos y darle el dinero a Turabaz, ya que pronto se quedaría sin trabajo, aunque los mercados de segunda mano de Kabul estaban repletos de emigrantes que liquidaban sus casas. Omar nos ayudó a mudarnos y se acordaba exactamente de cuánto habíamos pagado de más por cada cosa.

—Os gastasteis cien dólares en esto —dijo mientras iluminaba una estantería polvorienta de cartón prensado—. Ahora debe valer unos cinco dólares.

Cuando Omar fue a revisar la cocina, me senté en un escritorio que había en el salón. Estaba empezando a sentir el *jet lag*. Utilizábamos esta habitación como despacho, y aquí había escrito muchas de mis historias, con una estufa de gas siseando en invierno y la puerta abierta al jardín, en verano. En la penumbra, las manchas de la alfombra eran ligeramente visibles. Froté una de ellas con la punta del pie: vino tinto. Cuando organizábamos fiestas, juntábamos los escritorios para formar una barra que se volvía pegajosa por culpa del ponche casero. Aquí había bailado gente de todo el mundo. Durante un tiempo habíamos llamado «hogar» a este país. Ahora íbamos a dejarlo como un cascarón que se nos había quedado pequeño.

Cuando terminamos nuestro inventario, Omar y yo sacamos a pasear a la perra. Turabaz la había llamado Baad, que significa «viento» en persa. Era, sobre todo, una pastora alemana, creo, y me gustaba exhibirla porque los allanamientos de moradas se estaban convirtiendo en un problema. Cuando la paseaba, los niños de la calle, al ver su sonrisa afilada, gritaban «gorg» —«lobo»—. Era cariñosa, pero difícil de entrenar debido a un tic de algún trauma que había sufrido cuando era cachorra. Si le presionabas los cuartos traseros lo más mínimo, se perseguía la cola en un bucle de gruñidos que recordaba al uróboro, la serpiente que se traga a sí misma. Uno de mis compañeros de piso, que ya se fue del país hace mucho, la adquirió por capricho mientras yo estaba fuera de la ciudad. Todavía tenía que ver qué hacer con ella.

Las calles de Kabul estaban vacías por la noche. Caminamos hasta la colina de Kolola Pushta, un par de montículos con un cementerio en uno y un fuerte tapiado en el otro, el cual había sido construido por los británicos en el siglo XIX y que ahora albergaba a una unidad del ejército afgano. Mientras Baad olfateaba una alcantarilla, Omar se adelantó, susurrándole a Laila por el móvil. Le estaba contando lo que me había dicho en el camino a casa. Había tomado la decisión de marcharse y de convertirse en refugiado, pero no hasta que Laila y él se prometieran. Iba a pedirle su mano a su padre en el supuesto de que Omar pudiese conseguir asilo y traer a su novia a Europa. Me avisó de que podría llevar algún tiempo convencer al patriarca. Le contesté que podía ser paciente. De todas formas, yo tenía que volver a Estados Unidos para terminar un encargo, pero pensaba regresar en octubre. Seguro que para entonces Omar estaría listo.

El camino ascendía entre las lápidas, unas piedras irregulares con palos y trapos atados. Frente a nosotros, la silueta del fuerte se hundía contra las luces de la calle. En la oscuridad del cementerio se oyó una tos rasposa y luego el olor a hachís. Apreté la correa de

Baad. *Que Omar intente ganarse a su amada*, pensé. Si íbamos a viajar juntos de manera clandestina, necesitaba tiempo para prepararme y poder pasar por afgano. Una vez que empezáramos no habría vuelta atrás, no sin abandonar a mi amigo. Como podrían registrarnos, tendría que olvidarme de los pasaportes estadounidense y canadiense que me permitían moverme con tanta facilidad por este mundo lleno de fronteras. Y, aun así, no eran solo los puestos de control y las vallas los que regían nuestros movimientos; había leyes y redes de vigilancia, y líneas más intangibles trazadas por el propio interés: las vías por las que discurren nuestras vidas, los límites de nuestra imaginación. «El muro está también dentro de cada uno de nosotros», escribió John Berger[3].

En la cima de la colina había un terreno vacío rodeado de árboles. Me acerqué al borde y miré hacia el norte, donde podía ver con claridad más allá de Qasaba, y donde el suburbio se arrastraba por las empinadas colinas que rodeaban a la capital. Había vuelto la luz; muchas de las casas improvisadas estaban ahora electrificadas. Cuando Omar terminó la llamada, se acercó y se puso a mi lado.

—Cuando llegamos aquí, no había luces —dijo.

Al igual que muchos afganos de su generación, Omar creció como refugiado en Irán y Pakistán. En 2002, su familia regresó del exilio a una capital destrozada en la que las avenidas estaban llenas de escombros y los edificios tapaban los agujeros que habían hecho los proyectiles con unas cortinas raídas. Pero la gente tenía esperanza. Kabul había crecido con exabruptos de hormigón, habían brotado centros comerciales y gasolineras con fachadas de neón, pero la promesa de paz había sido una mentira. La guerra que asolaba el campo se aproximaba a la capital. Los talibanes se acercaban. Y, aun así, por la noche no se veían los muros de contención coronados con alambre de concertina ni las calles sin asfaltar en las que las viudas pedían limosna por la mañana. La ciudad que teníamos ante nosotros estaba hecha de luz.

—Es hermosa.

—Lo es —corroboró mi amigo—. Y, si Dios quiere, algún día mejorará.

—Pero ¿estás listo para irte?

Cuando se volvió hacia mí, pude ver que estaba cansado.

—Aquí no hay futuro para mí. Tú tienes un buen trabajo, tienes documentos, puedes viajar adonde quieras. —Miró a la que era su ciudad—. Lo único que tengo yo es mi suerte.

2

Poco después partí hacia Nueva York y, cuando volví tres meses después, a finales de octubre, en ese avión vacío vía Estambul, encontré la cinta transportadora de Kabul abarrotada de hombres con túnicas blancas que descargaban contenedores de agua bendita de Zamzama que habían traído de la peregrinación a La Meca. En 2015 ese *hajj* había sido un desastre, ya que hubo más de dos mil muertos en una estampida y otros cien por el derrumbe de una grúa del Grupo Saudí Binladin.

Pasé mi alcohol por el escáner y fui a buscar a Omar al aparcamiento. Los guardias del aeropuerto parecían tensos; unas semanas antes, los talibanes habían tomado Kunduz, una ciudad fronteriza cerca de Tayikistán. Las defensas del gobierno se desmoronaron ante el repentino asalto y, por primera vez desde 2001, los talibanes izaron su bandera blanca en la capital de una provincia. Una corriente de desplazados se dirigió al sur, a Kabul, sembrando el pánico a su paso. La caída de Kunduz dio un nuevo impulso al éxodo afgano, el cual ya estaba en plena efervescencia desde que se había abierto la frontera en Europa ese otoño.

A medida que nos alejábamos del aeropuerto, empecé a hablarle a Omar del «corredor humanitario» que se había abierto para los refugiados a través de los Balcanes, pero él ya lo sabía todo porque había visto las noticias en casa. Un milagro nos había despejado el camino y, con todo, me dijo que todavía ni le había hecho la propuesta a la familia de Laila ni había resuelto la partida de sus propios padres. Era complicado; necesitaba más tiempo. Le dije que no pasaba nada, porque quería escribir una última historia juntos en Afganistán. Durante la caída de Kunduz había tenido lugar un incidente impactante[4]. Un equipo de fuerzas especiales estadounidenses, el cual luchaba por recuperar la ciudad mano a mano con las tropas afganas, había lanzado un ataque aéreo contra un hospital de Médicos Sin Fronteras, lo que mató a cuarenta y dos personas. Los militares afirmaron que había sido un accidente, pero yo sabía que las autoridades locales llevaban mucho tiempo guardándole rencor al hospital por tratar a los insurgentes heridos. Quería investigar y necesitaba a Omar como conductor. Iríamos juntos a Kunduz y luego yo podría terminar de escribir la historia mientras que él arreglaba las cosas con Laila. No teníamos que precipitarnos. Confiaba en que, pasara lo que pasare, íbamos a dejar Afganistán juntos. Nuestro viaje cerraría un círculo, pues, a mi parecer, desde el día en que nos conocimos había existido reciprocidad en nuestros movimientos.

LLEVABA TRABAJANDO CON OMAR desde mi primer reportaje en una revista en Afganistán, más de seis años y medio antes. Era la primavera de 2009 y yo tenía veinticuatro años. Acababa de recibir un encargo de *Harper's* para escribir un perfil del coronel Abdul Raziq[5], un comandante de la policía fronteriza que era un aliado clave del ejército estadounidense y que, según se rumoreaba, estaba ligado con los narcotraficantes. Yo quería ir a la provincia de Kandahar, en la primera línea de fuego, pero la revista no podía permitirse el lujo de contratar a ninguno de los agentes establecidos en la capital, quienes cobraban cientos de dólares al día por trabajar en el peligroso sur, si es que estaban dispuestos a ir.

Me alojaba en el hotel Mustafa, situado en el centro de Kabul, y, cuando le expliqué mi situación a Abdullah, el lúgubre gerente, me dijo que conocía al tipo adecuado, un antiguo intérprete militar que también se estaba iniciando en el periodismo. Así, pues, un día entré en el vestíbulo y había un chico de mi edad esperándome: Omar. Se puso en pie de un salto y apretó su áspera palma contra la mía.

—Encantado de conocerte, hermano —me saludó—. Iré a Kandahar contigo, no hay problema.

Era mediodía y me preguntó si tenía hambre. Salimos a la calle acordonada que el Mustafa compartía con la embajada india, un lugar que protegía a los huéspedes de los secuestros, pero que los exponía a algún que otro coche bomba. El Corolla de Omar estaba aparcado cerca. El trayecto hasta el restaurante era corto, pero el tráfico circulaba a paso de tortuga por las calles llenas de baches y polvo que pasaban por el parque Shahr-e Nau.

—Kandahar está en la mierda —me dijo. Su inglés casi fluido estaba repleto de expresiones malsonantes que había aprendido de los soldados—. He estado allí con las fuerzas de la coalición. —Llevaba varios años trabajando en el sur contratado por estadounidenses, canadienses y británicos. Se estaba cansando de las peligrosas patrullas y de lo tediosa que era la vida en la base, y quería trabajar como apañador *freelance* en Kabul, que por aquel entonces estaba repleta de extranjeros.

Al igual que yo, la vida adulta de Omar había coincidido con la guerra contra el terrorismo. Creció en el exilio, y él y su familia regresaron poco después de la invasión estadounidense, deseosos de participar en la prometida era de paz y reconstrucción, pero el país estaba en ruinas y era difícil encontrar trabajo. Oyó que las tropas extranjeras pagaban buenos sueldos por hacer trabajos peligrosos en Kandahar; al final, en 2006, abordó el autobús sin decirle a su madre a dónde se dirigía.

No hablaba mucho pastún, la lengua del sur, pero había escasez de personas que vivieran en la zona y que hablaran inglés, por lo que una de las empresas que suministraban intérpretes a los extranjeros lo contrató enseguida. La primera misión de Omar fue con los canadienses; su salario inicial era de seiscientos dólares al mes, seis veces más de lo que ganaba un soldado afgano normal[6]. Él y los demás traductores vivían en la gigantesca base que se había levantado en el desierto junto al aeropuerto, detrás de kilómetros de barreras militares de barro y alambre de concertina, en un entramado de contenedores que hacen las veces de viviendas, y en medio de la grava polvorienta que rechazaba la dura luz del sol. Omar estaba deslumbrado por los enormes vehículos blindados y los aviones que hacían que le chirriaran los dientes cada vez que aterrizaban, por los generadores que engullían combustible noche y día para proporcionales aire acondicionado a las tiendas de campaña, y por los interminables palés de refrescos y filetes congelados transportados desde los puertos de Pakistán por camiones adornados con cascabeles.

Omar llevaba observando a los occidentales en la televisión desde que era un niño, pero esta era la primera vez que los veía de cerca. Él, al igual que los demás intérpretes de guerra, aprendió a encarnar su confianza adoptando la jerga, los rostros afeitados y los matices de los soldados; su respeto por las normas; su actitud hacia la *gente mala*. A Omar no le costó trabajo porque le gustaban los canadienses. Sabía que venían de una tierra de abundancia, pero parecían mucho más generosos y honestos que la gente con la que creció como refugiado en Irán y Pakistán, donde las penurias y el miedo podían hacer que los familiares se enfrentasen entre ellos. Los canadienses compartían sus cigarrillos achaparrados, y le daban chaquetas de invierno y botas hechas de materiales sintéticos que nunca antes había tocado. «Tenían los ojos llenos», como decía la expresión persa. Los extranjeros dijeron que venían a luchar contra el terrorismo y a ayudar a su país. Omar les creyó.

No obstante, los talibanes aumentaban su número en las tierras de cultivo que rodeaban a la ciudad. Desde un helicóptero, el valle de Panjwai se veía muy verde en contraste con el desierto, con sus canales de color barro sombreados por moreras. Había hileras de huertos de granadas, y cada parcela tenía paredes de tierra, una vaca, algunas ovejas y un perro guardián; las trabajaban agricultores de subsistencia, arrendatarios en su mayoría. Sudando bajo los cascos y los chalecos antibalas, los canadienses bajaban por terraplenes cuya suavidad podía ocultar bidones con explosivos caseros: «lotería de piernas», lo llamaban. A veces tenían que dispararles a los perros cuando hacían redadas en los pequeños recintos, en los cuales buscaban un par de baúles metálicos y algo de ropa de cama, y rastreaban el patio con bayonetas y detectores de metales, mientras que las mujeres y los niños sollozaban en silencio junto a jóvenes huraños con las manos sospechosamente suaves y ancianos que hace tiempo habían observado a los soviéticos con los mismos ojos entrecerrados.

La infantería canadiense patrullaba con fuerza durante el día, acompañada por el ejército y la policía afganos, pero la noche pertenecía a los insurgentes y a los extranjeros que los cazaban, aquellos hombres barbudos que Omar veía a veces junto a los cautivos vendados, una de esas cosas por las que sabía que nunca debía preguntar. Los talibanes también tomaban prisioneros a los que juzgaban en tribunales móviles de la sharía; a los colaboradores como Omar los condenaban a que fueran asesinados. A tres de sus compañeros intérpretes los fusilaron en las afueras de la ciudad y otros cinco murieron cuando una bomba alcanzó su autobús de camino a la base[7]. Su madre le suplicó que lo dejara, pero él necesitaba el dinero, por lo que seguía volviendo a Kandahar y a Helmand y realizando trabajos con el Cuerpo de Marines Reales y con los boinas verdes. Los intérpretes de guerra no recibían entrenamiento de combate, pero formaban parte de la guerra. Poco después de empezar, vivió su primera batalla cuando los canadienses lanzaron una ofensiva en el valle situado al oeste de la ciudad de Kandahar[8]. Enviaron a su pelotón a que se quedara a cargo de unas bermas, las tierras en las que terminaban los terraplenes que había en medio de unos huertos de uva. La segunda noche que se pasó intentando mantener el calor dentro de un vehículo blindado, un soldado le dijo a Omar que saliera y le entregó un rifle.

—¿Puedes defenderte con esto? —le preguntó el canadiense. Parecía preocupado—. Por aquí hay muchos malos.

Omar agarró el frío plástico del C7. En Irán, él y sus compañeros habían aprendido a disparar fusiles Kaláshnikov, por si los estadounidenses los invadían alguna vez. Este rifle no era tan diferente.

Lo pusieron en el perímetro junto con el resto del pelotón, treinta y tantos hombres y una médica. Ahí fuera, en la oscuridad de la noche, había un número desconocido de talibanes congregándose para invadir su aislado punto de defensa. Se agachó detrás de una berma. Alguien gritó que los insurgentes estaban tratando de flanquearlos, y comenzaron los disparos; sonó el chasquido de los que se acercaban por arriba y el ensordecedor fuego a modo de respuesta de los canadienses, las armas de veinticinco milímetros retumbaron como martinetes en los vehículos.

Omar disparó su cargador en la oscuridad. Le zumbaban los oídos y la boca le sabía a pólvora. Finalmente, escucharon el rugido de los aviones que llegaban a lo lejos. Una bomba iluminó la noche, mostrando los rostros de las personas que había a su alrededor. Al amanecer llegaron los tanques canadienses, y la tierra retumbó a su paso. Cuando la batalla terminó y el pelotón avanzó, encontraron cadáveres en los viñedos, granjas destrozadas, jóvenes con túnicas empapadas de sangre y cartucheras para munición. Sus compatriotas.

Me es difícil recordar a Omar como el desconocido que era cuando nos vimos por primera vez aquel día de primavera de 2009 y me contó sobre su estancia en Kandahar durante el almuerzo. Sí recuerdo lo frondoso que era el jardín del restaurante donde nos sentamos a comer brochetas de cordero a la parrilla. Cuando Omar me preguntó si era mi primera visita a Afganistán, le expliqué que ya había estado el otoño anterior cuando había viajado de mochilero por Asia central.

Tras graduarme en la universidad en 2006, me mudé a casa de mis padres en Nueva Escocia. Quería ser escritor y pensé que en el mundo podría encontrar el material del que carecía en mi interior. Tras un par de años haciendo trabajos esporádicos, ahorré lo suficiente como para comprarme un billete de ida a París en la primavera de 2008. Viajé a los Balcanes haciendo *autostop*, copiando mapas de carreteras en mi cuaderno junto con los nombres de las ciudades, que escribía en letras mayúsculas para así poder mantener las páginas abiertas en el arcén y que los conductores las vieran; por ejemplo, TRENTO, LIUBLIANA y NOVI SAD. Pasé el verano en Croacia, nadando en ríos fangosos y bebiendo aguardiente de ciruelas con un grupo de punkis que me habían recogido en un festival de música. Dormí en sofás y dije que sí a todo lo que se me presentaba. Cuando llegó el otoño, decidí viajar por tierra hasta la India y orientarme a través de Asia Central, lo que significaba que tenía que pasar por Turkmenistán o por Afganistán. En Tashkent resultó más fácil conseguir un visado afgano, por lo que en octubre crucé a pie hacia el sur a través del Puente de la Amistad, lugar en el que los últimos tanques soviéticos se habían retirado dos décadas antes.

El río Amu Daria fluía ancho y limoso por debajo. No había llegado a la mitad del camino cuando un conductor aminoró la velocidad por mí; era un comerciante que regresaba a Mazar-e-Sharif, la ciudad a la que me dirigía. La mayoría de los habitantes del norte de Afganistán hablaban darí, un dialecto del persa, por lo que probé la primera docena de palabras que aparecían en el manual de conversación que había conseguido.

La carretera discurría hacia el sur a través de una extensión de dunas grises, donde los campamentos formados por tiendas de campaña y las manadas de camellos se desvanecían en la lejana neblina. Cuando llegamos a las aldeas situadas a las afueras de Mazar, me quedé mirando por la ventanilla las casas con paredes de barro y a los hombres barbudos con turbante. En las ciudades que habían sido soviéticas, todas de hormigón, en las que había estado hacía nada, la gente bebía vodka en las cafeterías, incluso durante el Ramadán. Lo que más me sorprendió fue ver a mujeres con burkas que las cubrían de pies a cabeza. ¿Acaso esa prenda no había sido derrotada junto con los talibanes?

En el centro de Mazar estaba la Mezquita Azul, cuyas puertas y grandes cúpulas estaban revestidas con miles de azulejos de color turquesa como si fuera un mosaico. La leyenda local decía que Alí, yerno del profeta Mahoma, estaba enterrado allí. Encontré un hotel en el lado sur de la plaza, llamado Aamo. Era una ruina de tres pisos frecuentada por camioneros y peregrinos, y cuyos pasillos estaban llenos de posos de té y colillas. Por diez dólares conseguí una habitación para mí solo con cuatro camas raídas que daban a la Mezquita Azul. Aquella noche me senté junto a la ventana e intenté contemplarlo todo. Aunque la plaza estaba iluminada con luces de neón como si de un casino de Las Vegas se tratase, incluyendo palmeras que parpadeaban, estaba desierta, y no pude evitar que me recorriera una sensación de melancolía al pensar en la cruda pobreza que había visto por primera vez ese día, en los niños pequeños que recogían chatarra entre las aguas residuales.

Mi llegada fue una fuente de gran entretenimiento para el grupo de jóvenes que trabajaba en el hotel. Estaba Jawed, que colocó su mano con henna sobre la mía mientras caminábamos en calcetines por el patio de mármol de la mezquita. Kamran, el cachas, me llevó a tomar helado y a comer patatas fritas, y me lastimó la muñeca después de insistir en que hiciéramos un pulso. Ibrahim, con ojos de color avellana y bigote de escoba, era el que mejor hablaba inglés y el encargado de la recepción.

—¿Conoces a Brian Tracy? Creo que es muy famoso en tu país —inquirió Ibrahim. Estaba leyendo un libro de autoayuda titulado *Eat That Frog!*—. Te enseña a no perder el tiempo. —En sus horas libres, estudiaba gestión de empresas y programas informáticos. Me preguntó cómo podía emigrar a Canadá. Yo no tenía ni idea. ¿Era posible siquiera? Ibrahim conocía una forma, estaba ahorrando dinero para contratar a un contrabandista. «Es muy sencillo», escribí en mi diario. «Vengo de un lugar al que les gustaría ir, pero no pueden. A mí me volvería loco, pero para ellos es un hecho».

Incluso trabajando en restaurantes o en la construcción en mi país había ganado más en un día o dos que ellos en un mes. Había un abismo entre nosotros, pero pensé que podíamos superarlo con nuestro encuentro como humanos. A pesar de todas nuestras diferencias culturales, me sentía a gusto saliendo con ellos. La intimidad que ofrecían era distinta al tipo de relación masculina con la que había crecido, las peleas de borrachos y las bromas depredadoras; aquí apenas se mencionaba a las mujeres y no se las veía en absoluto en lugares públicos como la *chaikhana*, las casa de té de la plaza. Los hombres afganos se mostraban abiertamente cariñosos entre sí. Era como si, al haber excluido a las mujeres, hubieran repartido un excedente de sociabilidad entre ellos. Los chicos me llevaron al bazar y me ayudaron a comprar un *piran tombon*, la túnica hasta la rodilla y los pantalones anchos que son el atuendo tradicional en Afganistán. Cuando desenvolví los pantalones en mi habitación, me eché a reír. Pensé que nos habíamos equivocado de talla; la cintura era tan ancha como el largo de mi brazo. Pero no, Jawed vino y me enseñó; tan solo hay que ceñirlos con una cinta de algodón y dejar que toda esa tela se hinche a tu alrededor. Cuando bajé vestido, los chicos gritaron en señal de aprobación. Me enrollaron un pañuelo con motivos blancos y negros en forma de turbante alrededor de la frente y luego se quedaron asombrados ante mi aspecto afgano.

Con mi pelo oscuro y mis ojos asiáticos, había cruzado una barrera de color en algún lugar del Atlántico. En Europa ya no me incluían con los blancos. En Inglaterra me llamaban *paqui*; en Francia, *árabe*. Pero, a medida que me adentraba en Asia Central, era como caminar hacia un espejo; en el norte de Afganistán, con su mezcla de hazara, tayikos y uzbekos, había encontrado mi fenotipo. La gente veía su rostro en el mío.

En las casas de té, los chicos se entretenían llamando a un amigo que pasaba por allí y, tras indicarme que no dijera nada con un gesto, le hacían adivinar de qué provincia era yo.

—¡Es extranjero! —exclamaban al final.

—Pero ¿por qué parece tan afgano? —preguntaba el otro con asombro.

En un darí titubeante, les explicaba que mi padre es europeo-canadiense y que mi madre nació en Estados Unidos, pero sus abuelos eran asiáticos.

—Japón está aquí, Canadá está allí —dije mientras separaba dos dedos antes de juntarlos y sonreír—. Y Afganistán está en medio.

Desde Mazar tomé el autobús a Kabul, donde me registré en el Mustafa, un rascacielos construido en la década de 1960 que fue una parada popular en el Sendero Hippie. Durante la época de los talibanes, el Mustafa se convirtió en un bazar cubierto, pero tras la invasión estadounidense fue uno de los primeros hoteles en reabrir, y todo aquel que no podía permitirse el Intercontinental se alojaba allí. Cuando llegué a finales de 2008 había muchísimas opciones más limpias, pero, a veinte dólares la noche, el Mustafa era el más barato y seguro para los extranjeros. La clientela procedía del escalafón más bajo, compuesto por expatriados, contratistas que no servían para trabajar, humanitarios *freelance* y aspirantes a escritores como yo. Sentado en la barra de ónice rosa, conocí a un curtido mercenario que me dijo que era de Rodesia. Otro huésped, un corresponsal suizo de ojos tristes, me contó que se había pasado la última década luchando contra la adicción a la heroína. Ambos estábamos sentados en el salón, oyendo a los perros de la calle aullar después de que todo el mundo se hubiera ido a la cama, cuando sacó su pipa y me enseñó a fundir una bola de opio y a inhalar el fragante vapor, el cual se extendió por mis extremidades y me hizo flotar hasta la cama a través de pasillos llenos de puestos de bazar colocados unos frente a otros.

Mi visado de turista duraba un mes y se estaba acabando, y quería que Irán fuera mi siguiente destino, pero la carretera principal, la autopista 1, la cual atravesaba Kandahar en dirección sur hasta la frontera, era demasiado peligrosa, ya que los talibanes podían parar el autobús y secuestrarte. Pero volar era para los turistas. Había una ruta menos utilizada que cruzaba la columna vertebral del Hindu Kush; sin embargo, había que usar el transporte local y alojarse en casas de té que hacían las veces de pensiones de carretera. Desde que estuve en Mazar, le decía a la gente que era kazajo cada vez que me sentía inseguro, y decidí fingir que era un trabajador migrante que se dirigía a Irán en busca de trabajo[9].

Tenía miedo, pero una vez que me subí a la furgoneta en Bamiyán ya no hubo vuelta atrás, tenía que seguir con la mentira. Durante días seguimos caminos de tierra a través de la línea de nieve. Este era el techo del mundo, cadenas montañosas que se extendían hasta el Tíbet, y la vista parecía un sueño que no podía interpretar. No dejaba de llamar la atención al cometer errores, como orinar de pie en vez de en cuclillas o rezar como un chií cuando había dicho que era suní. Aun así, por muy raro que debiera parecer como inmigrante kazajo, ninguno de mis compañeros de viaje adivinó la más extraña verdad. De todos modos, la gente desconfiaba de los demás y ocultaba sus orígenes y destinos, temerosa de lo que pudiera ocurrir en una carretera amenazada por bandidos e insurgentes. Por la noche, cuando nos tumbábamos en filas en el suelo de alguna casa de té, los viajeros hablaban en susurros sobre recientes decapitaciones y secuestros. Al igual que muchos niños que habían crecido a salvo, yo sentía curiosidad por la muerte, y aquí estaba, rodeándonos por todas partes.

Una semana después de salir de Kabul, nuestra furgoneta bajó con estrépito por el valle de un río y llegó a la ciudad fronteriza de Herāt. Aliviado por haber arribado con vida, me di el capricho de un hotel con agua caliente. Mientras me duchaba, mantuve la puerta abierta para poder ver la televisión que había en la esquina de la habitación. Barack Obama acababa de ser elegido presidente de los Estados Unidos. Estaba dando su discurso de la victoria en Chicago. Subí el volumen para que su voz se elevara por encima del siseo:

—Y a todos aquellos que nos están viendo esta noche desde más allá de nuestras costas, desde los parlamentos y los palacios, a aquellos que están apiñados en torno a las radios en los rincones olvidados de nuestro mundo, nuestras historias son singulares, pero nuestro destino es compartido, y se acerca un nuevo albor del liderazgo estadounidense[10].

Cerré los ojos bajo el agua.

Después de que Omar y yo termináramos de presentarnos durante el almuerzo la siguiente primavera, saqué el asunto que nos ocupaba.

—¿Sabes quién es Abdul Raziq? —le pregunté.

Pues claro que lo sabía. Raziq todavía no era famoso en todo el país, pero cualquiera que hubiera trabajado en Kandahar conocía a este joven despiadado de treinta años dueño de Spin Boldak, el principal paso fronterizo con Pakistán situado en el sur. Raziq, que ya era coronel de la policía fronteriza, era temido y admirado por la actitud que había adoptado con respecto a los talibanes de no tomar prisioneros, pero no dejaban de existir acusaciones de que traficaba con opio y asesinaba a sus oponentes tribales. Investigarlo podía ser arriesgado. Y había algo más que tenía que decirle a Omar, y era que ya había estado en Spin Boldak con los hombres de Raziq en un viaje semiencubierto.

El otoño anterior, tras haber atravesado el país hasta Herāt, entré en Irán con mi pasaporte canadiense y pasé un par de meses viajando por allí. Volví a disfrutar de los placeres de viajar de mochilero —una visita a una Persépolis casi vacía, un baño navideño en el estrecho de Ormuz— y la guerra de Afganistán se desvaneció de mi mente. Empecé a evaluar la posibilidad de solicitar un puesto de trabajo en la escuela de periodismo, y seguía pensando que el final de mi viaje estaba en la India. Para llegar por tierra tenía que cruzar Pakistán a través de la ciudad fronteriza de Quetta, un lugar peligroso, pues por aquella época habían secuestrado allí a un estadounidense que trabajaba para la ONU. El día que llegué de Irán iba caminando por la calle, sintiendo que llamaba la atención al llevar un atuendo occidental, cuando se detuvo un todoterreno de lujo. La ventanilla tintada bajó y dos jóvenes con túnica y un corte de pelo desaliñado me hicieron señas para que me acercara.

—¿Eres turista? —dijo uno en inglés, sonriendo.

Me invitó a comer con ellos. Dudé, pero algo en su franca curiosidad me hizo pensar que no iban a secuestrarme. Entré y pasamos la siguiente semana juntos, fumando hachís y disparando armas. Empezaron a contarme secretos, como las amantes que mantenían ocultas de cara a sus familias. Conocedores de los bajos fondos de Quetta, mis dos amigos me mostraron el hospital donde se atendía a los talibanes heridos. Se suponía que Pakistán era un aliado de Estados Unidos, pero los militares jugaban a dos bandas al apoyar a la insurgencia en Afganistán. Quetta bullía con guerras que se desarrollaban en la sombra; sectarios que mataban a chiíes, separatistas baluchíes que atacaban al gobierno, mafias y *vendettas* tribales.

Mis anfitriones eran vástagos de clanes pastunes locales que estuvieron muy implicados en el contrabando; los británicos trazaron una frontera a través de sus extensas familias un siglo antes. Algunos de sus parientes formaban parte de los talibanes; un tío era el subjefe de policía de Quetta. Mis nuevos amigos estaban orgullosos de su éxito, y me explicaron que cada mes enviaban dos toneladas métricas de opio desde Afganistán hasta Irán, gracias a lo cual obtenían beneficios por un cuarto de millón de dólares cada vez que lo hacían. Un convoy de Land Cruisers muy armado atravesaba a toda velocidad el pedregoso páramo que formaba el nexo entre los tres países. Los guardias fronterizos iraníes eran peligrosos y había que eludirlos, mientras que los pakistaníes eran fáciles de sobornar, según decían. No obstante, la conexión afgana era la más importante.

—¿Quién es? —pregunté.

—El gran jefe. Abdul Raziq.

Les había dicho que era escritor, pero no un aspirante a periodista. Cuando me explicaron que Raziq contaba con el apoyo del ejército estadounidense, me olí una historia. Mis anfitriones habían comprado un tigre bebé como regalo para Raziq, y les pregunté si me llevarían con ellos la próxima vez que fueran a Spin Boldak. Aceptaron; no sé por qué, excepto por amistad y aburrimiento. Habían confiado en mí al igual que yo en ellos. Conocían a los policías de la frontera, por lo que fue fácil cruzar a Afganistán sin tener que enseñar mi pasaporte. Pasamos por campos de opio situados en las afueras de la ciudad; el país suministraba casi todo el opio ilícito del mundo [11]. La frontera generaba beneficios; en Spin Boldak había un barrio de chabolas con contenedores de transporte convertidos en tiendas y viviendas, en las cuales hombres y niños se esforzaban por descargar hornos, microondas de segunda mano, guitarras, reproductores de DVD, bicicletas, estufas de propano, sillas de ruedas motorizadas, generadores, juguetes para niños y coches, muchos coches usados. La mayoría de estos productos se importaban a un precio bajo en Afganistán y luego se pasaban de contrabando a Pakistán, donde los aranceles eran elevados. Los contrabandistas y la policía solían ser las mismas personas, y los hombres de Raziq lo gravaban todo, lo legal y lo ilegal.

Tuve que pasar diez días esperando allí hasta que Raziq volvió para asistir al funeral de su abuela materna. En la ceremonia, mi amigo señaló a uno de los invitados, un hombre fornido y con barba.

—Ese es Rahmatullah Sangaryar —susurró—. Estuvo en Guantánamo.

Me acerqué al estrado; Raziq parecía incluso más joven que alguien de treinta años. Llevaba la barba bien recortada y el pico que el cabello formaba en medio de su frente sobresalía de la gorra; vestía una sencilla túnica blanca y un chaleco a rayas. Me dio la mano, sonrió con amabilidad y se dirigió al siguiente visitante. Volví a Pakistán.

Tenía pruebas de la conexión de Raziq con los narcotraficantes, pero debía hacer más reportajes. Conseguí un visado afgano en Pakistán, volé a Kabul y me registré en el Mustafa, donde conocí a Omar.

Después de explicarle toda la historia a Omar, le dije que entendería si cambiaba de opinión en cuanto a lo de ir a Kandahar. Puede que Raziq no se alegrase de volver a verme. No obstante,

Omar no se inmutó. Volamos juntos hacia el sur, donde él hizo todo lo posible por traducir al pastún y yo hice todo lo posible por convertir nuestras entrevistas en un artículo de revista. A veces, al oírnos hablar juntos en inglés, los lugareños suponían que Omar, con su camiseta y sus gafas de sol envolventes, era el extranjero, y que yo, con mi túnica, era su intérprete, algo que le divertía un montón.

Oímos hablar mucho del tráfico de opio, pero también de historias más oscuras que giraban en torno a cuerpos que los hombres de Raziq arrojaban al desierto con señales de tortura[12]. Para explicar el repentino ascenso de Raziq, la gente seguía recordando su estrecha relación con los estadounidenses y sus frecuentes visitas a las bases de la CIA y de las Fuerzas Especiales en la ciudad. Estados Unidos necesitaba aliados, especialmente en rutas estratégicas como Spin Boldak. Las primeras brigadas de combate enviadas por el nuevo presidente ya se habían desplegado en el sur; a finales del año siguiente, el número de tropas estadounidenses en Afganistán se triplicaría[13].

—Esta es una guerra que tenemos que ganar —afirmó Obama[14].

Por la noche, en nuestro hotel de la ciudad de Kandahar, Omar y yo nos tumbamos en nuestras camas a oscuras y escuchamos los tiroteos que estaban teniendo lugar en los suburbios. Los talibanes estaban a las puertas de la ciudad. Intentamos desentrañar las historias que oímos aquel día sobre tribus, luchas de sangre y negocios, lo que explicaba el patrón fractal de la guerra mejor que los conceptos binarios con los que yo había llegado: la policía y los criminales, los talibanes y el gobierno, Occidente y el terrorismo. Pero ¿cómo explicárselo a la gente de tu país natal, que se interesaba, de forma tardía, por esta nación lejana a la que habían invadido? Cuando nos cansamos de hablar del trabajo del día, Omar y yo conversamos acerca de nosotros, del pasado y del futuro, al son del tamborileo de las armas lejanas.

—¿Cómo es Canadá, hermano?

—Hace frío.

—Eso está bien —dijo, y pude imaginar cómo sus ojos miraban hacia la oscuridad—. Me gusta el frío.

3

Durante el último viaje como reporteros que hicimos juntos en aquel otoño de 2015 para investigar el ataque aéreo estadounidense a un hospital, Omar parecía distraído. Estuvo toda la noche despierto con el móvil. Empotró el coche contra un muro frente al consejo provincial de Kunduz. Cuando lo dejé con Victor, nuestro fotógrafo, los detuvieron brevemente después de que tropezaran con una operación de comandos. Y Omar no dejó de poner su canción triste favorita, *My Heart Will Go On*, en el equipo de música del coche hasta que, al final, Vic y yo hicimos que parara. Entonces se puso los auriculares.

Kunduz era una zona de combate y teníamos que mantener la concentración, pero, una vez que estuvimos de regreso en Kabul, le pregunté a Omar qué era lo que le preocupaba. Dijo que su madre había ido a presentarle su petición de compromiso al padre de Laila, su casero, quien la escuchó con educación antes de rechazar a Omar alegando que su hija todavía era demasiado joven.

—Ya tiene diecinueve años —se quejó Omar—. No es más que una excusa. Tendrá muchos pretendientes.

Le pregunté a Omar qué significaba eso de cara a nuestro viaje a Europa, pero me dijo que no lo sabía. Necesitaba más tiempo; tenía que intentar persuadir al padre.

—No puedo irme sin haberme comprometido —afirmó.

En Kabul, Omar me dejó en la estancia en la que me estaba alojando, ya que había dejado mi casa. Me serví una copa y salí al jardín de rosas. Pobre Omar. Era suní y, lo que era peor, estaba arruinado. Quería casarse con la hija de un chií rico, pero el amor no seguía ninguna lógica. Sin embargo, nunca lo había visto así. Había tenido una serie de novias a lo largo de los años, algo nada fácil en un lugar tan conservador como Kabul. Se había dedicado a pasárselo bien en los días en los que la capital estaba llena de dinero fácil. No obstante, algo cambió con Laila. No le di mucha importancia cuando oí hablar de ella por primera vez, después de haberme mudado a mi antigua casa. Debía de ser otoño de 2012, más o menos cuando celebramos una gran fiesta, aunque mi compañera de piso Bette y yo la habíamos llamado *recepción* para distinguirla de la típica borrachera de Kabul.

Durante la oleada, la burbuja de los expatriados se llenó de veladas en las embajadas, barbacoas en los organismos de la ONU, fiestas de bienvenida y de despedida con temas como «tartas y talibanes». Nuestro evento iba a ser una velada con clase. Aquella tarde, Omar y Turabaz colgaron cuerdas de luces de colores y apilaron leña en el pozo que usábamos para hacer fuego. Por respeto a los dignatarios afganos invitados, habíamos guardado el alcohol en la cocina, pero había refrescos metidos en cubos con hielo situados bajo una larga mesa de madera cargada de verduras frescas del bazar, así como de granadas de color rojo sangre que estaban de temporada.

Bette era una trabajadora *freelance* holandesa que viajaba por el sur en burka, entrevistando a los talibanes[15]. Aquella noche, ambos teníamos ciertas ambiciones sociales. Queríamos demostrar que podíamos atraer a un público tan bueno como el de las redacciones de los periódicos; habíamos invitado a generales y a ministros, a celebridades afganas y a diplomáticos extranjeros. Pero ¿se presentaría alguien? Varios equipos de seguridad avanzada para los VIP habían examinado nuestra casa, observando con tristeza la falta de una habitación de seguridad o de guardias armados; lo único que teníamos era la perra y una escopeta bajo la cama. Kabul estaba asolada por atentados suicidas y secuestros, y a muchas de las personas internacionales ya no se les permitía salir de sus recintos. Pero, si venían los suficientes peces gordos, la fiesta tendría su propia fuerza de vigilancia.

Aquella primavera me mudé con tres amigos: Bette, Elsbeth, que también era holandesa y trabajaba para una ONG, y Misha, un fotógrafo ruso. Encontramos una casa de dos pisos con un pequeño patio en Qala-e Fatullah, lo suficientemente cerca de la Zona Verde como para que los Black Hawk rugieran por encima de nuestras cabezas cuando estaban próximos al aterrizaje. El alquiler era barato, pero el lugar necesitaba reformas, y Misha y yo estuvimos de okupas sobre alfombras desnudas durante un par de semanas mientras Omar nos ayudaba a discutir con el carpintero y con el fontanero, con el pelo tieso por el polvo que el albañil levantó al cortar la nueva encimera de mármol blanco y negro de Herāt.

Nuestra fiesta tuvo lugar el 14 de noviembre de 2012. Obama acababa de ser reelegido. Estábamos en el tercer año de su oleada, la cual, en su punto álgido, contaba con cien mil tropas estadounidenses en el país, además de la misma cantidad de contratistas que hacían de todo, desde seguridad hasta fontanería, y, por si fuera poco, otros cuarenta mil soldados aliados —una fuerza el doble de grande que la de los soviéticos[16]—, dirigidos por los mejores y más brillantes de Estados Unidos, guerreros eruditos que habían leído *Tres tazas de té*.

«Emplea el dinero como un sistema de armas», había aconsejado el general David Petraeus[17]. Para entonces, Estados Unidos había gastado medio billón de dólares en la guerra[18]. Se creó toda una economía en torno al dinero extranjero, en la cual los locales se encontraban en la base de la pirámide, cavando zanjas y conduciendo camiones de carga. Luego estaba lo que los militares llamaban «nacionales de países terceros»[19], lo que, por regla general, hacía referencia a la gente reclutada de países pobres y con ingresos medios, como contables filipinos y guardias nepalíes. En la cúspide estaban los expatriados que, en virtud de su inglés, sus títulos occidentales y sus conexiones personales, cobraban sueldos «internacionales» en las grandes ONG, las empresas contratistas y los organismos de la ONU. Eran los que iban en los todoterrenos blindados que recorrían la ciudad, en su mayoría hombres, en su mayoría blancos; algunos arrastraban décadas de conflictos y desastres, y otros acababan de salir de la universidad y disfrutaban de sueldos libres de impuestos y del repentino salto a la antigüedad que ofrecía un trabajo en una zona de guerra. En Estados Unidos la gente todavía no se había recuperado de la Gran Recesión, pues había doce millones de parados, pero aquí podías acabar con un trabajo de seis cifras, una casa gratis, un chófer, un cocinero, un jardinero, un portero y una criada.

Como trabajadores autónomos que éramos, no estábamos viviendo ese estilo de vida. Cuando empezaron a llegar nuestros invitados, le dije a Turabaz, que no sabía leer, que fingiera que tachaba sus nombres de una lista. La oscuridad había mejorado el encanto rústico de nuestro patio, iluminado ahora con las antorchas tiki y las luces de Navidad. Le pedí a Omar que encendiera la hoguera. Los músicos locales, sentados con las piernas cruzadas sobre las alfombras, tocaban melodías clásicas persas. Bette era el centro de atención cerca de la mesa del kebab, donde el *ustad* colocaba las brochetas en un brasero de carbón que avivaba con un abanico de caña. Omar se acercó a mí y murmuró:

—Los músicos quieren *whisky* en vasos normales, no en copas.

Miré al músico que tocaba el *rubab*, un galán bigotudo con un chaleco bordado, y me guiñó un ojo.

—Vale, ven conmigo.

Abriéndome paso entre la multitud que había junto a la nevera, mezclé un poco de Ballantine's con Coca-Cola, entregué las tazas de café a Omar y luego fui a ver cómo estaba Turabaz en la puerta.

—¿Qué tal ahí fuera?

—Míralo tú mismo.

Me asomé. Nuestra calle estaba atestada de coches blindados y de camionetas. Había casi un pelotón de infantería; soldados con galones de tigre, un destacamento de seguridad del ejército británico, contratistas expatriados con *bullpups* decoradas, kandaharis con cinta brillante en las culatas de sus rifles.

Volví a atravesar el patio, donde las llamas proyectaban una multitud a lo largo de la pared. Divisé al doctor Abdullah, el eterno subcampeón presidencial, inclinado sobre Nancy Hatch Dupree, la gran dama entre los estudiosos de Afganistán a sus ochenta y cinco años. Nuestra recepción fue un éxito.

Cuando los dignatarios —al menos los que podrían haberse sentido ofendidos— se marcharon, aparecieron el alcohol y el hachís, y Baad se desató y brincó entre el kebab caído. La fiesta duraría hasta la llamada del almuédano. Pero ¿fue esa la noche en la que llevamos a todos al cobertizo para que admiraran el alambique de marca Katyusha que Misha había traído de Moscú? ¿O la noche en la que el director de un organismo de la ONU perdió su cartera, con su placa de seguridad dentro, mientras bailaba al ritmo de *Call Me Maybe*? Sea como fuere, nos apiñamos para bailar en el vestíbulo, donde giraba una bola de discoteca, y subimos el volumen y nuestras copas para ahogar lo que había más allá del muro del patio, la guerra que se agravaba, nuestro fracaso colectivo y el hecho de que este no fuera nuestro hogar y de que quizá no tendríamos ninguno, al menos no juntos.

¿Y dónde estaba Omar? Después de que los músicos y los dignatarios se fueran a casa, lo bombardeé a *whisky* y a palmadas en la espalda, le dije que bailara, que se divirtiera, que ligara con alguien. El resto de nuestros amigos afganos lo estaban haciendo, pero él era de otra clase social. En medio de la aglomeración de cuerpos del vestíbulo, vi a Omar apoyado contra la pared, con el vaso en la mano y una leve sonrisa en el rostro.

OMAR VIVÍA A DIEZ MINUTOS, en una casa que habían alquilado él y su familia. Su patio estaba lleno de higueras crecidas y descuidadas, pero, incluso a través del follaje veraniego, podía distinguir el tejado de la vivienda de tres pisos en la que vivía su casero, un próspero hombre de negocios, con su mujer y sus dos hijos. Poco después de que Omar se mudara —fue más o menos cuando nos reunimos por primera vez en el Mustafa en 2009—, se topó con la hija de su casero en el callejón, una adolescente de rasgos pálidos y finos como una miniatura sobre porcelana. Por aquel entonces, Laila era lo suficientemente joven como para hablar con él en público sin miedo a que se desatara un escándalo, y le preguntó si estaba cómodo en su nueva casa. Más tarde, cuando él y su madre le hicieron una visita de cortesía a su vecina, Laila entró con una bandeja con té y frutos secos confitados, y Omar notó que no le quitaba los ojos de encima.

Era demasiado mayor para ella, por lo que le entretenía, nada más, ver cómo lo había observado a partir de aquel momento, cómo lo espiaba desde el tejado de su casa cuando entrenaba los bíceps en su patio o le lanzaba miradas furtivas con su amiga a través de una puerta lateral que se cerraba cuando pasaba junto a ella, las carcajadas resonando a través del metal.

Confinada en casa y en la facultad por su estricto padre, Laila veía cómo Omar iba y venía al volante de su Corolla, un coche automático de cuatro velocidades de color dorado de 1996, enviado a Afganistán después de haber pasado una década rodando por las carreteras canadienses. Condujimos ese coche juntos por todo el país, haciendo eslalon entre los camiones en las curvas del Mahipar, alrededor de los cráteres de las bombas en la autopista 1 y a través de los caminos de tierra que rodeaban los lagos azul cielo de Band-e Amir. A Omar le chiflaba conducir en aquella época; *maraz-e motorwani*, lo llamaba; es decir, «enfermedad de la conducción». Se sentía libre cuando estaba en movimiento, como si hubiera un mundo de posibilidades ante él. En parte, su libertad era rentable; incluso si se le agotaban los trabajos con extranjeros, lo que ocurría de vez en cuando, siempre podía pluriemplearse como taxista.

Su ciudad, Kabul *jan*, la querida Kabul, era por donde más le gustaba deambular. Los mapas eran un idioma que nunca le habían enseñado, pero sabía cómo encajaban las calles, cuáles se inundaban durante las tormentas y cuáles se llenaban de tráfico cuando había un bombardeo en el centro. Conocía los atajos a través de los cementerios detrás de Carte Parwan y a lo largo de la ribera del río llena de basura en Pul-e Surkh. Omar conducía con una mano sobre el vinilo descascarillado del volante y sostenía un cigarrillo Pine con la otra, con la barbilla meciéndose hacia la pletina del casete, y su banda sonora era una mezcla de lo antiguo y lo nuevo, éxitos de Enrique Iglesias como *Hero* y clásicos de Ahmad Zahir, el Elvis de Afganistán, cuyas canciones, para los padres de Omar, eran románticas, si bien las letras a menudo eran de poetas mucho más antiguos, los grandes místicos como Hafez de Shiraz:

Este corazón vino a la vida sin ti,
es hora de que vuelvas[20].

Los poetas sufíes hablaban de cómo anhelaban el reencuentro. La vida misma era una forma de exilio, un alejamiento del amor divino. Vagaban por la tierra en busca de la persona amada.

El dolor de la separación me alivia en este lecho solitario,
el recuerdo de la unión, mi compañero en este rincón vacío.

El amado del místico era Dios, pero uno cuya verdad impregnaba la existencia, trascendente y, sin embargo, inmanente dentro del mundo y de nosotros mismos. La belleza humana podía reflejar la belleza divina[21]; nuestro amor por los demás podía encender nuestro amor por Dios. Naturalmente, los sufíes eran musulmanes, pero esta idea del amor existe en muchos credos; el erudito judío Martin Buber escribió una vez que «el Tú de sus ojos le permite contemplar un rayo del Tú eterno»[22].

En una sociedad cercada por la tradición y el género, Omar creía que el amor era la libertad. Y, sin embargo, se sentía esclavizado por el deseo. Cuando tenía diez años y era un refugiado en Irán, una chica mayor de su barrio lo sobornó para que jugaran con sus cuerpos; esa fue su primera vez. Ahora, ardía con una sed insaciable; sus movimientos por la ciudad estaban impulsados por el anhelo. Cuando veía a una mujer guapa pidiendo que la llevaran en coche, se detenía y negociaba el precio. Si ella quería, podían charlar el resto del viaje. Era educado e inofensivo, bromista y atractivo; de hecho, se parecía un poco a Ahmad Zahir de joven, con sus mechones ondulados y su mandíbula grande. Si se llevaban bien, le ofrecía su número o anotaba el de ella. A veces las chicas lo llamaban; y en ocasiones los números que le daban eran reales. Un pequeño porcentaje de la gran cantidad de veces que las llevaba en su coche. Llamaban a horas intempestivas, siempre que lograban alejarse de sus padres o profesores, y no me costaba saber cuándo lo hacían porque la voz de Omar se volvía silenciosa y suave.

Entablaba relaciones minuto a minuto, a partir de montones de tarjetas telefónicas hechas jirones. Por fin, la chica accedía a quedar, pero ¿adónde podían ir cuando el sexo antes del matrimonio no solo era tabú, sino ilegal? Podían sentarse castamente en una cafetería cara, pero no había ningún sitio en el que pudieran estar juntos a solas. No podía llevarla a la casa en la que vivía con su familia. En un hotel, el empleado le pediría el *nikah nama*, el certificado de matrimonio. Un padre o un hermano que lo pillara dentro de su propia casa sería, a ojos de la opinión pública, una justificación para matarlo. Los policías eran el mayor peligro, puesto que, si sorprendían a una pareja no casada, la extorsionarían con un soborno o incluso intentarían violar a la chica.

Y, sin embargo, impulsado por una fuerza más poderosa que el miedo, Omar encontraba lugares, como un huerto amurallado en el pueblo de su madre o, un viernes, una oficina vacía cuya llave le dejaba su amigo. Cuando estaban más desesperados, recorrían la ciudad en el Corolla y se tocaban brevemente y con cierta brusquedad. Una vez que sabías dónde buscar, Kabul estaba llena de estas parejas fuera de lugar como aves migratorias, la chica bajo un pañuelo en la cabeza, el chico con los ojos puestos en el espejo retrovisor.

«En toda la ciudad, no veo ni un solo rostro sobrio»[23], cantó Zahir, recitando un poema de Rumi. «Uno es peor que el otro, todos salvajes y enloquecidos».

Algunos sufíes creían que al degradarse a los ojos del mundo podían dejar atrás su falsa piedad. El vino lavaba las manchas de la hipocresía[24]; despojados de su ego, podían conocer a Dios.

Ven, querida, a la taberna de las ruinas, para ver las delicias del amor.
¿Qué alegría hay, querida, además de conversar con el amado?

Hubo algunas mujeres a las que Omar trató como si fueran desechables; las reconocía esperando a un lado de la carretera y ellas respondían al parpadeo de sus faros. Pero después se arrepentía.

Creía que el verdadero amor lo llevaría a una vida mejor y por eso no quería un matrimonio concertado con una desconocida. Quería un amor moderno, como el que representan en la pantalla héroes como Leonardo DiCaprio o Aamir Khan, un amor obligado y elegido a la vez. Conducía por la ciudad, esperando a que su rostro emergiera de entre la multitud, mientras Zahir cantaba las palabras de Rumi:

Todos los que habéis ido al hajj, ¿dónde estáis? ¿Dónde estáis?
La persona amada está aquí, ven, ven[25].

En nuestro exilio, el rostro que buscamos está oculto ante nosotros. ¿En qué puerta debemos quedarnos esperando el amor como revelación, escuchando la llamada del jubileo?

Tu persona amada comparte el mismo muro contigo.
¿Qué esperas, vagando por el desierto?

No obstante, las pocas veces que se enamoró, la chica fue la que puso fin a la relación una vez que admitió ante sí misma que el humilde Omar, con su Corolla, no era un pretendiente que sus padres fueran a aceptar. En Afganistán el matrimonio era un asunto familiar; él era una aventura que había que dejar atrás. Hubo despedidas con lágrimas en las vísperas de bodas, notas entregadas por hermanas cómplices, textos hirientes; y luego Omar se lamentaba, escuchando *My Heart Will Go On* en un bucle insaciable.

Un par de años después de que su familia se mudara a la casa de alquiler, le sonó el móvil por la noche.

—¿Hola?

—*Salaam.*

Reconoció el timbre grave de su voz; era Laila. De alguna manera había conseguido su número y había tomado prestado el móvil de una amiga, ya que no le permitían tener uno. Había llamado para confesarle que estaba enamorada desde el primer día que se conocieron en aquel callejón. Quería estar con él. Nunca había tenido novio, pero algunas de sus amigas lo tenían en secreto; en su facultad había una red clandestina de chicas expertas que comerciaban con los números de los chicos como si fueran productos del mercado negro.

Con todo, Omar creía que todavía era demasiado joven, pues él tenía casi treinta años, el doble que ella. No quería romperle el corazón. Así que le dijo la verdad, que no era un buen chico. Ya había tenido muchas novias.

Ella dijo que no le importaba, igual que no le importaba que su familia fuera suní y la de ella chií, o que él no tuviera dinero. Ella también había vivido una vez en una casa de alquiler antes de que llegaran los estadounidenses y su padre se hiciera rico.

Así empezaron sus conversaciones telefónicas secretas. Laila consiguió su propio móvil, el cual mantenía escondido en su habitación, y llamaba una vez que sus padres estaban dormidos. Su padre era un hombre muy religioso que le prohibía a su hija ver la televisión en su ausencia y que la encerraba en el armario cuando él salía. A Laila nunca le habían dejado ver películas de Bollywood, por lo que no sabía que se parecía a Karisma Kapoor, pero Omar le decía que se parecía, ya que tenía el mismo pelo brillante, la misma estatura menuda y la misma mirada burlona. Le cantó como Akshay Kumar le había cantado a Karisma:

> *El mundo cambia, la estación cambia, pero mi corazón nunca lo hará*[26].

Laila apenas podía ir a ningún sitio más allá de las clases, la mezquita y las casas de sus familiares cuando los visitaba. Sus llamadas nocturnas con Omar eran una ventana al mundo exterior.

Sin embargo, aunque le encantaba escuchar las aventuras que había vivido por el país y que su sueño era obtener una vida mejor en el extranjero, no era como si ella quisiera que se la llevara. Sabía poco de la vida, pero la suya ya parecía estar llena de la perspectiva de tener un hogar e hijos. Le costaba imaginarse dejando atrás a su familia y a su país, y no estaba segura de que las cosas fueran a ser mucho mejores en otro lugar. A veces se quedaban despiertos hasta pasada la medianoche debatiendo asuntos del corazón, pero cuando Omar le pedía que se acostara ya para que no fuera cansada a clase, ella le pedía solo cinco minutos más.

Después de mudarme a mi casa en 2012, Omar me invitó a conocer a su madre, Maryam, que se había ofrecido a cocinar el plato nacional, el *qabuli palao*. En Afganistán, invitar a un hombre sin parentesco al ámbito doméstico era un gesto de intimidad poco habitual, pero, por otro lado, su madre era la cabeza de familia. El padre de Omar vivía en otra parte de la ciudad, y supuse que él y Maryam estaban divorciados, aunque no indagué porque se notaba que el tema le dolía a Omar.

Me recogió y, mientras íbamos en el coche, la cuadrícula pulcra y asfaltada de Qala-e Fatullah dio paso a caminos sinuosos y embarrados hasta que llegamos al bazar, donde los carniceros colgaban sus mercancías salpicadas de moscas en el exterior y los adolescentes se ocupaban de las tiendas de teléfonos móviles. Junto a las cunetas abiertas, los vendedores ambulantes gritaban desde carros cargados de sandías y sostenes chinos; el olor a aguas residuales y a masa frita flotaba en el aire.

Estaba sentado con las piernas cruzadas en la alfombra del salón cuando entró su madre, Maryam, una mujer compacta con un pañuelo de flores suelto sobre su pelo oscuro. Después de intercambiar saludos, se dirigió a Omar.

—Así que este es el extranjero del que he oído hablar —dijo, y se rio—. Parece afgano.

Omar trajo los platos, que consistían en pepinos y rodajas de cebolla con chiles, quimbombó guisado con tomates, un montón de *naan* fresco y el *qabuli*, arroz mezclado con zanahorias blandas y pasas. Bajo los granos largos y brillantes se veían trozos oscuros de cordero grasoso. Las columnas de humo formadas por el rico vapor se elevaron mientras me servía la comida en mi plato.

—*Nushi jan* —ordenó Maryam—. Come, come mucho.

Profesora de una escuela secundaria pública, tenía los modales sanos que eran comunes entre las mujeres afganas que llevan una vida pública. Maryam formó parte de la primera generación de chicas de clase media de su país a las que educaron para trabajar fuera de casa. Según me dijo, tuvo la suerte de que su padre valorara el aprendizaje de sus hijas tanto como el de sus hijos. A menudo él les citaba un proverbio a ella y a su hermana: «Busca el conocimiento desde la cuna hasta la tumba».

Maryam tenía cincuenta y cuatro años cuando nos conocimos, solo un año más que mi madre, pero en el transcurso de su vida había asistido a cambios que tardaron siglos en Europa, un salto de la agricultura de subsistencia a internet. Los estudiantes a los que enseñaba se enfrentaban a problemas que ella desconoció en su infancia, como las familias rotas o la adicción a la heroína. Los hijos de los refugiados que regresaban y de los emigrantes rurales que habían acudido en manada a la relativa riqueza y seguridad de la capital compartían una mezcla discordante de modales y dialectos. La urbanización de Afganistán, retrasada por las guerras anteriores, se aceleró con esta, y desde 2001 la población de Kabul se había duplicado hasta superar los cuatro millones de habitantes. La ciudad se estaba conectando con el mundo. Muchos de los alumnos de Maryam estaban tan ansiosos por aprender como lo había estado ella, pero, para esta nueva generación, el deseo de recibir una educación rivalizaba con el de emigrar.

Nada es intolerable hasta que existe una alternativa, aunque solo sea un sueño. Cuando Maryam, embarazada de Omar, huyó de los soviéticos, los límites de su horizonte eran Pakistán e Irán. Ahora, sus hijos estaban vinculados a una diáspora que se extendía desde Long Island hasta Melbourne, y las pantallas que tenían en los bolsillos les mostraban imágenes de cómo podría ser la vida en otro lugar.

La gente emigra por la diferencia entre aquí y allí. Nuestro mundo está dividido entre la abundancia y la pobreza y, así como una minoría de cada nación posee la mayor parte de la riqueza, también los países ricos han consumido la mayor parte de los recursos del planeta. Más de la mitad de la riqueza mundial se concentra en Norteamérica y en Europa, donde vive el 15 % de la población[27]. Incluso después de ajustar el coste de vida, la renta per cápita estadounidense es treinta veces superior a la de los afganos[28]. Los economistas hablan de la «prima de ciudadanía»[29], la cual mide lo que gana una persona por el mero hecho de vivir en un país determinado —siendo todo lo demás igual, como la educación—. Es hasta diez veces más valioso ser el mismo individuo en Estados Unidos o en Europa que en un país pobre; eso es lo que puede ganar alguien al cruzar una frontera. La desigualdad es la pendiente de la frontera. Es la altura del muro que escalará una persona.

Maryam tuvo seis hijos, pero el mayor, Khalid, fue el único al que dio a luz en su propio país, en 1980. Omar nació dos años después en Pakistán; luego, cuando la familia se trasladó a Irán, llegó el tercer hijo, Mansoor, seguido de sus dos hijas, Haniya y Farah, y, finalmente, Zia, el niño pequeño. Tal vez su infancia en el exilio los había desarraigado, pero todos, al igual que Omar, soñaban con emigrar. Sabían que Afganistán, uno de los países más pobres del mundo, iba a seguir siéndolo a causa de la guerra. No obstante, para que sus hijos consiguieran una vida mejor en Occidente, necesitarían seis golpes de suerte.

Khalid fue el primero en irse. A la hermana de Maryam, viuda de guerra, la reasentaron como refugiada en Suecia en la década de 1990. Volvió y encontró un marido para su hija mayor, que era ciudadana sueca ahora. Los matrimonios entre primos hermanos todavía eran comunes en Afganistán —de hecho, se valoraban por cómo volvían a unir a las familias—, y le pidió a Maryam la mano de Khalid. Este se casó en el consulado sueco en Pakistán, y luego obtuvo un visado para volar a Estocolmo. Cuando se despidió de su hijo mayor, Maryam sabía que no se le permitiría visitarlo, pero, aun así, se alegró, ya que a veces el amor significa desear la separación.

Su hijo menor, Zia, fue el segundo en emigrar. Después de la cena, Maryam le pidió a Omar que trajera su ordenador portátil, y él la ayudó a encontrar un videoclip que quería reproducir para que yo lo viera. Zia se había grabado con una cámara web granulada mientras hacía *playback* de una canción pop alemana.

—Se ha convertido en un europeo —dijo Maryam, riendo con nostalgia.

Maryam estaba orgullosa de que Zia, a diferencia de sus hermanos mayores, nunca hubiera tenido que trabajar de niño. Pudo concentrarse en sus estudios y obtuvo un resultado lo suficientemente bueno en su examen de inglés estandarizado como para ingresar en una universidad del Reino Unido. El coste de su primer año, incluyendo la matrícula, la comida y el vuelo, ascendió a casi diez mil dólares. Toda la familia colaboró, incluido Omar, con el dinero que ganaba en el frente de Kandahar. La escuela le dijo a Zia que lo más probable era que obtuviera una beca el próximo año, pero no fue así. No tenía otros diez mil dólares, así que, a punto de perder su visado y sin ganas de volver a Afganistán, se fue a Alemania, se deshizo de su pasaporte y solicitó asilo.

Cuando Maryam y yo nos conocimos en 2012, Khaled y Zia eran los dos únicos de sus hijos que habían conseguido salir del país. Los demás seguían viviendo con ella en Kabul, donde trabajaban para los extranjeros; al insistir en que sus hijos estudiaran inglés, Maryam los había preparado bien para la economía afgana impulsada por la ayuda recibida. Pero para entonces estaba claro que el dinero, al igual que las tropas, tenía los días contados, como lo tenían muchas de las élites que más se habían beneficiado de la ocupación estadounidense.

Hoy en día, los países en desarrollo se enfrentan no tanto a la fuga de cerebros como a la fuga de riqueza[30] que fluye hacia los bienes inmuebles y las cuentas bancarias en el extranjero. Antes de que la invasión estadounidense conectara a Afganistán con el sistema financiero mundial, no había mucho que un comunista corrupto o un funcionario talibán pudiera hacer con sus ganancias mal habidas; invertir en opio, tal vez, o comprar otro coche. Ahora, miles de millones fluyen de manera legal, ya que los afganos ricos compran propiedades en lugares como Dubái y Malasia y hacen sus nidos en el exterior.

Para los ricos la emigración es fácil, ya que la ciudadanía, en el siglo XXI, está en venta[31]. El programa de «inversores inmigrantes» de Estados Unidos requiere casi dos millones de dólares, mientras que un «visado de oro» para Grecia solo necesita un cuarto de millón de euros. Se dice que el presidente del Parlamento de Afganistán, el cual consiguió semejante fortuna suministrándoles combustible a los extranjeros, obtuvo pasaportes de la Unión Europea para él y su familia en Chipre por dos millones de euros. Con suficiente capital te podías convertir en un ciudadano del mundo, lo que Frantz Fanon llamaba «gente sin anclaje ni horizonte, sin color, sin Estado, sin raíces, una raza de ángeles»[32].

La tercera oportunidad de la familia llegó en 2014, el año en el que el presidente Obama anunció el fin de la misión de combate de Estados Unidos en Afganistán. La delincuencia, el desempleo y los atentados suicidas estaban empeorando en Kabul. Una antigua compañera de Maryam que había emigrado a Alemania regresó en busca de un novio para su hija. En la cultura afgana, se espera que los hermanos se vayan casando en secuencia, y ser omitido es motivo de vergüenza. Muchos son los hermanos menores que suspiran durante años, a la espera de sus mayores. Pero a Omar, que era el siguiente en la fila, no le interesaba. Según me dijo, tampoco era que le importara la tradición, ni que Mansoor, dos años menor que él, se casase con ella. De todos modos, Mansoor era el mejor partido, obediente y trabajador como lo era el mayor, Khalid. Esta vez, la chica y su familia volaron a Kabul para la boda. Omar felicitó sin envidia a su hermano, el cual se iba a Europa; entonces todavía confiaba en que conseguiría el visado que Estados Unidos había prometido para los antiguos intérpretes. Y, en cuanto al matrimonio, seguiría a su corazón.

Varios años después de que hubieran comenzado con su amistad por teléfono, Laila insistió en que se encontraran, y él, al final, accedió. Ahora tenía dieciocho años y era una joven que se preparaba para su primer año en una universidad religiosa. Comenzaron a verse de momento breve en momento breve, en la casa de él cuando no había nadie o en el garaje anexo de la casa de ella. Cuando estaba a solas con Laila, sentía que se le encendía la sangre.

Fue entonces cuando supe de Laila. Estaba acostumbrado a oír hablar de las escapadas románticas de Omar, y en aquel momento no me di cuenta de su importancia, pero recuerdo con claridad la desgarradora historia que me contó un día, cuando le pregunté por qué parecía tan agotado. Según me dijo, la noche anterior la hija del vecino lo llamó y le pidió que fuera a su casa.

La familia de Laila estaba enganchada a su programa de televisión favorito, y estaba segura de que no se iban a mover en toda la hora. Tras excusarse para ir a hacer los deberes, se coló en el garaje y lo dejó entrar. Se subieron al asiento trasero del coche familiar. En la penumbra, con el aliento de ella en su oído, sintió que las últimas ataduras se deslizaban...

Toc, toc, toc.

Se pusieron la ropa frenéticamente. Alguien llamaba a la puerta exterior del garaje. Era cuestión de tiempo que su padre viniera de la casa para responder. Omar estaba atrapado.

—Métete debajo del coche —siseó Laila.

Se tiró al suelo y se deslizó debajo, al tiempo que ella se subía al asiento delantero y encendía el equipo de música justo cuando un arco de luz se extendía a través del suelo.

—¿Qué estás haciendo? —Su padre la miró fijamente desde la puerta.

—Quería escuchar la radio.

Omar observó cómo las zapatillas caminaban lentamente hacia la puerta exterior, donde, ¡sorpresa!, aguardaban algunos familiares que habían pasado por su casa. Si el anciano tenía alguna sospecha debió desecharla, pues todos volvieron a entrar, dejando a Omar debajo del coche con el corazón marcando el tiempo contra el cemento.

4

Preocupado por que nuestros planes de irnos a Europa se habían aplazado, me acerqué a la casa de Omar y le pregunté a Maryam qué pasaba con la familia de Laila.

—Su edad solo era una excusa —me dijo Maryam al relatarme cómo su casero había rechazado su petición—. La verdadera razón es que nosotros somos suníes y ellos son chiíes.

Omar quería que lo intentara de nuevo —en Afganistán, se supone que los familiares de un pretendiente deben pedirlo en su nombre—, pero Maryam estaba segura de que la iban a rechazar. Una propuesta del hijo de su inquilino debía haber alarmado al patriarca, que ahora sospecharía de que su hija estaba teniendo una aventura secreta. Por su parte, Maryam no veía qué tenían de especial la muchacha o su familia, la cual le parecía una banda de trepadores sin educación. Le preocupaba que su hijo no saliera de Afganistán. Junto con Farah, su hija menor, y Suleyman, un sobrino adolescente al que había acogido, se estaba preparando para huir del país. Ahora que las fronteras estaban abiertas en Europa, lo único que tenía que hacer era llegar a la costa turca y embarcarse en una nave hacia las islas griegas. La travesía marítima era peligrosa, pero no larga; desde Atenas, podrían viajar en autobuses y trenes a través del corredor humanitario, hasta Alemania.

Maryam quería volar directamente a Estambul, pero para ello necesitaban visados turcos, los cuales eran caros. Como funcionaria, Maryam pudo solicitarlo enseguida, y solo pagó el coste oficial de sesenta dólares. Pero la mayoría de la gente tenía que pasar por una agencia de viajes designada por la embajada turca y, si querían que su solicitud tuviera éxito, tenían que pagarles unas tasas no oficiales considerables a intermediarios, es decir, sobornos. Ese otoño, con tantos afganos desesperados por llegar a Europa, la tarifa vigente era de cinco mil dólares por un simple visado de turista. Se le terminarían los ahorros, pero para ella valía la pena evitar el desierto y las montañas hasta Irán. Incluso encontraría dinero para Omar, pero él se negaba a irse sin comprometerse primero con Laila. ¿Es que no era capaz de ver lo mal que se estaban poniendo las cosas en Afganistán? Le avisó que, si los talibanes llegaban a Kabul, matarían a las personas que, como él, habían trabajado para los militares extranjeros.

—Se ha vuelto loco —me aseguró Maryam—. Convéncelo de que esta es su oportunidad de irse. Eres su mejor amigo.

—Si no quiere escuchar a su madre, ¿qué puedo hacer yo? —respondí—. Pero haré lo que pueda.

Al separarnos me dedicó una sonrisa cómplice, y me pregunté qué sabía acerca de mis planes con Omar, los cuales se suponía que eran secretos. Ya les había avisado a Maryam y al resto de la familia que quería escribir un libro sobre el viaje de Omar a Europa, y obtuve su consentimiento para contar sus historias también, pero no había dicho nada sobre ir de incógnito como refugiado.

Me gustara o no, me estaba involucrando en la migración hacia el oeste de toda la familia, la cual había llegado a un punto crítico. Cada vez más desesperados ante la espiral descendente de su país, Maryam y sus hijos habían recurrido a lo que los afganos llamaban *rahe qachaq*, «el camino del contrabandista». Así fue como huyó de Afganistán Haniya, la hija mayor, a principios de ese verano, apenas unos meses antes de que se produjese el milagro de la frontera.

Maryam siempre se había sentido culpable por haber traído a sus hijas desde Irán, donde habían crecido con mucha más libertad que aquí. Sobre todo Haniya, que nunca había sido capaz de reconciliarse con la asfixiante cultura patriarcal de Afganistán. Aunque llevara las capas holgadas que tanto detestaba, los hombres seguían acosándola constantemente en la calle, a veces con proposiciones reales, pero más a menudo con insultos o manoseos furtivos. Su hermana menor, Farah, intentaba ignorarlo, pero Haniya tenía un temperamento que podía hervir como el de su madre. Era una ávida jugadora de fútbol y también había asistido a clases de karate en Irán. Después de que los comerciantes del bazar que había junto a su casa la vieran perseguir y golpear a algunos hombres, empezaron a decirse entre ellos con desaprobación que la señora maestra era una mujer respetable, pero que su hija era una *badmash*, una matona.

Este era un país en el que una mujer casada estaba tan subsumida en la existencia de su marido que era vergonzoso para los extraños utilizar su nombre de pila; en el que la gente seguía diciendo, con aprobación, que la hija de fulano «todavía no había visto el Sol o la Luna». Maryam había intentado en vano encontrarles una pareja adecuada a sus hijas, un hombre educado que las tratara con respeto. Por eso, cuando Haniya, ahora con veinticinco años, le dijo que quería pedir asilo en Europa, Maryam accedió, a pesar de sus temores.

¿Cuándo se convierte un inmigrante en un refugiado? Al igual que sus hermanos, Haniya quería escapar para poder tener una vida mejor en Occidente. Había perdido la esperanza en su propio país, donde la guerra empeoraba a medida que los talibanes pasaban a la ofensiva contra el gobierno, y es que más de trescientos mil afganos fueron desalojados por los combates en 2015, el doble que el año anterior[33]. Además, las mujeres afganas se enfrentaron a una violencia adicional, ya que esa primavera, en el centro de

Kabul, una multitud de hombres golpeó y quemó hasta la muerte a una joven a la que acusaron falsamente de insultar el Corán. Una mujer afgana soltera, como Haniya, tenía muchas posibilidades de obtener asilo si lo solicitaba en Europa o en Canadá. Pero no tenía forma legal de llegar allí. Existía un cordón de visados y leyes que regulaban los viajes en avión para mantenerlos a ella y a otros refugiados fuera. «Este círculo vicioso para los refugiados», como lo llamó David Scott FitzGerald[34], tiene sus antecedentes en los esfuerzos por mantener a los judíos que huían de los nazis al extranjero, y asegura que cuanto más probable sea que una persona busque asilo en Occidente, menos probable será que pueda subirse a un avión que lo lleve hacia allí. Alemania estableció que los afganos tenían que contar sí o sí con un visado en 1980, un año después de la invasión soviética. Afganistán tenía uno de los peores pasaportes del mundo en lo que respecta a la exención de visado[35].

Haniya sabía que no podía volar a Europa. No era lo suficientemente rica como para comprar una residencia, y no había nadie que tuviera un pasaporte occidental y que quisiera casarse con ella. Así que fue la primera de los hijos de Maryam en recurrir al camino del contrabando. Por aquel entonces las fronteras de Europa todavía estaban cerradas. Para ahorrar dinero, en lugar de obtener un visado turco Haniya pagó unos cientos de dólares por uno iraní y voló a Teherán, donde se reunió con un primo varón y su familia. Viajaron con contrabandistas en una agotadora travesía a través de las montañas hasta Turquía, y luego cruzaron a Bulgaria. Finalmente, Haniya llegó a Alemania, donde su hermano la recogió. Exhausta pero triunfante, advirtió a su madre, que tenía las rodillas maltrechas y diabetes, de que no intentara hacer el mismo viaje por tierra desde Irán.

Antes del vuelo de Haniya a Teherán, cuando Maryam la acompañó al aeropuerto para despedirse, la hija mayor se detuvo en el control de seguridad y sacó un par de zapatos nuevos.

—Llévate estos, madre —dijo mientras le entregaba a Maryam los viejos—. No quiero llevarme nada de la suciedad de este país.

Había alguien más además de Laila al que a Omar le preocupaba dejar atrás en Kabul. Su padre, Jamal, ausente de la vida de sus hijos durante mucho tiempo, había vuelto a vivir con ellos un par de años antes. En realidad, él y Maryam no se habían divorciado, como yo había supuesto, aunque sí estaban distanciados. Ella me dijo que no le importaba lo que le ocurriera a su marido, quien se negaba a exiliarse de nuevo incluso si el resto de la familia huía al extranjero. Aun así, Omar no quería abandonarlo como su padre los había abandonado una vez.

Conocí a Jamal durante una cena dos años atrás, poco después de que viniera a vivir a la casa de alquiler. Era incluso más alto que Omar y tenía las mismas cejas gruesas y la misma barbilla cuadrada, pero estaba muy cojo a causa de las hernias discales que tenía en la espalda. Jamal fue cortés conmigo, pero nos sentamos en un incómodo silencio durante la cena, y Maryam estaba visiblemente tensa cada vez que entraba y salía de la cocina. En cuanto terminamos de comer, Jamal se retiró a su habitación.

Desde que Omar y sus hermanos tuvieron uso de razón, sus padres siempre se estaban peleando; e, incluso sus momentos de alegría, como una fiesta de cumpleaños o una visita al parque, se veían ensombrecidos por el miedo que sentían al vivir como refugiados al margen de la sociedad iraní. Nadie podía decir cuánto de la pelea entre sus padres se debía a la migración forzada y a la pobreza y cuánto era el resultado de una incompatibilidad básica. El dolor era el dolor. Sin embargo, habían permanecido juntos por el bien de los niños durante las amargas décadas en el extranjero, y no fue hasta que volvieron a Kabul en 2002 que, al final, se separaron. La familia se había alojado en una casa que pertenecía al hermano de Jamal, quien había emigrado a Estados Unidos. La hermana mayor de Jamal vivió allí durante toda la guerra y se había casado hacía poco con un hombre mucho más joven. Era una casa grande, con seis habitaciones, pero no era lo suficientemente amplia. El nuevo cuñado pensaba que la casa venía junto con la solterona con la que se había casado. Maryam y los niños se sentían con el mismo derecho. Jamal había intentado mediar, pero las cosas no tardaron en ponerse feas.

La pelea comenzó por la bomba que había en el pozo del patio. El nuevo marido le gritó a Omar que no moviera la manivela con tanta fuerza; cuando Omar le contestó, el hombre se acercó y lo noqueó; luego, su hermano mayor, Khalid, le rompió un palo en la espalda al cuñado. Cuando llegó la policía, detuvo a los dos chicos junto con Jamal, ya que era su padre. Al día siguiente los pusieron en libertad, pero les ordenaron que abandonaran la casa. Maryam y sus hijos empacaron sus escasas pertenencias; tenían poco dinero y ningún lugar al que ir. Jamal se había torcido la espalda al tratar de detener la refriega y estaba tumbado en un dormitorio; la niña más pequeña, Farah, fue a verlo. Se quedó en la puerta, mirando la silueta jorobada de su padre, que no la miraba.

—Padre, ¿vienes? —le preguntó al final.

Jamal no respondió. Ya estaba harto de las faltas de respeto de Maryam y de los chicos; iba a quedarse con su hermana. Así, pues, dejó que su familia se fuera. Estarían separados durante una década.

Si se les preguntara, tanto Maryam como Jamal insistirían en que nunca tuvieron un día feliz juntos desde que se casaron en el otoño de 1979, en una modesta ceremonia en el centro de Kabul. Sin embargo, la profesora favorita de Maryam, una anciana que ahora vive en California, la recordaba radiante. No se conserva ninguna fotografía, pero es fácil imaginarse a la pareja aquel día. Jamal, de hombros anchos y con un elegante bigote; Maryam, menuda a su lado, adornada con joyas. Me gusta imaginarlos felices al principio, o al menos esperanzados; lo más triste es no haber perdido nada en absoluto. Tal vez su amor habría crecido si su patria hubiera permanecido en paz, como durante su infancia, cuando la nación estaba encantada con el *taraqqi*, el progreso, y cuando Kabul cobraba vida con maravillas como las luces eléctricas y los cines. El Día de la Independencia, las multitudes bailaban al ritmo de Ahmad Zahir. «La vida cantará al final, ¡la esclavitud desaparecerá!»[36]. El presidente, Mohammad Daud Khan, había abrazado el nacionalismo de tercera vía de Nasser y de Nehru; según se decía, era un hombre feliz que «encendía un cigarrillo estadounidense con una cerilla rusa». Después de graduarse en la universidad, Maryam se contentó con permanecer soltera y mantener a su madre con un trabajo en el Ministerio de Finanzas. El 27 de abril de 1978, estaba en el trabajo como de costumbre cuando estallaron los disparos y las grandes ventanas se rompieron. Ella y otras chicas escaparon a sus casas, donde Radio Afganistán les dio la noticia de que había tenido lugar un golpe de Estado. Nur Mohammad Taraki, líder de los comunistas y quien pronto sería «el Verdadero Hijo del Pueblo y Comandante en Jefe de la Gran Revolución de Saur»[37], era el presidente. Dos meses después, Zahir, la voz de su generación, murió en un accidente de tráfico.

El padre de Maryam falleció cuando ella era una niña, y un hogar sin un protector masculino estaba expuesto a la presión social. Durante años, se defendió de sus tíos maternos, que querían a Maryam como pretendiente para sus propios hijos, como si alguna vez fuera a volver al pueblo a vivir entre el ganado. No obstante, tenía casi veinte años cuando ocurrió el golpe, mucho más de la edad en la que la mayoría de las chicas se casaban. La gente cotilleaba y decía que «se quedaba en casa»; cada año traía más lástima y desprecio. El hermano de Jamal era su compañero de trabajo, pero ella nunca conoció a su futuro marido cuando su familia se lo propuso a su madre después de que los comunistas tomaran el poder. A Jamal lo criaron sus dos hermanos mayores, quienes querían que se casara para que así dejara de llegar tarde a casa. Por la foto de Jamal, Maryam pudo ver que era guapo. Se casaron en noviembre. Un mes después, los soviéticos invadieron el país.

Durante los dos años siguientes, Maryam y Jamal se aferraron a su vida en Kabul a medida que la guerra se intensificaba. Al igual que los estadounidenses en Vietnam[38], los soviéticos utilizaron campañas de bombardeo para desplazar a la gente del campo y expulsar a las guerrillas. Lo peor de la guerra estaba en las zonas rurales, pero los muyahidines ponían bombas en la capital mientras que los comunistas cazaban espías y simpatizantes. Dos primos de Maryam de un pueblo cercano fueron arrestados y nunca se los volvió a ver. Cuando el régimen empezó a reclutar a hombres como Jamal, que ya habían hecho el servicio, decidieron huir y cruzaron las montañas con contrabandistas hasta llegar a Pakistán. El primogénito, Khalid, tenía un año, y Maryam estaba embarazada de seis meses de su siguiente hijo. En la primavera de 1982, en un hotel de la húmeda Peshawar, dio a luz a Omar.

Cuando se quedaron sin dinero, tuvieron que ir a campamentos habilitados para refugiados afganos. Les asignaron uno en un valle empinado y hermoso de Mansehra. Maryam perdió las esperanzas cuando vio a las mujeres llevando el agua que sacaban del río. Era el trabajo pesado de pueblo al que siempre le había temido. Con sus barbas y turbantes, los hombres le parecían terriblemente tribales; algunos tenían miradas distantes y huecas, puesto que hacía poco que habían regresado de luchar contra los soviéticos. Para vivir en los campamentos y recibir la ayuda de la ONU, los afganos tenían que inscribirse en uno de los siete partidos muyahidines apoyados por Pakistán[39]. «Dentro de estos campamentos había una enorme reserva de reclutas potenciales para la Yihad», escribió un brigadista pakistaní[40]. «Miles de jóvenes llegaron a los campos como refugiados, crecieron y luego siguieron a sus padres y hermanos a la guerra».

Durante esa década, más de seis millones de personas huyeron a través de la frontera con Irán y Pakistán[41], formando el mayor grupo de refugiados del mundo, una distinción que los afganos mantendrían durante los siguientes treinta años.

DESDE EL PRINCIPIO, LA IDEA MODERNA que se tiene en cuanto a los refugiados está entrelazada con el poder y la política. En 1951, cuando un grupo de delegados[42] se reunió en Ginebra para redactar un tratado sobre los refugiados para la ONU, ninguno de los países comunistas participó. El debate a orillas del lago Leman giró en torno a una cuestión central: ¿quién podía ser considerado un refugiado? A diferencia de los demás inmigrantes, a este extranjero se le concederían muchos de los mismos derechos que tenía un ciudadano; fundamentalmente, el derecho a quedarse. Un refugiado no podría ser deportado de vuelta al peligro. Se pediría a los Estados firmantes que aceptaran un límite sin precedentes a su propia soberanía. El cataclismo que supusieron los desplazamientos de la Segunda Guerra Mundial seguía fresco en la mente de todos, por lo que algunos delegados abogaron por una definición amplia que incluyera a aquellos que escapaban de la violencia en general, pero Estados Unidos quiso limitarla a los usos anticomunistas. Así, pues, según la Convención de Ginebra de 1951, base del derecho internacional de los refugiados, un refugiado es una persona con «fundados temores de ser perseguida por motivos de raza, religión, nacionalidad, pertenencia a un determinado grupo social u opiniones políticas», y no alguien que simplemente huía de la guerra o de una catástrofe, unos criterios adaptados al disidente de la Guerra Fría[43].

Cuando se trataba de quienes escapaban del comunismo, Occidente podía ser generoso[44]. En 1956, cuando los húngaros huyeron de la ocupación soviética, la opinión pública estadounidense clamó por que se les diera asilo. Cuando Saigón cayó en manos del Ejército Popular, ciento cuarenta mil aliados vietnamitas y sus familias fueron evacuados y llevados a Estados Unidos[45]. Después de la guerra, la gente siguió escapando en embarcaciones que iban desde pequeños botes de pesca de madera hasta cargueros de acero fletados por grupos de contrabandistas. En junio de 1979, cerca de cincuenta y cuatro mil *boat people*, término inglés que hace referencia a los refugiados que abandonan sus países en embarcaciones y que es usado por los medios de comunicación occidentales, desembarcaron cada mes en el sudeste asiático, la mayoría vietnamitas, aunque algunos huían de los regímenes comunistas de Laos y de Camboya. Las autoridades locales empezaron a obligar a punta de pistola a los barcos de refugiados a que regresaran; los piratas violaron y asesinaron a miles de personas[46]. En una conferencia celebrada en 1979, Occidente llegó a un acuerdo con los vecinos de Vietnam: «Una orilla abierta por una puerta abierta». A cambio de que los países de la región concedieran asilo temporal a los refugiados, Occidente se comprometió a reasentarlos. En los tres años siguientes, más de seiscientos mil refugiados emigraron, la gran mayoría a Estados Unidos, Canadá y Australia.

La situación de los *boat people*, retransmitida por las pantallas de televisión de Occidente, tocó las conciencias ya culpables por la guerra de Vietnam. Estaba surgiendo una nueva política humanitaria[47] que iba a desbaratar el viejo espectro ideológico y a sobrevivir a la Guerra Fría.

—Es muy sencillo[48] —dijo el escritor Heinrich Böll a propósito de su barco de financiación privada que rescató a los *boat people* y los reasentó en Alemania Occidental—. Soy de los que opinan que hay que salvar vidas allí donde se pueda.

A medida que el mundo se hacía más pequeño, las personas se hacían visibles las unas a las otras de nuevas maneras, y la visión de extraños indigentes no siempre inspiraba compasión. A medida que la población del mundo en desarrollo crecía, aumentaba la migración de las antiguas colonias a Europa y a Norteamérica. La reacción de Occidente fue, en cierto modo, la inversa del humanitarismo; ambas fueron reacciones emocionales a la figura del Otro, cuyo rostro es, según Emmanuel Levinas, «al mismo tiempo la tentación de matar y la llamada a la paz»[49].

En su célebre novela *El desembarco*[50], publicada en Francia en 1973, Jean Raspail imaginó una inmensa flota de inmigrantes «abatidos por el hambre, la miseria y el infortunio» que zarpaban hacia Europa. «El Tercer Mundo goteaba y Occidente le servía de escurridero», escribió Raspail. Si bien es cierto que a menudo se lo tacha de racista insensible, Raspail tenía la idea de que la política se estaba convirtiendo en una lucha de sentimientos de los ricos hacia los pobres. Enfurecido por la piedad humanitaria y por las «pequeñas obras maestras de indignación» sobre la pobreza en muchas regiones del planeta que aparecían junto a la «publicidad de lujo» en la prensa, el mundo occidental, según creía Raspail, «había perdido la energía para decir: ¡No!».

En el libro, el presidente francés, previendo la destrucción de su nación, envía un barco de guerra para interceptar a la flotilla de migrantes, pero el capitán informa que su tripulación, compadecida al ver a las mujeres y a los niños, se niega a abrir fuego. Francia se enfrenta a una dura elección. «Acoger a esas gentes en casa o torpedear sus barcos durante la noche, cuando sea imposible distinguir las facciones de los asesinados», le dice el oficial al presidente.

Cuando era un chaval, mi padre me contaba una historia sobre los pequeños barcos. En el verano de 1990, él era oficial a bordo del *Huron*, un destructor de la Marina canadiense que navegaba por el mar de China Meridional, cuando vieron un barco a la distancia. Era un junco de madera con ojos pintados en la proa, de unos dieciocho metros de largo. La cubierta estaba abarrotada de gente con ropa sucia. Habían escapado de Vietnam varias semanas antes y se dirigían a Malasia cuando una tormenta los dejó sin motor. A la deriva, fuera de las rutas marítimas y bajo un sol abrasador, se estaban muriendo a causa de la deshidratación y de la disentería; ya habían fallecido quince. Podrían haberse convertido en otro de los misterios del mar, pero, a última hora del día, un helicóptero canadiense los avistó y la escuadra acudió en su rescate.

Hay un vídeo que alguien subió a YouTube, grabado desde el puente de mando del *Huron*, donde estaba mi padre. La cámara se acerca a la cubierta de popa del barco, donde un niño yace boca abajo, inmóvil. Los refugiados levantan la cara, sonriendo y suplicando con las manos unidas en oración. Entre las ráfagas de las comunicaciones de radio, se pueden oír sus gritos de auxilio a través del agua. Noventa personas fueron llevadas a bordo del barco de abastecimiento del escuadrón[51]. Dos murieron y fueron arrojadas al mar; a las demás se les ofreció asilo en Canadá.

Mientras se pasaba meses fuera en sus misiones, mi padre guardaba fotos de sus cuatro hijos de pelo negro metidas dentro de su gorra. Recuerdo el olor a diésel de su uniforme cuando volvió, así como el tacto de los botones de latón y la lana contra mi mejilla. Estaba navegando por el mar de Japón el día en el que mi madre me dio a luz en Columbia Británica, y él no conoció a su primogénito hasta tres meses después. Yo esperaba en el muelle en brazos de mi madre y un fotógrafo del periódico nos hizo una foto a los tres[52]. Más tarde, alguien la recortó y se la envió por correo tras garabatear en ella: «Ha nacido otro bastardo métis».

Mis antepasados fueron inmigrantes, como los de la mayoría de los estadounidenses, pero cruzaron océanos diferentes. Aikins es un apellido escocés procedente de Irlanda, y también hay *pure laine* quebequés por parte de mi padre. Sus padres formaban parte de los cincuenta y cinco millones de europeos que emigraron a partir del siglo XIX[53], cuando la primera Revolución Industrial mezcló a los pueblos de la tierra en barcos y en trenes. Mi segundo nombre es Yutaka, 豊 en kanji, en honor a mi abuelo, nacido en California en 1922 y uno de los *nisei*, la segunda generación de japoneses en Estados Unidos. Su padre era un marino mercante que abandonó el barco en San Francisco; mis dos bisabuelos trabajaron en granjas de Valle de Sacramento y se casaron siguiendo el método *picture bride*, común entre los inmigrantes asiáticos, con dos mujeres de Wakayama e Hiroshima que habían sido seleccionadas por fotografías y recomendaciones de familiares, a las cuales trajeron antes de que los asiáticos fueran prohibidos por la Ley de Inmigración de 1924, el mismo año en el que se creó la Patrulla Fronteriza de los Estados Unidos. La ley[54] se aprobó tras décadas de presión por parte de grupos como Native Sons of the Golden Westy y la Legión Estadounidense. «Cualquiera que haya viajado por el Lejano Oriente sabe que la mezcla entre sangre asiática y sangre europea o estadounidense produce, en nueve de cada diez casos, los resultados más desafortunados»[55], escribió Franklin Delano Roosevelt en el *Macon Telegraph* al año siguiente. Cuando los japoneses atacaron Pearl Harbor, Roosevelt era presidente y, en respuesta, autorizó el internamiento de más de cien mil personas de ascendencia japonesa que vivían en la Costa Oeste, dos tercios de ellos ciudadanos estadounidenses.

—Siempre van a ser hombres marrones[56] —dijo el senador Edwin Johnson—. ¿Creéis que, por fin, se fusionarán y serán aceptados en todos los sentidos como un hombre blanco?

Mi abuela Sei[57], más tarde conocida como Mary Ann, creció en las afueras de Los Ángeles; tenía trece años cuando estalló la guerra. En el autobús escolar, algunos niños blancos la escupieron porque tenía la cara del enemigo. Cuando el gobierno ordenó a los japoneses-estadounidenses que se presentaran en los campos, se les dijo que llevaran lo que pudieran cargar, y perdieron casi todo lo demás. Sei y su familia fueron al «centro de reubicación» situado en el hipódromo de Santa Anita, donde los pusieron en unos establos pintados a la cal[58]. Cuando su padre se negó a responder al «cuestionario de lealtad», los llevaron al «campo de segregación» de Tule Lake hasta que cambió de opinión. Luego los trasladaron a un terreno pantanoso en Arkansas, cerca del río Misisipi. Era 1943 y estaban enviando a los japoneses-estadounidenses a un archipiélago interior[59] formado por chozas de papel de alquitrán y alambre de púas, lugares como Topaz, Gila River y Heart Mountain. A la familia de mi abuelo Yutaka la enviaron al Camp Amache, en Colorado, el cual tomó su nombre de una mujer cheyene que vivía allí y que se casó con un ganadero blanco, y cuyo padre, Lone Bear, estuvo entre los que el ejército masacró en Sand Creek.

«Lo que les ha sucedido últimamente a los japoneses-estadounidenses y lo que nos ha sucedido siempre pone a los negros estadounidenses y a los japoneses-estadounidenses en el mismo barco»[60], escribió Langston Hughes en 1944. Incluso después de haber recuperado su libertad, muchos *nisei* se mantuvieron alejados de la Costa Oeste y se desplazaron en trenes y autobuses Greyhound a fábricas, proyectos de riego y nuevos barrios residenciales. Mis abuelos se conocieron en Denver, en la cadena de montaje de la Acme Table Pad Company. Él era siete años mayor y llevaba un matrimonio fallido a sus espaldas, un hombre encantador que sentía debilidad por el juego chino y del que ella se enamoró a pesar de la desaprobación de sus padres. Ambos querían algo mejor que el trabajo en la fábrica o las tareas domésticas, así que mis abuelos siguieron hacia delante y aterrizaron en Chicago, donde tuvieron su oportunidad: el sexado de pollitos[61]. En aquella época, los japoneses-estadounidenses tenían casi el monopolio de un método extraordinariamente eficaz para determinar el sexo de las crías de pollo, inventado en Japón en la década de 1920. Los sexadores de pollitos, a través de la repetición constante, desarrollaban una habilidad intuitiva para reconocer los genitales de las aves, los cuales eran indistinguibles para los novatos. Un sexador de pollitos experto, el cual podía «arrojar» más de mil por hora con una precisión del 98 %, ganaba mucho dinero. Cuando se habilitó una franquicia de sexado en Misisipi, mis abuelos se trasladaron a Jackson, la capital estatal, donde nació su quinta hija, mi madre, en 1959. Eran los últimos años de Jim Crow, y las personas blancas de Misisipi luchaban por mantener la segregación en las escuelas, pero a mis abuelos les vendieron una casa en un barrio blanco y sus hijas pudieron asistir a clase sin ningún problema. Para entonces, los veteranos blancos volvían del extranjero con novias japonesas y coreanas.

A Yutaka le gustaban los coches desde que era pequeño; para él eran sinónimo de libertad. Un día aparcó en el jardín un camión que había comprado con los ahorros de la familia. Lo de los pollos se había terminado; el futuro era el transporte de carga refrigerada. Después de eso rara vez estaba en casa, ya que se pasaba los días conduciendo y fumando cigarrillos Winston para mantenerse despierto, intentando que la apuesta le saliera bien. El verano de 1964 —«el Verano de la Libertad», como lo llamaban los voluntarios que llegaban a Misisipi desde todo Estados Unidos—, Yutaka recorría las carreteras en dirección a California y a Illinois, la autopista 51 que llevaba desde Nueva Orleans a Memphis, los caminos de tierra de la región del Delta.

El 22 de septiembre, Yutaka se declaró en bancarrota en el juzgado de Jackson. Esa misma tarde fue a Indianola a descargar el camión y murió de un ataque al corazón. Tenía cuarenta y dos años; el mayor de sus siete hijos tenía doce, y el menor, dos. Mi abuela tuvo que ocuparse de la quiebra y de los preparativos del funeral a la vez. Se trasladó a Seattle, donde tenía familia; tuvo una floristería y no volvió a casarse. Al igual que para muchos *nisei*, para ella, sobrevivir significaba volverse una estadounidense de los pies a la cabeza, como si tuviera el cuestionario del gobierno en la cabeza[62]. «¿Evitará el uso del idioma japonés excepto cuando sea necesario?». Les puso nombres cristianos a sus hijos y se aseguró de que fueran a la universidad. Todos, salvo uno, se casaron con mujeres blancas.

Mi madre conoció a un joven oficial de la Marina, mi padre, después de que su barco hiciera escala en Seattle, y se fue con él a Canadá, a los suburbios donde mis hermanos y yo jugábamos al *hockey* sobre hielo. Recuerdo incidentes aislados, una mujer que insultó a mi madre por una plaza de aparcamiento; un abusón en el colegio; y era consciente de que tenía un aspecto distinto, menos deseable, pero por dentro me sentía igual que mis amigos blancos. Mi abuela murió cuando yo estaba en la universidad, y nunca le pregunté por los campamentos. De niño, la historia que me interesaba estaba en las estanterías de mi padre: las memorias de Winston Churchill y *The White and the Gold*, una saga de héroes coloniales franceses. A medida que iba llegando a la mayoría de edad, me fui abriendo camino entre esferas cada vez más cosmopolitas hasta llegar a la cúspide de la ciudad de Nueva York, beneficiaria de lo que la historiadora Nell Irvin Painter llamó «la cuarta ampliación de la blancura estadounidense»[63]. Hoy día, tras los ingleses, irlandeses y alemanes sin propiedades, y luego los italianos y los judíos, una clase multicultural ha heredado unos Estados Unidos en los que Thien Thanh Thi Nguyen, hija de refugiados vietnamitas, puede llegar a ser Tila Tequila[64], famosa por ser la primera estrella bisexual de un *reality show* y, más recientemente, una neonazi.

Cuando Omar era pequeño, el programa favorito de su familia era *Road to Avonlea*, un drama de época canadiense doblado que fue popular en Irán, adonde se trasladó la familia cuando él todavía era un niño. La protagonista, Sara Stanley, tenía el pelo tan dorado como los campos de heno de la isla del Príncipe Eduardo; era una chica de ciudad exiliada a la que habían mandado a vivir con sus parientes del campo. Sara, Sara, Sara, con sus ojos grises de gato; Omar le juró a su familia que, cuando fuera mayor, se iría a Canadá y se casaría con ella, lo cual les hizo mucha gracia.

Vivían en Shiraz, donde están enterrados los poetas Hafez y Saadi. Eran ocho en una pequeña casa situada en el casco antiguo de la ciudad. A diferencia de Pakistán[65], donde a la mayoría de los afganos se los retenía en campamentos, en Irán se les permitía entrar en las ciudades donde se necesitaba mano de obra, ya que los hombres de allí habían partido al frente de guerra que se libraba con Irak. No obstante, los tiempos fueron duros para la familia, especialmente después de que Jamal se lesionara la espalda trabajando en un equipo de albañilería. Pero en Irán era más fácil para las mujeres trabajar fuera de casa. Maryam limpiaba domicilios y planchaba la ropa de segunda mano que su vecina vendía en el bazar. En ocasiones trabajaba en la venta de artículos de contrabando desde el puerto de Bandar Abbás, trayendo en su equipaje productos del mercado negro que el pequeño Omar y sus compañeros vendían al lado de la carretera, además de galletas Minoo y chicles Chic.

Incluso con la felicidad conyugal habría sido difícil, pero Jamal y Maryam nunca encontraron la armonía. Según la tradición, la mujer debía ceder, y Maryam no lo hacía. Jamal, recluido en casa y sin trabajo, se enfadó al ver que su mujer ignoraba su autoridad, incluso cuando la golpeaba y sus peleas se volvían violentas. Muchos años después, se preguntaría si debería haber usado toda su fuerza hasta que se rompiera algo. Antes de que huyeran de Kabul, la hermana mayor de Jamal se burlaba a veces de él por la terquedad de Maryam. «Tu padre tuvo muchas esposas y tú no puedes con una», decía, pero aquí en Shiraz estaba solo.

A medida que crecía, el aspecto de Omar llegó a parecerse más al de Jamal que el de cualquiera de los chicos. También compartía los gustos musicales de su padre y le encantaba escuchar sus casetes; música antigua como Ahmad Zahir, pero también una nueva generación de cantantes de la diáspora, voces de Occidente que añoraban su hogar, como Farhad Darya, cuya canción *Kabul Jan* fue un éxito en los años noventa.

Déjame cantar desde Irán a Pakistán.
¿Tienes noticias de la querida Kabul, amor?

Los afganos eran cada vez menos bienvenidos en Irán, y la policía se volvió más depredadora. Pero Omar, con sus ojos claros, lo tenía más fácil que los hazara que estaban marcados por sus facciones más asiáticas y a los que los acosadores seguían hasta sus casas al grito de «Kesofate afghani!» («¡Basura afgana!»).

No, su pelo era castaño y su acento sonaba como el de cualquier shirazi. Sin embargo, su fanfarronería era calcada a la de los jóvenes furiosos que salían en las películas de Bollywood que tanto adoraba. Era grande para su edad, e impulsivo. Aprendió a utilizar un cuchillo gracias a los matones de allí, los *badmash*, pero se mantuvo alejado de la heroína que hacía estragos en la ciudad.

Siguió trabajando a la vez que iba a clases, lo suficiente como para comprarse una bicicleta y una radio. Lustró zapatos y cosechó pistachos. A los diez años, podía levantar tarrinas de helado de quince kilos en la tienda. A los trece, empezó a trabajar en la construcción. Cuando creció, quería ser médico y ayudar a la gente. O piloto, y ver el mundo entero. Sabía que había una vida mejor en alguna parte, en un lugar en el que encontraría su sitio. Un amigo suyo vivía cerca del aeropuerto, y salían y se pasaban horas junto a la valla observando los aviones.

El fin de la Guerra Fría[66] cambió la forma en la que Occidente veía a los refugiados. Los conflictos en los países pobres ya no se consideraban luchas de poder entre las superpotencias y sus ideologías. «Guerras terribles, sin fe ni ley, no menos ajenas a la lógica de Clausewitz que a la de Hegel»[67], escribió el corresponsal de guerra y filósofo Bernard-Henri Lévy.

Cuando los soviéticos abandonaron Afganistán en 1989, millones de afganos volvieron a casa. Jamal quería regresar, pero Maryam se negó. No confiaba en que los rebeldes fundamentalistas dejaran que sus hijas continuasen con su educación. Cuando el gobierno comunista se derrumbó tres años después, los muyahidines y las milicias se enfrentaron, y Occidente les dio la espalda. «El mundo no tiene nada que hacer en las disputas tribales y sanguinarias de ese país»[68], proclamó el *Times* de Londres.

Y llegó la hora de los señores de la guerra. «El amor murió, la devoción murió, el afecto pereció»[69], escribió el poeta Khalilullah Khalili. «Nos estamos ahogando en un mar de sangre». La devastación de los años noventa serviría de advertencia a los afganos dos décadas más tarde, cuando los estadounidenses empezaron a marcharse y el gobierno se tambaleó: «Huye mientras puedas». Kabul se convirtió en un laberinto de ruinas esculpidas por puestos de control armados. Cruzarlos significaba arriesgarse a morir pero podía ser la única manera de evitar la inanición. Gracias a una carta, Maryam se enteró de que unos milicianos le habían robado a su hermano y lo habían golpeado hasta dejarlo ciego de un ojo. Luego, los talibanes, con una justicia dura como atractivo casi singular, arrasaron el país. En 1996 tomaron Kabul.

Cinco años después, la familia de Omar recibió una buena noticia que llevaban mucho tiempo esperando. El hermano de Jamal, que había emigrado a Estados Unidos hacía una década, iba a financiar su solicitud de refugio. Pero tuvieron que abandonar Irán e ir a Pakistán, donde había un consulado estadounidense. Vendieron lo que no se podían llevar y se fueron a vivir con una hermana de Jamal en Peshawar. Cuando Maryam y Jamal presentaron su solicitud en la embajada de Estados Unidos, los citaron para una entrevista de seguimiento unos meses después. Era finales del verano de 2001.

El 11 de septiembre vieron por la televisión cómo ardían las Torres Gemelas. Cuando volvieron a la embajada, las fuerzas especiales de Estados Unidos y sus señores de la guerra aliados ya estaban en Kabul. Un funcionario les dijo que estaban suspendiendo las solicitudes de refugio de los afganos. Maryam recordó sus palabras: «Vuestro país ya es libre. Volved a casa».

VOLVIERON EN CAMIONES TOYOTA y en autobuses Mercedes maltrechos que habían sido retirados de Alemania mucho tiempo atrás. Llegaron a pie y en burro, familia por familia a través de los pasos de montaña, y en multitudes de miles de personas por los grandes pasos fronterizos de Wesh y Torkham. Aterrizaron en aviones Boeing 747, llevando trajes y zapatos recién lustrados. Llegaron con títulos de máster, prótesis y niños de mejillas rojas.

Regresaron cinco millones. Fue el mayor programa de repatriación de la historia de la ONU. «Nuestro compromiso con un Afganistán estable, libre y pacífico es un compromiso a largo plazo»[70], dijo el presidente George Bush, de pie junto al nuevo líder afgano, Hamid Karzai. Los talibanes habían prohibido la música; la primera canción que sonó en Radio Afganistán fue *Kabul Jan* de Darya[71].

¿Tienes noticias de la querida Kabul, amor?
¿Y tienes noticias de mí?

En la primavera de 2002, Omar y su familia se subieron a un autobús que atravesaba el paso Khyber y llegaron a la frontera de su propio país. En el cruce, la bandera blanca de los talibanes había sido sustituida por la negra, roja y verde de la época del rey. Ver la bandera llenó de esperanza a Omar.

5

Los milagros nunca duran.

El invierno llegó y se fue mientras que Maryam y los demás esperaban sus visados turcos. Terminé la historia de Kunduz y até algunos cabos sueltos; le encontramos un trabajo en una ONG a Turabaz, nuestro antiguo *chowkidar*, y la perra Baad se fue a una granja al norte de la ciudad. Dejé el resto de mi vida en pausa y me sumergí en los preparativos del viaje.

Entonces llegaron las malas noticias de Europa. Primero, se cerraron las fronteras en los Balcanes. Después, el 18 de marzo, la Unión Europea anunció que todos los refugiados que desembarcaran en las islas griegas se verían obligados a permanecer allí en campamentos. Nuestro viaje se había vuelto mucho más difícil, aunque empezaba a preguntarme si Omar llegaría a irse en algún momento.

—La primavera está aquí —dije, mientras estábamos sentados en el Corolla fuera del lugar donde me alojaba—. ¿Qué vas a hacer?

No estaba escuchando. Estaba obsesionado con la idea de que el padre de Laila la casara cuando él se fuera. Mientras siguiera en Kabul, podría impedirlo; si era necesario, por la fuerza.

—¿A qué te refieres con «por la fuerza»? —le pregunté.

Se rio con amargura.

—Puedo demostrar que estuvimos juntos. Entonces, nadie más se casaría con ella. O… puedo secuestrarla.

No sabía si hablaba en serio. Nunca lo había visto así.

—¿Y ella qué dice?

El padre de Laila le había registrado la habitación y había encontrado su móvil; ahora Omar tenía que esperar días enteros para que ella se comunicara con él a través de un compañero de clase.

—Dice que, si me voy y su padre la obliga a casarse con otro, no puedo quejarme.

No es la primera vez que me pregunto en qué estaría pensando realmente Laila. ¿Cómo iban a casarse si ella no estaba dispuesta a desafiar a su padre? Omar me había dicho que, al final, ella había aceptado que lo mejor era marcharse, pero quizá lo que de verdad pretendía era retenerlo aquí. Yo ya había renunciado a intentar discutir con él. Puede que estuviera perdiendo el tiempo.

Omar me dijo que encontraría la manera de conquistarla. Que se haría rico de alguna forma. Estaba dispuesto a hacer cualquier cosa aparte de matar o robar. Compraría hachís en Ghazni o en Kandahar y lo vendería en Kabul por el doble de precio.

Le dije que estaba loco. Me dio la razón.

—Estoy loco de amor. Llevo cuatro años con ella. Fui la primera persona con la que estuvo. No soporto la idea de que otro la tenga.

—¿Sabes? Existe una expresión que dice: «Si quieres a alguien, déjalo ir».

—¿Que renuncie a esa persona? —preguntó.

—Y si vuelve, es que te quiere.

—No puedo renunciar a ella, hermano, no puedo.

—Pero eso no es amor.

—Ah, ¿no?

—Es orgullo.

—Yo sé que la amo.

«Ella me dijo que aquí la muerte está en el aire, puedes cerrar todas las ventanas y, aun así, al final llegará a tu habitación»[72], escribió el poeta Elyas Alavi.

Poco antes de las nueve de la mañana del 19 de abril, estaba sentado en el escritorio de la casa de mi amigo, practicando darí, cuando un golpe de viento hizo que la ventana se abriera hacia adentro. Las alarmas de los coches y los ladridos de los perros resonaron en la calle. Consulté Twitter; la gente no tardó en publicar fotos de un hongo de humo oscuro que se elevaba desde el centro de la ciudad. Había habido una explosión en el puente Mahmood Khan; una grande, por lo fuerte que retumbó. Llamé a Omar para que viniera, me subí al Corolla y nos dirigimos al centro a través del tráfico, lleno de ambulancias cargadas que se apresuraban en dirección contraria, y pasamos junto al cartel publicitario que había junto a la embajada alemana y que decía: ¿DEJAR AFGANISTÁN? ¿ESTÁS SEGURO?

—Míralos. Les da igual —comentó Omar mientras pasaba con el coche por delante de unos obreros que paleaban grava.

La gente seguía con su vida, incluso cuando los terroristas caminaban entre ellos. No obstante, las explosiones eran cada vez mayores, mientras que los extranjeros y las élites se envolvían en muros de hormigón y puestos de control. Además, ahora que el ISIS había establecido una franquicia en Afganistán, las escuelas y las mezquitas chiíes estaban en el punto de mira. Ese año, la ONU registraría el mayor número de víctimas civiles en Afganistán con más de once mil muertos o heridos, un tercio de ellos serían niños.

La policía había acordonado la zona alrededor del lugar de la explosión, por lo que me bajé del coche de Omar. Mostré mi credencial de prensa y seguí caminando por las calles desiertas excepto por algunos comerciantes de aspecto aturdido que barrían los cristales rotos. Comenzó a llover y se me empaparon los mocasines que había olvidado cambiarme. Pude oír fuertes disparos más adelante. Tras atravesar un laberinto de tiendas de repuestos de coche, llegué a un vasto patio sembrado de chozas de metal corrugado. Los combates continuaban al otro lado de la carretera, donde habían atacado un complejo de inteligencia. Dentro de la choza de uno de los mecánicos encontré a un grupo de periodistas afganos acurrucados, esperando. La lluvia golpeaba el techo y olía a trajes de poliéster mojados. Vi a Massoud Hossaini, ganador del premio Pulitzer hacía cuatro años por su foto de una niña que llevaba un vestido verde de la Ashura salpicado de sangre y que gritaba mientras miraba los cuerpos de su familia.

«El ataque terrorista de hoy cerca de Pule Mahmud Khan, en Kabul, muestra con claridad la derrota del enemigo en la batalla cara a cara», tuiteó el gabinete del presidente Ashraf Ghani. Los talibanes habían detonado una furgoneta llena de explosivos contra el muro del complejo; después, tres hombres armados con uniformes robados entraron y dispararon a los supervivientes. La onda expansiva se extendió por una rotonda y un mercado cercanos. Casi setenta personas murieron en el atentado de aquel día y más de trescientas cincuenta resultaron heridas, una mezcla de fuerzas de seguridad y civiles. Algunas personas sobrevivieron de milagro, como el reparador de bicicletas al que arrojaron al río, desbordado por la lluvia de primavera. Otros simplemente desaparecieron. Cuando volví al mercado en ruinas una semana después, una mujer lloraba por su hijo.

—Hijo mío, hijo mío, me he quedado ciega. ¿Qué ha sido de tu carne?

—Anoche oí algo extraño —me dijo Omar.

Estaba solo en casa con su padre, después de que Omar y sus hermanos de Europa hubieran estado debatiendo qué hacer con él. Ninguno de los hermanos quería dejarlo atrás, pero, como

Omar seguía en Kabul, la carga había recaído sobre sus hombros. De todos modos, siempre había sido el hijo más cercano al padre. Después de que Jamal los abandonara en 2002, Omar, junto con Farah, la más joven, lo visitaba a veces en casa de la tía. A pesar de su dolor y de su rabia, Omar seguía queriendo a su padre. El hombre grande que una vez los había gobernado con su cinturón y sus puños se estaba volviendo frágil. Cuando operaron a su padre de la espalda, Omar lo llevó al hospital. Cuando la tía murió y el tío que tenía en Estados Unidos decidió vender la casa, fueron Omar y Farah quienes le pidieron a Jamal que se fuera a vivir con ellos. Era vergonzoso que su padre se quedara como un mendigo en casas ajenas. Al principio Jamal no les creyó. ¿Era un truco? No obstante, no tenía otro sitio adonde ir.

Tampoco Maryam, que aceptó a regañadientes la presencia de su marido. Con pequeñas humillaciones, como servirle la comida en último lugar, hacía todo lo posible para que no se sintiera querido. Y los niños ya no respetaban la autoridad de su padre. Jamal empezó a prepararse sus propias comidas y a utilizar el retrete del patio, incluso en invierno, y se pasaba el resto del tiempo solo en su habitación, viendo la televisión y fumando cigarrillos.

Sin embargo, ahora toda su familia estaba huyendo a Europa. Había jurado no volver a salir de su país. Amenazó con irse a Kandahar si lo dejaban solo, y eso sería lo último que oirían de él. Omar pensó que era un farol; sus hermanos no estaban tan seguros. Aun así, aunque su padre estuviera dispuesto a volar a Turquía con los demás, ¿podrían reunir cinco mil dólares para su visado? El viejo no tenía dinero.

Según me dijo Omar, la noche anterior Jamal debió pensar que la casa estaba vacía. Omar estaba sentado en su habitación, escuchando un sonido que nunca había oído antes. Su padre estaba llorando.

Los visados turcos llegaron por fin y no tardarían en caducar. Maryam esperó a Omar todo lo que pudo. Luego, en mayo, cuando brotaron las flores de verano, le pidió a su hijo que la llevara a su pueblo ancestral, situado a las afueras de la ciudad. Suleyman, el sobrino de catorce años que iba a acompañarla a Europa, se unió también para poder despedirse de sus padres y hermanos, quienes aún vivían allí. Omar tomó la carretera que recorría el lado más alejado del aeropuerto, más allá de los patios de cemento inactivos con sus muestras de muros antiexplosiones y fortines colocados como gnomos de jardín. En los cruces, los niños vendían melones amargos.

Cuando era niña Maryam vivía en Nangahar, donde su padre trabajaba como funcionario, pero en verano su madre la llevaba a ella y a sus hermanos a su pueblo natal en las afueras de Kabul. Los tíos maternos de Maryam cultivaban sus campos de trigo con arados de madera; dentro de los muros de barro de sus recintos, las mujeres cuidaban los huertos de uvas y hacían pan con la harina que obtenían del molino de agua. Maryam era lo suficientemente joven como para correr libremente con sus primos varones por los campos, y trepar por las orillas de los canales llenos de agua limpia, caliente en verano y fría en otoño, cuando las vides crecían cargadas de frutos oscuros. El clima era menos árido por aquel entonces[73].

Omar pasó por delante del alambre de concertina que marcaba el puesto de control situado en el borde de la llanura de Shomali, un valle agrícola que se extendía sesenta kilómetros al norte, más allá de la base aérea de Bagram. Durante los años de la oleada hubo un gran proyecto para construir un nuevo Kabul aquí[74], diseñado por arquitectos franceses y japoneses y en el que tres millones de personas residirían en viviendas modernas con agua y electricidad. Pero al final el proyecto quedó en nada, y la llanura más allá de la autopista permanecía desnuda salvo por las chimeneas de las fábricas de ladrillos en las que trabajaban los inmigrantes rurales[75]. Pagados por cada milésimo ladrillo, niños, padres y abuelos trabajaban codo a codo desde la mañana hasta la noche, moldeando la tierra en armazones de madera y encendiendo hornos con neumáticos triturados que desprendían dioxinas y metales pesados.

Omar siguió la carretera con curvas hacia el noroeste durante un par de kilómetros hasta llegar a los campos y huertos del pueblo, divididos por muros de tierra. En la cresta, las banderas verdes ondeaban sobre las lápidas; la madre de Maryam estaba enterrada allí. Omar condujo el Corolla por un camino de tierra que pasaba por la escuela primaria y atravesaba un grupo de casas situadas a lo largo del cauce del río, donde había niños bajo la sombra de una arboleda de moras. Pasaron junto a los muros dentados de un fuerte de barro arcaico, deteriorado por los proyectiles soviéticos y la erosión. Era la *qala* abandonada del abuelo de Maryam, la cual, según se decía, estaba encantada. En la actualidad, sus descendientes de tres esposas, que suman unos trescientos, eran los dueños de gran parte del terreno. Una vez, Omar me dijo con amargura que una parte debería haber sido de Maryam, por la mitad de la cuota de su madre según la ley islámica. Pero sus parientes se la quitaron con el alegato de que Maryam la había perdido por haberse casado fuera del pueblo y por haberse ido al extranjero durante la guerra.

Omar los dejó en casa del padre de Suleyman, Ismail. Agricultor ágil y de piernas arqueadas de unos cincuenta años, era el primo favorito de Maryam. Su madre se quedó con él cuando los señores de la guerra asolaron la capital en los años noventa, y falleció en esta casa, mientras Maryam vivía en Irán. Su primo Ismail mandó a Suleyman, su hijo mayor, a vivir con Maryam en Kabul para que allí el niño pudiera asistir a una escuela adecuada, y, cuando el granjero se enteró de que ella se iba a Europa, reunió el dinero para comprarle un visado a su hijo.

—Allí podrás estudiar —le dijo.

Más de cien personas acudieron durante la semana que Maryam pasó en el pueblo. Sus familiares sabían que podía ser la última vez que la vieran. La respetaban como una *adam-e mardana*, una persona varonil, que se había convertido en docente y que, a pesar de tener un marido podrido y peor suerte, había criado a sus seis hijos hasta la edad adulta. Juntos cantaron canciones, cotillearon durante las comidas y recordaron a todos los que ya no estaban entre ellos. La esperanza de vida de su generación era de unos treinta años. Cuando se echa de menos a alguien, en persa se dice que «su lugar está vacío». Echaba de menos a sus primos, los hermanos mayores de Ismail, los chicos con los que jugaba en la época de las uvas y el trigo. Los comunistas se los llevaron y desaparecieron. Sin embargo, dos de sus hijos, primos entre sí, estaban ahora casados, por lo que los dos hermanos habrían tenido los mismos nietos.

La comunidad daba sentido a la vida individual, pero, incluso de niña, Maryam no quería casarse con un primo del pueblo. Deseaba ser moderna. Sus hijos nunca se plantearon siquiera ese tipo de vida; uno tras otro, se fueron exiliando a ciudades occidentales.

Cada día, Maryam iba a rezar junto a la tumba de su madre. «En el nombre de Dios, misericordioso y compasivo». Aquí los muertos seguían presentes para los vivos, y Maryam se preguntaba si también se separaría de ellos en Europa. «Solo a ti adoramos y solo a ti te pedimos ayuda. Guíanos por el camino correcto». Una mujer solitaria en una ladera árida. ¿Lloraba por lo que ya había perdido o por lo que iba a dejar atrás?

Pasados siete días, Omar vino a buscarla. Maryam abrazó a sus familiares y, los unos a los otros, se pidieron perdón en esta vida y en la siguiente.

Por las mañanas, pasaba por delante de la facultad de Laila con el coche, esperando ver su cara. Llevaba semanas aguardando a que lo llamara. Al final, esperó fuera de su casa y la siguió hasta la universidad. Cuando se bajó del taxi y se dirigía a la entrada con una amiga, detuvo el coche.

—¡Hola! —le dijo por la ventana—. Te quiero.

Lo ignoró. En la entrada, la amiga entró, mientras que ella siguió andando hacia una tienda.

Volvió a gritarle.

—¡Te quiero!

Esta vez, se giró para mirarlo.

—¡Deja de seguirme, perro sin honor! —exclamó.

Entró en la tienda. Omar aparcó el coche. Cuando salió, la agarró por los hombros.

—¿Por qué me hablas así? ¿Por qué nunca me llamas ni me hablas? Te quiero, ¿no lo sabes? ¿Acaso no dijiste que me amabas? ¿Qué ha pasado? ¿Qué pasa? Por favor, me estoy volviendo loco.

Laila se puso pálida y solo dijo, en voz baja:

—Por favor, suéltame. La gente está mirando.

Y eso hizo él.

—Mi pobre madre —murmuró Omar. Me contó que, al despedirse de Maryam en el aeropuerto, ella le entregó un sobre lleno de dólares estadounidenses, dinero de sus ahorros y que los hermanos que tenía en Europa habían enviado.

—Para tu padre —dijo Maryam.

Eso, más otros mil del propio bolsillo de Omar, bastó para comprarle a Jamal un visado turco. Sus fanfarronadas sobre la huida se evaporaron, y Omar lo llevó a hacerse unas fotos para el pasaporte y a una entrevista para el visado. Su padre volaría a Estambul y se reuniría con la familia allí para tratar de hallar una forma de entrar a Europa.

La noche anterior a la partida de su padre, Omar y yo llevamos kebab a su casa. Cuando estábamos llegando, Jamal apareció en su vieja y chirriante bicicleta. Lo invitamos amablemente a unirse a nosotros y, para mi sorpresa, aceptó.

Nos sentamos con las piernas cruzadas en el salón y tomamos trozos de kebab *chapli* con nuestro pan. Jamal me miró por debajo de sus cejas plateadas.

—Has viajado por todo el mundo —dijo, lo que rompió el silencio—. Dime, ¿qué países fueron los mejores y cuáles los peores?

—Cada uno tiene sus puntos buenos y malos, supongo —respondí.

—¿Qué piensas de Afganistán?

—Es muy pobre y la gente sufre, pero se cuidan unos a otros. —Me quedé pensando un momento—. Y es uno de los países más bonitos que he visto.

Se llevó un vaso burbujeante de refresco a los labios.

—¿Has visto el Golden Gate?

—Sí, lo he visto.

—¿Sigue siendo el puente más largo del mundo?

—Creo que hay uno más largo en China.

—¿Por qué los extranjeros les ponen nombres a sus animales, como Tom y Jim?

Me reí. Estaba preocupado por su viaje del día siguiente, así que le expliqué lo que pasaría en el mostrador de inmigración de Estambul y cómo funcionaba la cinta transportadora de equipaje. Farah y Suleyman estarían esperándolo fuera.

El padre de Omar tenía sesenta y tres años. El vuelo de mañana a Estambul sería su debut en el cielo. Nos habló de la primera vez que había visto un avión. Fue durante el mandato del rey, cuando tenía diez años. El avión era de un color amarillo brillante y tenía una sola hélice, y aterrizó en la carretera frente al hospital público. Alguien entre la multitud dijo que era una avioneta de fumigación que habían enviado desde Canadá para hacer frente a la plaga de langostas de aquel año.

Cuando Jamal se levantó, Omar y yo nos miramos fijamente.

—Nunca he visto a tu padre tan amable —comenté.

—Está que no lo reconozco —respondió Omar—. El otro día me dijo «gracias». No recuerdo que me haya dado las gracias por algo nunca.

Cuando salimos, vi a Jamal paseando en la oscuridad entre las higueras. El aire del verano era tan suave y seco que apenas se sentía.

Omar fue a abrir la puerta. Jamal se acercó a mí, con la luz de la calle inundando sus rasgos desgastados.

—No puedes llevarlo a Canadá o a Estados Unidos, ¿verdad? ¿No hay alguna manera?

—Imposible. Quizá si va primero a Europa.

—Pero ¿qué pasa con los militares? ¿Podrías pedirles que lo tuvieran en cuenta? Muchos otros han seguido ese camino.

—El visado americano no depende de mí. Lo rechazaron porque no tenía los documentos adecuados.

—¿Quieres ayudarlo?

—Claro.

—Él fue el niño que quiso irse primero. Era el que más ganas tenía de partir. Y, ahora, es el último que queda.

—Encontrará la forma —le aseguré mientras miraba a Omar—. Y yo lo ayudaré, si puedo.

Al día siguiente, fui con ellos al aeropuerto. Omar había vestido a su padre con un polo y unos pantalones color pastel. Las prendas occidentales hacían que pareciera aún más alto. Nos dimos la mano y, para mi sorpresa, Jamal me abrazó.

—Cuida de Omar —susurró.

Para cuando llegó julio, ya llevaba medio año esperando a Omar. Pronto tendría que renunciar y volver a Nueva York con las manos vacías, y dejarlo atrás en Afganistán. Era una pérdida de tiempo. El verano se escurría. Maryam llamaba todas las semanas desde Estambul con la esperanza de que hubiera cambiado de opinión en cuanto a su partida. Habían encontrado un apartamento allí, en un barrio con muchos afganos. Corrían los rumores de que la frontera se iba a abrir de nuevo.

Omar seguía levantándose temprano para seguir a Laila a la facultad, pero no se le acercaba. El mero hecho de verla calmaba algo en él. Aparcaba durante una hora frente a la puerta, fumando, observando a los estudiantes que iban y venían. Se decía a sí mismo que intentaba alejarlo porque quería obedecer a su padre. Pero estaba seguro de que todavía lo amaba.

Empezó a hablarme otra vez de nuestro plan, de ir a Europa y volver a por ella una vez que tuviera algo que enseñarle a su padre. Tal vez iría a Italia, donde había oído que los afganos tardaban menos en obtener los papeles de residencia. En Alemania o en Suecia demoraban demasiado. La gente se consumía durante años sin conseguir asilo. Él no tenía tanto tiempo. Le dije que estaba preparado.

Un día recibió una llamada de un número que no reconoció. Era Laila.

Ella se disculpó por lo que le había dicho fuera de la universidad.

—La gente estaba mirando.

—Yo también lo siento.

Fue culpa de él, por haber montado una escena. Le dijo que había estado pensando en irse a Europa mientras pudiera. ¿Ella lo esperaría si él se iba?

—Ve —le contestó—. Ve y vuelve a por mí.

Parte II

La carretera

6

Omar se apoyó en la barandilla de la escalera mecánica y miró hacia las profundidades del centro comercial.

—Desde que nos convertimos en ladrones, la luna ha salido —dijo cabizbajo. Era una expresión persa que significaba algo así como «hemos perdido el tren».

Acabábamos de visitar las agencias de viajes de la planta baja del Gulbahar Center. Hace seis meses, cuando las fronteras europeas seguían abiertas, estas estaban repletas de contrabandistas, algunos de los cuales ofrecían viajes con todo incluido de Kabul a Alemania, garantizados o te devolvían el dinero. Ahora, nos dijeron que lo más lejos que se podía ir desde aquí era a Estambul.

Imagina que las ciudades del mundo estuvieran conectadas por una red de caminos que no midiesen la distancia física, sino el peligro; el riesgo de ser detenido, de quedarse atrapado en el tránsito, de que te estafen, secuestren o asesinen. Para el viajero clandestino, la distancia más corta entre dos puntos rara vez es una línea recta; podría ser incluso un vuelo por medio mundo para hacer escala en un aeropuerto con oficiales corruptos. El espacio entre dos personas que se dan la mano a través de una valla podría ser más amplio que un desierto.

Para cada línea, hay un precio. Más dinero significa menos riesgo, y los inmigrantes optan por el camino más corto que puedan pagar. Solo una parte de la red es visible para cualquier viajero, y las líneas cambian a medida que las fronteras se estrechan y la gente encuentra nuevas formas de cruzarlas. El año anterior, algunos inmigrantes que buscaban asilo en Europa descubrieron un vacío legal por el que podían atravesar el Ártico en bicicleta desde Rusia hasta Noruega[76].

Para los afganos, la ruta más larga y barata para llegar a Europa era cruzar la frontera terrestre con Irán y luego atravesar las montañas hasta Turquía, un viaje extremadamente peligroso. El camino más corto era volar a Estambul con un visado, como habían hecho los padres de Omar. Ese era también su plan y, como la demanda había bajado ahora que habían cerrado la frontera europea, pudo regatear el visado y el vuelo en una de las agencias por dos mil quinientos dólares, la mitad de lo que había pagado su madre unos meses antes.

El agente le dijo que tardaría al menos dos semanas.

Una vez que Omar obtuviera el visado, volaríamos juntos a Turquía. Desde allí, dependería de él cómo quería entrar de contrabando en Europa. Lo más seguro era que abordáramos un barco hasta las islas griegas. Estaba nervioso y aliviado a la vez. No me había dado cuenta de las ganas que tenía de que se llevara a cabo ese viaje. Ahora que la casa de Omar estaba vacía, pasábamos las noches allí jugando a las cartas y viendo telenovelas turcas, dobladas y censuradas con recuadros borrosos que se pegaban al pecho de las mujeres como accesorios de moda futuristas. Cuando aparecían las noticias, los titulares de aquel verano de 2016 ya no eran sobre gente en barcos, sino sobre los británicos que votaban para salir de la Unión Europea, sobre el Partido Republicano que nombraba a Donald Trump como su candidato y sobre un camión que había arrollado a la gente que había en el paseo marítimo de Niza. En la Convención Demócrata[77], un hombre junto a su esposa, la cual llevaba un *hiyab*, sostuvo una copia de la Constitución y, con la voz quebrada, dijo: «Id a ver las tumbas de los valientes patriotas que murieron defendiendo a Estados Unidos».

A veces se unían a nosotros dos amigos de Omar del barrio. Zakaria tenía diecinueve años, era un jugador de baloncesto alto y de huesos duros. Nacido y criado como refugiado en Irán, pertenecía a una minoría chií a la que los gobernantes suníes de Afganistán habían oprimido desde siempre. Los hazara solían tener rasgos claramente centroasiáticos, como pómulos altos y ojos almendrados, y a menudo pensaban que yo era uno de ellos. Sus rostros los marcaban como chiíes para los asesinos extremistas, como el ISIS, de su propio país y como refugiados afganos en Irán, donde la policía detenía constantemente a jóvenes como Zakaria. Este llegó a estar tan harto de su situación precaria que se planteó unirse al Fatemiyoun, la milicia afgana[78] que el gobierno iraní estaba reclutando para luchar del lado del régimen de Assad en Siria. El salario era bueno y podía conseguir la residencia legal en Irán para toda su familia. No obstante, había escuchado demasiadas historias horribles sobre los combates en Alepo y sobre cómo los rebeldes te sacaban los intestinos con pinchos si te atrapaban. En lugar de eso, decidió huir a Europa, pero los iraníes lo detuvieron en la frontera turca y lo deportaron a Afganistán, una tierra que nunca había visto. Ahora trabajaba limpiando en obras de construcción, se drogaba por las noches y escuchaba a Rihanna mientras soñaba con escapar.

El otro amigo de Omar, Malik, era un sastre que había crecido en Kabul. Tenía veintiún años, era delgado y de pelo rizado, y se sentaba con los hombros encorvados hacia delante, como si intentara ocupar menos espacio. Su padre, camionero, había luchado por mantener a su familia y un día perdió la cabeza. Ahora, si no lo vigilaban con atención, se escapaba de la casa y desaparecía. Durante sus fugas, el padre de Malik depositaba una confianza infantil en los que lo rodeaban y no tardaba en quedarse sin móvil ni dinero. Omar y Malik iban en coche a buscarlo y, por lo general, lo encontraban en la parada de taxis de Kot-e-Sangi, donde los tenderos lo conocían de su época de conductor.

El otoño anterior, Malik pidió prestados mil cuatrocientos dólares a sus familiares, lo justo para pagar a un contrabandista que lo llevara a Estambul por el camino más difícil, a través de los desiertos de Nimroz hasta Irán. Según nos dijo, había sido un calvario. Caminó sin agua durante un día entero y, una vez en Irán, los contrabandistas lo metieron en el maletero de un coche. Después de dos semanas llegó a la frontera turca, donde los guardias iraníes lo deportaron a Afganistán.

—Oí que era peligroso, pero no pensé que pudiera serlo tanto —dijo—. Pensé que iba a morir.

Una parte de mí sentía curiosidad por recorrer esa carretera del desierto, pero sabía que Omar no quería correr riesgos innecesarios. Ya sería bastante peligroso entrar en Europa desde Turquía ahora que habían cerrado la frontera.

Era un día caluroso y soleado, y Omar tenía las ventanillas del Corolla bajadas mientras avanzábamos entre el tráfico. En el cielo azul de Kabul, el dirigible blanco de vigilancia tenía una visión clara gracias al conjunto de cámaras conocido como «vigilancia persistente en áreas amplias»[79], tecnologías como Gorgon Stare y ARGUS-IS. En Afganistán, vivíamos en una pecera en la que el gobierno estadounidense acumulaba las trivialidades de nuestras vidas; por ejemplo, cada llamada y mensaje de móvil, cada mensaje subido de tono por la madrugada era archivado en el programa MYSTIC[80]. Quizás hubieran contado los pelos que teníamos en la cabeza. Aquel día, el aerostato podría haber registrado nuestro Corolla en medio de un mar de Corollas, reduciendo la velocidad cada vez más a medida que nos adentrábamos en el centro de la ciudad. A lo largo de la orilla del río, los edificios semiderruidos y a medio construir se alzaban en un revoltijo de hormigón en bruto y barras de refuerzo oxidadas, sus cristales tintados estaban manchados de hollín de kebab, y las tiendas de la planta baja estaban ordenadas por géneros: teléfonos, oro, ollas y sartenes. Omar aparcó en el Mandawi Bazaar y, tras bajarnos, entramos en un laberinto cubierto de tiendas de ropa de una sola habitación, cada una con un comerciante que sostenía un teléfono en una mano y un matamoscas en la otra. Íbamos a comprarnos nuestros trajes de emigrantes.

En el campo afgano, la gente llevaba túnicas y pantalones tradicionales, y vestirse de otra manera podía atraer una atención no deseada. En cambio, en el centro de Kabul había muchos hombres con vaqueros o trajes de chaqueta. Esto denotaba cierto clasismo, pues algunos jóvenes profesionales no veían con buenos ojos a los que tenían su edad y llevaban túnicas. Sin embargo, tanto los ricos como los pobres sabían que, si iban a Europa, tenían que vestir como la gente de allí.

Omar y yo nos dirigimos a la parte barata del bazar, situada al aire libre junto al hedor de la ribera. Las prendas procedían de fábricas de Bangladesh y de Camboya, donde los salarios eran más bajos, y eran similares a las que se pueden encontrar en tiendas minoristas de gangas como H&M y Gap, las cuales alimentan la insaciable demanda de *fast fashion* de Occidente. No obstante, aunque el estilo de aquí seguía las tendencias de Londres y Nueva York, parecía amplificado por la distancia; flores de lis de neón sobre cuadros pastel, superlativos deletreados con destellos y orugas de zurcidos ornamentales. Examiné la etiqueta de un par de pantalones de algodón de pata de gallo, impresa en un elegante cartón de gran grosor.

BAROBRRY
Desde El Final De La Época En La Que La Vestimenta Prevaleció Las Practicidades Concisas Y Funcionales De La Tendencia De Moda Moderna Han Cambiado El Rostro De La Ropa Masculina Y De Sus Vidas

El significante se había disociado del significado; las imitaciones se convirtieron en formas en sí mismas. Había un estante de cinturones CK, es decir, Cal Kreian y Calwine Klam. Compramos camisas floreadas y vaqueros desgastados, y luego volvimos al Corolla y nos dirigimos al Bush Bazaar, un conjunto de tiendas construidas con contenedores de transporte reciclados. Estas cajas de acero estandarizadas fueron una de las innovaciones logísticas más importantes de nuestra época; al reducir en gran medida los costes de mano de obra del comercio mundial, le habían dado un carácter cada vez más cosmopolita al consumo. Amazon era impensable sin ellas. El Bush Bazaar, llamado así por el cuadragésimo tercer presidente, surgió poco después de la invasión de 2001, cuando se especializó en objetos que se caían de los camiones militares, pero desde entonces se había diversificado y había incluido cosméticos importados, material de acampada y ropa de segunda mano cuyo tejido era a menudo de mejor calidad que las cosas nuevas que habíamos visto en Mandawi.

En la década de 1960, al antropólogo Louis Dupree le hizo gracia ver a los afganos caminando con los uniformes estadounidenses que habían sobrado [81] junto con medallas de campañas militares de la Segunda Guerra Mundial. Por aquel entonces, el 95 % de la ropa de los estadounidenses se fabricaba en Estados Unidos [82]; hoy en día, el 90 % procede del extranjero. Como resultado, muchas prendas hacen un viaje circular a través del planeta. Cuando tú donas ropa usada a una organización benéfica local, suele venderse a granel en los países en vías de desarrollo.

Entramos en una de las tiendas de contenedores especializadas en camisetas usadas y echamos un vistazo a la opulencia universal que era Estados Unidos. Había camisetas para torneos de *softball* y reuniones familiares, para pueblos en los que la gente se iba de fiesta a las playas y pueblos en los que disfrutaban de la historia colonial. Había camisetas con ángeles cristianos musculosos, marcas de comida rápida, una con la frase VOTA A OBAMA, una de la Asociación Nacional del Rifle y otra que decía: DILE A TUS TETAS QUE NO ME MIREN A LOS OJOS. Había pilas en forma de cubos con camisetas XXL y XXXL de unas dimensiones que no poseía ningún afgano que yo conociera, salvo uno, o quizá dos, señores de la guerra.

—En Estados Unidos, los pobres están gordos y los ricos son delgados —le dije a Omar, que sacudió la cabeza con incredulidad.

El ruido blanco del inglés impregna el planeta. Había viajado fuera del trabajo al corazón del Hindu Kush y había tomado el té con ancianos de barba blanca que llevaban gorros de punto del conejito de Playboy y sudaderas de Johnnie Walker. En mi primera visita, en 2008, pasé una noche en una *chaikhana* en Ghor discutiendo sobre si bailar era pecado. Mi acompañante me explicó que, en sus obras escritas, el ayatolá Jomeini no prohibía ni permitía el baile de forma expresa. A mitad de nuestra conversación, me di cuenta de que llevaba un jersey con la caricatura de un dandi blandiendo un bastón sobre el que se leía, sin que él lo supiera, CENTRO DE BAILE MARLBOROUGH.

En el Bush Bazaar, compré una camiseta amarilla de Lucky Charms. Omar eligió una negra con una Harley con la bandera de Estados Unidos encima y la frase TIERRA DE LOS LIBRES debajo. Luego miré algunas prendas de Narwe Face y elegí una mochila de treinta litros. Al salir, nos detuvimos a mirar una colección de cuchillos en una vitrina, desde navajas de bolsillo con pincitas hasta navajas automáticas con resorte ennegrecidas.

—¿Deberíamos comprar alguna? —preguntó Omar. Levanté la vista de la vitrina. Pronto estaríamos solos en lugares duros.

—Has participado en peleas con cuchillos antes, ¿verdad? ¿A cuánta gente has apuñalado?

—A mucha, no lo sé. Diez personas o más. —Empezó a contar las cicatrices que tenía en los brazos y en el cuello—. En Irán, en Pakistán, en Afganistán... Olvídalo. Lo hice para defenderme, porque tenía que hacerlo.

Nos fuimos desarmados.

«En un abrir y cerrar de ojos, por así decirlo, me había convertido en uno de ellos. Mi vieja chaqueta de codos gastados proclamaba mi clase social, que era la de ellos»[83].

Al principio de *La gente del abismo*, su libro de 1903, Jack London se viste con ropa de segunda mano y se adentra en los barrios bajos de Londres, entre «una raza diferente, nueva para mí, de baja estatura y aspecto vil y alcoholizado». El libro fue un éxito de ventas al instante. «El joven escritor estadounidense ha estudiado a la gente del gran East End con los mismos métodos que un explorador podría adoptar para conocer las características de una tribu salvaje en el África más oscura»[84], escribió un crítico contemporáneo.

A veces, la lente con la que miramos a los demás nos muestra a nosotros mismos. Los periodistas y los reformadores sociales victorianos llamaban a sus misiones encubiertas en los barrios bajos «volverse Harun al-Rashid»[85], en honor al califa que imparte justicia de incógnito en *Las mil y una noches*. La traducción picante de Sir Richard Francis Burton de los cuentos populares árabes fue publicada en 1885, cuando ya era famoso por sus viajes más allá de la periferia del Imperio británico. Lo más notorio fue que el oficial y virtuoso lingüista penetró en la ciudad sagrada de La Meca —prohibida a los no musulmanes— disfrazado de peregrino y con un pasaporte afgano, dibujando a su paso las vulnerables fortalezas otomanas. «Odiando y despreciando a los europeos, siguen anhelando el dominio europeo»[86], informó desde Egipto.

Sin embargo, la aprobación no era simplemente una vocación imperialista. Jamal al-Din al-Afghani, que abogaba por la resistencia panislámica ante las potencias coloniales y cuyo mausoleo se encuentra en los terrenos de la Universidad de Kabul, en realidad era de Irán. Cuando se presentó como un clérigo suní con turbante en la corte otomana, quiso disimular su origen chií[87]. Los propios afganos escribieron sobre cómo hacerse pasar por diferentes sectas o etnias, sobre todo en los años noventa, en la época de los señores de la guerra, cuando ser del grupo equivocado podía hacer que te asesinaran en los controles fronterizos. «Los observé con atención»[88], cuenta Ali Akbari en *The Illegal Journeys*, sus memorias sobre la emigración a Europa. «Copiaba la forma en la que se lavaban la cara». Intentaba hacerse pasar por suní, «pero cometí uno o dos errores. Confundí su forma de rezar con la de mi familia». Los milicianos hazara de Kabul tenían un indicador de origen consistente en una bola de yogur seco, *quroot* en darí, que sostenían mientras recorrían el pasillo del autobús. Muchos hablantes de pastún no podían pronunciar la oclusiva uvular *qaf*. Los bajaban de inmediato.

Yo estaba trabajando mi pronunciación. Había ensayado mi *alter ego*, un joven de Kabul de origen modesto, de veintiséis años en lugar de los treinta y uno que tenía para tener menos que explicar. Me grabé a mí mismo y comparé mi voz con las pistas que Omar me había grabado:

«Me llamo Habib. Soy de Kabul, de Shahr-e Nau. Bueno, si conoces Kabul, soy de Qala-e Fatullah. Vivía con mi madre, mis hermanos y mi hermana en una casa de alquiler. ¿El alquiler? Seis mil afganis al mes. Trabajaba en un restaurante en la plaza Hajji Yaqub, pero nuestra situación no era buena. Al igual que cualquier otro refugiado, dejé mi país y llegué mediante el camino del contrabandista».

Mi tarea se vio favorecida por el hecho de que en Afganistán había muchísimos idiomas y dialectos, así como personas que habían regresado del exilio con acentos extranjeros. Durante años, pasar inadvertido por mi propia seguridad era ya una costumbre. Más tarde, el hecho de hacerme pasar por afgano me había hecho consciente de que, como persona con rostro asiático que estaba en el extranjero, tenía que interpretar mi propia identidad occidental si quería gozar de su privilegio. El timbre estadounidense de mi voz, la forma de establecer contacto visual, la ropa que llevaba, eran palancas que podían cambiar el mundo. «La aprobación, en este sentido, es una condición universal» [89], escribió Asad Haider.

Les pregunté a mis amigos afganos si les resultaba ofensivo mi mimetismo, pero a ninguno pareció molestarle.

—Depende de las intenciones que tengas —me dijo un periodista.

Creo que algunos incluso veían como una superación personal el hecho de que aprendiera a hablar la lengua de Hafez, de que pudiera sentarme con las piernas cruzadas y partir el pan, de que entendiera los rituales del islam.

—*Afarinet* —decían. «Bien por ti».

En cualquier caso, no había otra forma de viajar de manera clandestina con Omar. Si las autoridades nos detenían y descubrían que yo era occidental, nos separarían. Nuestros contrabandistas podrían secuestrarme para pedir un rescate. Omar también estaría en peligro. Sin embargo, aquellos cuchillos del Bush Bazaar me hicieron reflexionar sobre los límites de lo que estaba dispuesto a hacer, así que establecí una regla: solo mentiría o infringiría la ley para mantenernos a salvo y si no perjudicaba a nadie más.

UNA NOCHE, mientras esperábamos el visado turco de Omar, la televisión había mostrado edificios en llamas, multitudes enfurecidas en las calles y un tanque que se abría paso entre el tráfico como en un *rally* de camiones monstruosos, excepto por que los coches tenían gente dentro. Había habido un intento de golpe de Estado fallido en Turquía.

—Eso no suena bien —comentó Omar.

Unas semanas más tarde, vino a verme con la cara desencajada. El agente le había devuelto el pasaporte y el dinero. Tras el golpe, la embajada turca había suspendido todas las solicitudes de visado. Omar no iba a poder volar a Estambul. Después de todo, tendríamos que cruzar el desierto.

7

El contrabandista dijo que nos reuniéramos con él en Paghman, un valle a las afueras de Kabul que era popular entre los excursionistas. Omar pasó el Corolla por encima de un bache mientras el empinado valle se hacía visible. Había permanecido en silencio durante la mayor parte del trayecto, todavía molesto por que le hubieran denegado el visado turco. Quería volar hasta allí de manera segura, pero ya estábamos a finales de agosto y se nos acababa el tiempo antes de que llegara el invierno. Tuvimos que optar por el «plan B»: viajar más de tres mil kilómetros por tierra desde Kabul hasta Estambul.

Para ello, necesitábamos al contrabandista adecuado.

Pocas figuras hay hoy en día más criticadas que la del contrabandista. Según los políticos occidentales, su codicia es la causa de la crisis migratoria. El primer ministro italiano, Matteo Renzi, los llamó «los traficantes de esclavos del siglo XXI»[90]. Claro está, los contrabandistas no lo ven de esa forma. «Sinceramente, las personas que más ayudan a quienes solicitan asilo son los contrabandistas de personas»[91], escribió Dawood Amiri, encarcelado por el papel que desempeñó en un desastre mortal que tuvo lugar en una embarcación cerca de aguas australianas.

En Afganistán, donde la gente llevaba dos generaciones huyendo de la guerra, todo el mundo tenía un familiar o un amigo que podía ponerte en contacto con un *qachaqbar*. Los contrabandistas tampoco se sentían intimidados. Después de que un amigo común nos presentara, Karim nos dijo que fuéramos a Paghman, donde lo encontramos supervisando la construcción de una piscina al aire libre. Era un hombre grande y carnoso con el pelo rizado y anillos en los dedos, y nos invitó a comer con él. Nos sentamos en una plataforma mientras oíamos el sonido del río que pasaba por debajo de nosotros. Estaba nervioso por si me identificaba como extranjero, por lo que dejé que Omar fuese quien hablara. Karim era un pastún de la zona, pero tenía un socio en Nimroz con contactos con las tribus baluchíes que llevaban a la gente a través del desierto hasta Irán.

Sin fronteras, no habría contrabandistas. Cuando Omar era pequeño, era fácil para los afganos ir y venir a Irán sin pagar más que un soborno simbólico a los guardias del cruce. No obstante, en los años noventa, Irán endureció la frontera[92] y los afganos empezaron a hacer viajes cortos a pie cerca de la ciudad fronteriza de Zahedán, pagando a los contrabandistas unos ciento cincuenta dólares para llegar a Teherán. Después, Irán construyó un muro de cuatro metros custodiado por guardias armados, y los inmigrantes se vieron obligados a adentrarse en el desierto a través de Pakistán, en zonas remotas controladas por los traficantes y los insurgentes. Ahora el viaje más largo y mortal hasta Teherán costaba más de setecientos dólares. Sin embargo, el año anterior habían cruzado más personas que nunca, y se calculó que su paso estuvo valorado en más de quinientos millones de dólares. El muro de Irán contribuyó a concentrar la industria bajo el poder de bandas que podían invertir en equipos, sobornos y mano de obra, conocidas como «los empresarios de la violencia».

Ante un plato de fragante *karahi* de cordero, Karim explicó que los contrabandistas de su zona trabajaban bajo la protección de un poderoso excomandante de los muyahidines, un político que podía intervenir ante la policía en Kabul si era necesario, y que, a cambio, cobraba dinero y otros favores. Nos dijo que no nos preocupáramos; él mismo había mandado a sus dos hijos por ese camino el año anterior. Ahora vivían en Alemania.

—El camino a través de Nimroz no es tan malo —nos aseguró—. Simplemente no corráis si la policía os detiene. No corráis, o dispararán.

Le dimos las gracias y le dijimos que lo íbamos a pensar. De vuelta a Kabul, nos reunimos con algunos contrabandistas más; Omar estaba desesperado por encontrar a alguien que se ocupara de nosotros si nos metíamos en problemas en las tierras fronterizas. Entonces oyó hablar de Agha Sahib, un afgano que vivía en Irán y que había enviado a uno de los primos de Omar a Turquía el año anterior. Hablaron por Viber, una aplicación de llamadas gratuitas y encriptadas; el contrabandista afirmó que podía sobornar a los guardias iraníes en el cruce oficial de Nimroz para que no tuviéramos que dar un rodeo por el desierto. Nos pidió mil trescientos dólares a cada uno para llevarnos hasta Estambul, un precio justo, el cual teníamos que depositar en fideicomiso. Omar estaba encantado de que nos saltáramos el desierto pakistaní. A mí me parecía demasiado bueno para ser verdad, pero no teníamos una opción mejor.

—Creía que la frontera estaba cerrada a cal y canto —le comenté a Omar.

—Siempre hay un camino de contrabandistas.

El día de nuestra partida, Omar llevó el Corolla al mercado de coches usados de Kot-e-Sangi, donde, a pesar de su maltrecho estado, consiguió tres mil dólares.

—Era un coche viril —me dijo después, con aspecto desolado.

Eso fue todo en cuanto a despedidas, pues su familia ya se había ido y su amada estaba encerrada tras los muros de su padre. Por segunda vez en su vida, Omar estaba a punto de convertirse en refugiado.

El autobús a Nimroz partió a primera hora de la mañana. Cuando llegó la noche, preparé la túnica y los pantalones que me pondría en la frontera y metí en la mochila los vaqueros y la camisa del Bush Bazaar. Añadí algunos frutos secos, por si nos quedábamos tirados en el desierto, junto con un torniquete y gasas, ya que los guardias fronterizos eran de gatillo fácil. Los riesgos de ir de incógnito eran mucho mayores ahora. Las bandas de contrabandistas[93] tenían fama de secuestradores y estaban vinculadas a los talibanes. Si descubrían que yo era occidental, podía valer millones de dólares para ellos. Me preocupaba aún más el gobierno iraní. Si bien era cierto que la policía podía ser brutal durante las detenciones[94], los inmigrantes afganos solían ser deportados sin más castigo. No obstante, si los iraníes se daban cuenta de quién era yo, lo más probable era que me acusaran de espía. Unos estadounidenses a los que detuvieron en 2009[95] mientras hacían senderismo en la frontera con Irak pasaron un par de años en prisión antes de que el sultán de Omán pudiera negociar su liberación. Le expliqué a Omar que, si los iraníes me descubrían, tenía que alegar que nos habíamos conocido en el camino y negar que estaba al tanto de mi verdadera identidad. De lo contrario, compartiría mi destino.

Pero ¿cómo iban a saberlo? Los inmigrantes afganos solían viajar sin papeles —podían quitártelos los ladrones o la policía—, y tanto Omar como yo habíamos dejado nuestros pasaportes en Kabul. Saqué el *smartphone* barato que había comprado para el viaje y lo revisé con cuidado; borré mis registros de llamadas. Comprobé la hora; Omar no me recogería hasta medianoche. Después de meses de espera, apenas parecía real que nos fuéramos esa noche. Me duché y me puse delante del espejo. Los iraníes no tenían mis huellas dactilares. No tenía tatuajes, estaba circuncidado. La piel es una superficie opaca; el lenguaje es lo que nos traiciona.

Mi Samsung sonó; era Omar.

—¿Qué ocurre?

—Pues no mucho. ¿Hay algún problema con que vengan otras personas con nosotros?

—¿Qué?

—¿Pasa algo si Malik y Elham nos acompañan?

Malik era el vecino tímido cuyo padre había perdido la cabeza. Elham era el primo materno de Omar. Me explicó que se había ofrecido a prestarles el dinero que había ganado con la venta del Corolla para que pudieran venir a Turquía. Ambos eran cercanos a Omar y de confianza, pero parecía algo de última hora, por no decir otra cosa. Reprimiendo mi irritación, me recordé a mí mismo que era la decisión de Omar, no la mía.

—Haz lo que quieras —contesté.

Al final, cuando Omar apareció en un taxi a medianoche, solo estaba Malik en el asiento trasero. Me subí a su lado y nos fuimos. Cuando lo saludé intentó sonreír, pero solo consiguió esbozar una mueca de terror. Me pregunté si mi presencia como extranjero les parecería reconfortante. Probablemente, no. ¿O pensarían que yo tendría alguna forma especial de sacarnos de los problemas? Claro está, Malik ya había atravesado el desierto y conocía las pruebas que nos esperaban.

Omar y Malik guardaron silencio mientras recorríamos las calles vacías y dejábamos atrás su ciudad. Respiré de manera regular en un intento por ralentizarme el pulso. Los meses de preparación y paciencia iban a ser puestos a prueba a partir de ahora. Si estabas preparado para ello, el peligro podía otorgarte una claridad de enfoque que barría cualquier otra emoción, dejándote con una especie de gracia.

Nos dirigíamos a Company, un barrio situado en el extremo occidental de la ciudad. Era el punto de partida para viajar hacia el sur por la carretera nacional de circunvalación, la autopista 1, la cual bajaba hasta Kandahar y luego volvía a subir hasta Herāt. La calle principal de Company, con su asfalto destrozado por el tráfico de camiones, estaba repleta de hoteles baratos llamados *mosafarkhana*. Detrás de estos había cebaderos y mataderos para el ganado, un laberinto de muros de barro junto a un barranco repleto de despojos.

Pagamos al conductor, nos bajamos y nos abrimos paso entre familias que custodiaban montones de equipaje y aldeanos que contaban sacos de cereal y latas de aceite para cocinar. Los demás emigrantes que iban a Irán se distinguían por sus mochilas. Los *mosafarkhana* estaban iluminados con cuerdas de luces de colores, bajo las cuales los vendedores se sentaban en sus puestos atiborrados de frutos secos y cigarrillos, o se paseaban entre los pasajeros con bandejas de carteras y rosarios. Los vendedores de billetes gritaban los nombres de los lugares por los que pasaba la autopista 1: Wardak, Ghazni, Zabul, Kandahar, Helmand, Nimroz, Herāt. Los mendigos convencían a la multitud, algunos orgullosos y ancianos, otros ojerosos y drogadictos.

—¡Rezo por vosotros, oh, viajeros! ¡Bendiciones en vuestro viaje, oh, musulmanes!

Había muchas compañías de autobuses que circulaban por la autopista 1, pero nosotros compramos los billetes en Ahmad Shah Abdali, alentados por el autocar de aspecto relativamente moderno que estaba aparcado delante, un Mercedes O404, un modelo introducido en 1991. Cuando las puertas se abrieron a la una de la mañana, nos unimos a la multitud que se agolpaba en el aparcamiento de autobuses. Había más de una docena de 404 brillantes con las luces de la cabina encendidas y con diferentes destinos. Pero ¿dónde estaba el autobús que iba a Nimroz?

—En la parte de atrás —nos indicó un empleado.

Allí encontramos una fila de decrépitos Mercedes O303, un modelo de 1974. Nuestro autobús tenía una pegatina con la palabra *mashallah* que ocultaba gran parte del parabrisas agrietado, así como una pegatina de riesgo biológico junto a la puerta. En su lateral se leía en alemán:

PARAÍSO DE LOS NIÑOS
DOBLER TRAVEL

Y debajo había una dirección en la Baja Sajonia.

El conductor del autobús, rechoncho y con calvicie en el flequillo, registró nuestras mochilas y luego escribió en ellas nuestros números de asiento con un rotulador.

—¿Qué está buscando? —bromeó Omar; me di cuenta de que había traído una bolsa extra—. ¿Quién lleva drogas y armas a Kandahar?

Era como llevar carbón a Newcastle.

Por motivos de seguridad, el gobierno no permitía que los autobuses salieran antes de las tres de la mañana. Intentamos dormir erguidos en nuestros asientos mientras los vendedores ambulantes y los mendigos subían y bajaban por el pasillo, invocando los poderes de Dios y de las bebidas energéticas, a medida que iban llegando más pasajeros rezagados, en su mayoría hombres jóvenes con mochilas.

Por fin, las luces del techo se apagaron. Los motores se encendieron como si fueran un coro y luego se produjo una concatenación de bocinas. Empezando por los 404 más nuevos, los autobuses partieron en masa. A medida que avanzábamos por la calle, más autocares salían de los andenes destinados a las otras empresas, formando un único y estruendoso convoy. Los conductores se disputaban la posición; a esta parte la llamaban *buzkashi*, por el deporte nacional en el que equipos de jinetes luchan por un cadáver de cabra sin cabeza. Al aumentar la velocidad en el puente que sobrepasaba el barranco, el grupo de autobuses superó el límite de la red eléctrica y se sumergió en la oscuridad.

En vez de a una masa sólida que llenaba sus fronteras, el Estado afgano se asemejaba a un imperio medieval, con sus delgadas cintas de control que se extendían a lo largo de las carreteras y los valles en un terreno anárquico. En la autopista 1, el gobierno se limitaba sobre todo a las ciudades, especialmente por la noche; en las zonas rurales, los hombres con rifles que te hacían señas podían ser cualquiera: policías, bandidos, insurgentes, o alguna combinación de estos. En sus puestos de control móviles, los talibanes detenían y a veces ejecutaban a los sospechosos de trabajar para el gobierno; el ISIS mataba a la gente solo por ser chií, es decir, por parecerse a los hazara. La autopista 1 tenía muchos peligros. Había bombas al borde de la carretera, como era lógico, y los autobuses eran famosos por su conducción temeraria. Los conductores modificaban los grandes motores alemanes y les añadían una marcha, de modo que podían recorrer la autopista de dos carriles a casi ciento treinta kilómetros por hora, haciendo sonar arpegios, y virando de forma repentina alrededor de cráteres de explosiones y camiones cisterna. Los conductores hacían el viaje de quince a veinte horas en un solo turno, a menudo con la ayuda de hachís o anfetaminas.

Al amanecer, cuando entramos en los valles rocosos de la provincia de Ghazni, pasamos por delante de los cadáveres ennegrecidos de dos autobuses, cada uno con una pila de piedras adornada con banderas. Setenta y tres personas murieron en este lugar tres meses antes cuando los autobuses chocaron frontalmente con un camión cisterna que llevaba combustible[96]. Los bastidores deformados eran demasiado grandes como para molestarse en transportarlos como chatarra. Durante todo el trayecto hasta Herāt, te cruzabas con estos *memento mori* automovilísticos, algunos oxidados desde hacía tiempo, otros con montones de cristales que aún no se habían perdido por el viento.

A medida que la luz del día inundaba la cabina, los pasajeros se reanimaron con bebidas energéticas y pellizcos de *naswar*, un tabaco cáustico local que se introduce en el labio. Le pedí un cigarro a Omar y escuché la cháchara del pasillo.

—Te sorprenderá Turquía —decía un chico mayor—. ¿Qué vicios tienes?

—No tengo vicios más allá del hachís —respondió otro.

—Allí es difícil encontrar hachís, pero hay mucha bebida. No digas que no lo vas a probar hasta que no te tienten.

—Bueno, si lo tengo en la mano, no tendré más remedio.

El día se volvió más caluroso y la charla se apagó. La siguiente provincia, Zabul, estaba desolada, un bitono plano de color bronceado y marrón. En el horizonte septentrional podíamos ver picos dentados donde los altos valles estaban poblados por nómadas y sus rebaños en verano, el fino aire perfumado con flores que yacerían bajo la nieve cuando llegara el otoño, el agua que alimentaba la llanura en primavera.

Las aldeas fueron apareciendo con más frecuencia a medida que nos acercábamos a Kandahar hacia el mediodía. El conductor abrió la puerta para que entraran los vendedores ambulantes mientras aminorábamos la velocidad; un niño vino caminando por el pasillo con una bandeja de bolsas de zumo plateadas, y dio un salto cuando redujimos la velocidad y pasamos por un bache unos kilómetros más adelante. Al acercarnos a la ciudad, pasamos por un descampado con cientos de tiendas; nómadas kuchi que habían bajado de las montañas con ovejas engordadas para venderlas. Un camión plataforma articulado esperó mientras una familia y su ganado subían a bordo con las túnicas magentas de las mujeres desteñidas por el resplandor.

Se dice que el nombre de Kandahar procede de Sikandar, Alejandro Magno, quien fundó aquí una ciudad veintitrés siglos antes[97]. Cien años después, el emperador Ashoka amplió su reino budista desde Kandahar hasta Bangladesh. Los arqueólogos descubrieron un edicto suyo en las cercanías, escrito en griego y arameo, las lenguas locales por aquel entonces. La losa relataba la conversión del emperador al pacifismo tras su conquista de Kalinga: «Ciento cincuenta mil personas fueron capturadas y deportadas, y otras cien mil fueron asesinadas, y casi las mismas murieron de otra manera. A partir de entonces, la piedad y la compasión se apoderaron de él, y sufrió profundamente»[98].

En la ciudad de Kandahar, los bicitaxis zumbaban en las rotondas. Debía de hacer cien grados, y los árboles estaban limpios de polvo. Pasamos por delante de una valla publicitaria con la imagen de un hombre de aspecto juvenil y con uniforme de teniente general: Abdul Raziq[99], el comandante de la frontera sobre el cual Omar y yo informamos en nuestro primer viaje juntos. Era mejor que Raziq no se enterara de que estábamos aquí. No le gustaba mi trabajo, aunque no afectó mucho a su carrera; lo ascendieron y lo pusieron a cargo de toda la fuerza policial de la provincia, y tanto él como sus compinches se habían hecho inmensamente ricos. Era cortejado por las élites de Kabul, pero también se había convertido en un héroe popular para los que odiaban a los talibanes, y uno podía encontrarse su foto pegada en taxis y puestos de control de todo el país. Tras su ascenso, la ONU informó que «los oficiales de la provincia de Kandahar habían aumentado el nivel de brutalidad y el uso de la tortura y los tratos crueles, inhumanos o degradantes». Hace un par de años, fotografiaron a un alto general estadounidense rodeando a Raziq con el brazo, una sonrisa en el rostro de ambos.

Era la hora de comer, pero, a pesar de las protestas de los pasajeros, el conductor se negó a parar. Siguió hacia el oeste y, esa misma tarde, cruzamos el río Helmand, donde la carretera que se bifurcaba hacia el sur, hacia la capital de la provincia, estaba cortada por los talibanes. Vi otra cara familiar en un cartel: el comandante Hekmatullah, el jefe de policía del distrito muerto a causa de una bomba puesta en la carretera el año pasado. Los carteles de héroes se convirtieron en carteles de mártires, y su tinta se desvaneció bajo el sol hasta adoptar un azul pálido. Conocí a Hekmatullah en 2014, durante la cosecha de opio récord de esa temporada, la cual se había duplicado con creces desde el año 2000 [100]. Tuvo la amabilidad de enviar a algunos de sus hombres para que me acompañaran y así pudiera recorrer los bordes de su distrito, donde comenzaba el opio, campos que se adentraban en páramos cultivados con pozos de sondeo y bombas cada vez más alimentadas mediante energía solar [101].

Cien años antes, tras décadas de pánico por la inmigración asiática y los fumaderos de opio, el Congreso aprobó su primera ley de prohibición de las drogas, la Ley Harrison de Impuestos sobre Narcóticos de 1914. Desde entonces, la guerra contra las drogas forjó cadenas causales que se extendían por todo el mundo. Bajo la presión de Estados Unidos, primero Irán y luego Turquía prohibieron el cultivo de opio; en la década de 1970, los agricultores afganos [102] empezaron a abastecer el mercado mundial, y la producción se disparó bajo los muyahidines. En mi viaje de hace dos años me alojé en casa de un agricultor de Marja, en la antigua zona de canales construida por Estados Unidos [103], para poder contemplar la cosecha del *nisht*, momento en el que los jornaleros migrantes llegan de todo el país para trabajar en los campos. Por la noche se evaluaba cada bulbo de color aceituna a mano, y por la mañana se lo raspaba en busca de savia. Un buen cultivo podía recolectarse tres veces o más. Helmand estaba seco; en la década de 1950, Estados Unidos financió dos presas gigantescas para ayudar a asentar a los nómadas a lo largo del río; ahora, los desiertos florecían con mil paneles chinos. La industria consumía agua, fertilizantes y personas; hijos detenidos en Irán como camellos y condenados a la horca, hijas hipotecadas contra las malas cosechas. Sin embargo, para que la vida sea barata, debe tener un valor monetario. Mi anfitrión me mostró parte de su cosecha, una bolsa de poliuretano de lo que parecía melaza. Levanté la masa del tamaño de un balón de baloncesto e inhalé su aroma a hierba, pensando en su agonista de opioide μ. El agricultor afgano la vendería por unos cientos de dólares a un comerciante local; para cuando su cosecha recorriera el camino del contrabandista y se vendiera por gramos como heroína en Europa, valdría más de cien mil.

En la provincia de Nimroz, el autobús dejó la autopista 1 y tomó la carretera hacia el sur, en dirección a Zaranj. Nos encontrábamos ahora en el extremo de la meseta iraní. A nuestro lado estaba el Dasht-e Margo[104], el Desierto de la Muerte, una extensión plana de basalto donde las temperaturas en verano podían superar los ciento veinte grados. Eran las seis y media cuando llegamos a la capital de la provincia, Zaranj, y el sol poniente tiñó de ocre las dunas de las afueras. Habíamos tardado quince horas y media en recorrer casi seiscientos kilómetros desde Kabul. El autobús se detuvo en un control policial y luego entró en la estación. Los vendedores ambulantes se reunieron mientras los pasajeros se bajaban con las piernas rígidas.

Bastani, bastani! Un niño gritaba la palabra iraní para referirse a los helados. Otro sostenía una maraña de amuletos marcados con inscripciones coránicas. Malik y yo sonreímos, pero Omar compró uno y se lo colgó al cuello.

Entramos en la avenida principal y pasamos por delante de las cabinas de las casas de cambio con montones desgastados de riales iraníes. Los edificios de dos plantas eran de bloques de hormigón sin pintar, y sus letreros de neón adquirían auras en la penumbra. Un viento del oeste soplaba por la avenida y levantaba trozos de plástico.

Ahora había que encontrar el piso franco. Omar llamó al número que le había dado Agha Sahib, nuestro contrabandista en Irán, y consiguió las indicaciones. Nos subimos a un *rickshaw* —una motocicleta con una cabina soldada a su chasis— y, tras una sacudida, partimos por la carretera y nos detuvimos un par de kilómetros después, justo antes de la plaza principal de la ciudad.

«La última vez me quedé por aquí», comentó Malik.

En el camino, un hombre con una túnica malva nos saludó y, cuando nos acercamos, se presentó como el gerente de nuestro piso franco. Era pastún y parecía tener unos treinta años. Lo seguimos a través de una puerta abierta y por un callejón, donde ya nos esperaban cuatro adolescentes con mochilas. Cruzamos una puerta baja que había a la derecha y entramos al piso franco, un recinto amurallado alrededor de un patio estrecho. La sala principal, de unos doce metros de largo, tenía un techo bajo de barro y paja que descansaba sobre unas vigas de madera; el extremo más alejado estaba dividido por una pared a la altura de la cintura y servía de cocina, presidida por un cocinero de aspecto rudo que llevaba una túnica azul cielo.

El encargado nos pidió que dejáramos las mochilas y nos pusiéramos cómodos. Dijo que formábamos parte de un grupo llamado Arya. Teníamos que recordar ese nombre. Así era como las diferentes bandas del camino sabían de quién éramos los *mosafarin*, o viajeros, ya que nos iban pasando como si fuéramos un paquete. La cuota por cabeza la pagaba el contrabandista de origen, Agha Sahib, que cobraría el dinero que habíamos puesto en fideicomiso una vez que llegáramos a Turquía.

—Id a buscar lo que necesitéis al bazar, agua, comida… —nos dijo el gerente—. Puede que los contrabandistas os llamen para iros en una hora o puede que os llamen por la mañana.

Dejamos nuestras mochilas en un rincón. Miré a los cuatro adolescentes; por su acento, eran del este, y tenían aspecto de aldeanos.

—Ve a preguntarle por qué camino vamos a ir —dije mientras señalaba al encargado.

Omar regresó con aspecto desolado.

—Dice que vamos a ir por Pakistán.

Omar sacó su móvil y llamó a Agha Sahib, que estaba en Irán.

—Dice que en estos momentos la carretera directa es peligrosa, así que nos van a enviar a través de Pakistán. Es más seguro así —nos explicó Omar a Malik y a mí—. ¿Qué hacemos?

Miré a Omar, que se había puesto pálido, como si estuviera a punto de enfermarse. Pensaba que debíamos continuar. Ya habíamos arriesgado nuestras vidas para llegar a Nimroz; el desvío a través del desierto no suponía un problema para mí. En parte me lo esperaba, pero estaba claro que Omar no. Le había creído al contrabandista y se había hecho ilusiones. Me di cuenta de que estaba pensando en echarse atrás.

—¿Qué opción tenemos? —le pregunté—. No nos queda más remedio.

—Si tú estás dispuesto, yo también —intervino Malik.

—Oye, estaremos bien —lo consolé—. ¿Vale?

Omar asintió de mala gana. Nos quedamos sentados un momento, aturdidos. Entonces, me acordé de que necesitábamos cambiar algo de dinero y comprar provisiones. Le pedí a Omar que me acompañara y dejamos a Malik vigilando nuestras mochilas.

—Confiaba en Agha Sahib —dijo Omar una vez que estuvimos en la avenida—. Dijo que nos enviaría a Irán directamente.

Continuamos en dirección al centro de la ciudad. Zaranj había experimentado un gran auge en la última década, no solo por el tráfico de personas y de drogas, sino por las importaciones legales de combustible y cemento. Un amigo mío afgano trabajó aquí en los años noventa, cuando era una ciudad de tres calles plagada de moscas; me dijo que los comerciantes nunca habían oído hablar del ajo. Ahora las tiendas por las que pasábamos estaban repletas de mochilas y gafas de esquí, útiles para las tormentas de arena. Omar compró un par de zapatillas plateadas para Malik, quien no tenía un par de zapatos decentes, y luego cambiamos cien dólares en riales iraníes, de lo que obtuvimos más de tres millones de vuelta. Los chicos del puesto nos recomendaron que lleváramos la mitad en billetes de medio millón, ya que eran más fáciles de ocultar en la cintura o de pegar en la suela del zapato.

Un poco más allá de nosotros, al oeste, estaba la frontera iraní con el paso oficial por el Puente de la Seda. Desde que los iraníes construyeron el muro, la ruta de los contrabandistas discurría hacia el sur, hacia Pakistán, donde el «viento de ciento veinte días» azotaba la arena hasta convertirla en una oscuridad impenetrable durante todo el verano. La región era conocida como Baluchistán, y los baluchíes conformaban un pueblo dividido por las fronteras. Atrapados en las guerras de la droga y del espionaje de la zona de triple frontera, el Estado los reprimía o se apropiaba de ellos alternativamente. Eran los baluchíes quienes llevaban a los viajeros a través de las arenas cambiantes del desierto.

En el piso franco, vimos que habían llegado más viajeros. Nos sentamos a cenar en un largo mantel de plástico expandido sobre la alfombra mientras el chico de la cocina caminaba detrás de nosotros, dejando tiras de *naan* y cuencos de caldo de pollo. Después, mientras Malik se probaba las zapatillas, levanté la bolsa extra que había traído Omar. Parecía que estaba llena de piedras.

—Deberíamos llevar solo una bolsa cada uno —dije—. ¿Qué hay aquí, si se puede saber?

Omar la abrió. Había traído el contenido del armario de su baño: un cepillo, una botella de champú de tamaño familiar, colonia y varias lociones.

—¿Para qué has traído toda esta mierda? —inquirí. Malik se rio—. ¿Laca para el pelo? —Saqué el bote de la bolsa—. ¿Champú?

—Necesitamos champú, hermano.

—Omar, no. —Forcejeamos por el cepillo para el pelo, y luego me arrebató uno de los frascos de colonia.

—Esto es caro.

—En serio, te vas a arrepentir. Lleva lo menos posible —intervino Malik, que se estaba probando sus nuevas zapatillas—. Te vas a pasar días caminando.

Tras deshacernos de la bolsa extra y de la mayoría de los productos de belleza de Omar, redistribuimos nuestro equipo hasta que nuestras mochilas tuvieron más o menos el mismo peso.

Dos hombres entraron con fardos colgados al hombro.

—¿Sois vosotros los viajeros de Sayed Ahmad? —preguntó el mayor de los dos en darí. Tenía el pelo rubio y cortado como un tazón y una sonrisa que mostraba todos los dientes.

—No, somos Arya.

—Bueno, de todos modos, cuidad mi bolsa, ¿vale?

Después de veinte minutos, regresó y se tumbó junto a nosotros. Anunció que era la séptima vez que iba ilegalmente a Irán.

—Vaya. ¿Cuántas veces te han deportado? —inquirió Omar.

—Seis veces.

—¿No es peligroso?

Se rio.

—Es el camino más peligroso que existe. Te estás jugando la vida, hermano. Estás en manos de ladrones y de policías. Para ellos la vida humana no tiene ningún valor. —Con su acento norteño, se lanzó a exponer los peligros que nos aguardaban, como accidentes de tráfico, tiroteos, morir de sed en el desierto y los abusos de la policía pakistaní, que, según dijo, hacían que incluso los iraníes parecieran misericordiosos.

—¿La policía pakistaní? —gritó Omar—. ¡La policía pakistaní! —repitió mientras nos miraba una y otra vez a Malik y a mí.

—La policía pakistaní está esperando en la frontera. Te registrarán los bolsillos y la bolsa, y se llevarán lo que quieran.

—¿Lo que quieran?

—Y no te atrevas a decir nada. Una palabra y te golpearán como a un perro. —Sujetándose a mi hombro, el hombre se puso de pie—. Hermano, somos como un balón de fútbol al que patean en el campo. Si llegamos a la portería, ahí está nuestra suerte. —Volvió a reírse y salió.

—Olvídalo, a ese tío le gusta hablar —dije.

—¿Y la policía pakistaní? —contestó Omar—. No pensé que fuéramos a Pakistán.

No era buena idea hablar así en el piso franco.

—Vamos a fumar —propuse.

Omar y yo nos levantamos y entramos en el terreno vacío que había al final del callejón. Encendí los cigarrillos y nos quedamos en silencio un momento. En lo alto del tejado del piso franco, podíamos ver las siluetas de nuestros contrabandistas tomando té y vigilando.

Intenté pensar en lo que podría decir para animar a Omar. Antes estaba dispuesto a casi todo, pero con el paso de los años me pareció que le entusiasmaba menos correr riesgos en nuestras misiones conjuntas. Se había escapado por los pelos demasiadas veces y había visto demasiados cadáveres. Por supuesto, era diferente cuando lo hacías por la paga y no por la gloria, pero, para mí, la exposición repetida tenía el efecto contrario. Algo se había apagado, el «aparato de registro de las emociones» [105], como lo llamaba Robert Graves. Comprendí que probablemente estuviera dañado, pero en aquel momento me pareció útil para trabajar en lugares como Afganistán y Siria. Creía que podía separar el sentimiento de la razón. Y era natural, pero no racional, que tu miedo se disparara cuando llegaba el momento de actuar.

Omar habló primero.

—El camino es demasiado peligroso, hermano. Mi intención nunca fue ir a Pakistán.

—Estamos en Nimroz. Es demasiado tarde para volver.

—No es demasiado tarde. Seguimos en Afganistán. Podemos volver a Kabul.

—No voy a volver.

Malik salió de las profundas sombras y se unió a nosotros.

—Escucha, Omar, he visto todos los peligros de los que ha hablado. ¿Te preocupa la policía pakistaní? Cuando cruzas la frontera, la policía te está esperando. Cuentan el número de personas que hay en el camión y el número de billetes que el contrabandista le pone en la mano. Eso es todo. Pasamos por tres controles policiales y nadie me puso un dedo encima. —Apenas podíamos verle el blanco de los ojos—. No te preocupes por la policía o por los ladrones. Preocúpate por que el camión no vuelque. Preocúpate por lo peligroso que es conducir; por Dios, irás por carreteras tan altas que mirarás hacia abajo y pensarás: *¿Cómo he llegado hasta aquí?*

—Gracias, Malik —interrumpí—. Tiene razón, Omar, ese tipo estaba hablando *kos-e shir*. Solo está presumiendo. Olvídate de él, ¿vale?

Omar asintió de mala gana. Era difícil medir de manera objetiva el riesgo en estas situaciones y, aunque se pudiera, el hecho de querer o no hacerlo se reducía a una decisión visceral. Uno tendía a mirar el miedo de la persona de al lado para ver si era mayor o menor que el tuyo. Teníamos que actuar con confianza por el bien de los demás.

De vuelta al piso franco, me di cuenta de que nos habíamos olvidado de cargar agua. Le pedí a Malik que me acompañara al bazar.

—Malik, ya has recorrido esta carretera —le dije mientras caminábamos por la calle—. Cientos de personas van todos los días. No es tan peligroso.

—Es un noventa y nueve por ciento peligroso —respondió—. Pero estoy dispuesto, si tú lo estás. Hemos llegado a Nimroz y no podemos volver atrás. ¿Qué les diremos a nuestras familias? Quedaremos como unos cobardes.

—Escucha, Omar está asustado. ¿Cómo va a reaccionar la primera vez que nos enfrentemos a algún peligro? Necesito que lo tranquilices.

Pero, para mi consternación, cuando volvimos vi que Omar estaba enfrascado en una conversación con el hombre rubio de Kunduz, el cual se había jactado de los horrores que se avecinaban. Estaban tumbados en paralelo sobre el costado, con las manos apoyadas en la barbilla y las caras juntas, como dos niños en una fiesta de pijamas. No pude ver la cara del desconocido, pero la de Omar denotaba que estaba cautivado.

Me senté junto a ellos.

—Toma un poco de *naan*, es el mejor *naan* —ofreció el hombre, que se giró y colocó un trozo grande sobre mi mochila.

—No, gracias, ya he comido.

Siguió insistiendo, así que arranqué un trozo pequeño que se me quedó pegado al paladar. Tuve que abrir una botella de agua para bajarlo.

—¿De dónde eres, amigo, de qué sitio, de qué pueblo? —preguntó.

—Kabul.

—¿Qué parte de Kabul?

—Shahr-e Nau. ¿De dónde eres tú?

—De Kunduz.

—¿De la ciudad?

—De la ciudad. ¿Has estado?

—Sí.

Sin proponérmelo, seguía reproduciéndose en mi mente una escena de la última misión que habíamos llevado a cabo allí. Nuestro fotógrafo y yo habíamos salido a patrullar una noche con las fuerzas especiales afganas a lo largo de la estancada línea del frente.

Había una carretera expuesta que teníamos que atravesar a toda prisa, pero los francotiradores talibanes solo actuaban de día, según habían dicho los soldados. Estaba trotando a unos metros detrás de Vic cuando vi que las brillantes balas trazadoras le apuntaban a la altura del muslo y sentí cómo chocaban a mi alrededor. El francotirador estaba usando una PKM, una ametralladora ligera. Unos segundos después, estábamos a cubierto. «Tienen un visor nocturno, esos *kos-e zan*», espetó el sargento del equipo a modo de disculpa. Había sido cuestión de centímetros, pero habíamos salido ilesos.

—Tengo dos sitios favoritos en Afganistán —dijo el desconocido—. Kabul y Mazar. ¿Has estado en Mazar? Allí puedes pasarte toda la noche fuera y nadie te molesta. —Sonrió con ojos soñadores. En la ciudad de Kunduz, las calles estaban vacías al anochecer.

»¿Hasta cuándo estudiaste? —preguntó tras otra pausa.

Lo miré fijamente. Tenía la cara inclinada hacia un lado y aplastada contra la palma de la mano.

—Hasta los dieciséis —respondí—. ¿Tú?

Suspiró.

—Yo no tengo estudios.

Sus preguntas desordenadas me estaban poniendo nervioso, como si pudiera notar que había algo extraño en mí. ¿Estaba siendo paranoico? ¿No debería estar paranoico? La semilla del miedo había brotado.

—Voy a fumar —dijo Omar, y se puso de pie—. Habib, ¿puedes acompañarme?

Por su expresión, supe que había tomado una decisión.

—Mirad, desde el principio dije que no quería pasar por Pakistán. Es mi culpa por haber confiado en ese maldito contrabandista.

—Omar, vinimos juntos para ir a Irán.

—No voy a ir a Pakistán. No.

—Conocías todos estos peligros de antemano. ¿No escuchaste la historia de Malik? Solo estás asustado ahora porque tienes el peligro justo delante.

—Existe una diferencia entre el peligro que te llega y el peligro en el que eliges meterte. ¿Por qué debemos arriesgar nuestras vidas? ¿De qué sirve Europa si estás muerto?

—Es el camino de los contrabandistas, ¡por supuesto que es peligroso! ¿Qué otra cosa esperabas? Deberías haberlo pensado antes de subir al autobús.

—No puedo arriesgar mi vida, hermano. No arriesgues la tuya. No vale la pena.

—Nos estás abandonando a Malik y a mí. ¿Qué clase de amigo eres?

Se miró los pies. Sentí que una furia helada aumentaba en mí. Volvimos al piso franco en silencio. Parpadeé bajo la débil luz fluorescente y le pedí a Malik que saliera conmigo.

—Omar va a volver a Kabul —dije.

Malik le dio una fuerte patada a una piedra.

—*Lanati!* Él es la razón por la que he venido aquí. Fue él quien me pidió que viniera. ¿Qué clase de hombre es? —Nos quedamos mirando las paredes de barro que nos rodeaban—. Mi madre me rogó que no fuera. Mi hermano me rogó que no fuera. Estaban tan disgustados. ¿Cómo voy a mirarlos a la cara ahora?

Tenía una última carta por jugar. Me imaginé que Omar no nos dejaría seguir sin él.

—Malik, si todavía quieres ir, entonces iré contigo.

—No puedo ir sin él. No tengo el dinero para ir a Turquía. Solo tengo lo suficiente para Irán.

—Olvídate del dinero. Yo lo pagaré.

—Pero he venido aquí por Omar. Pensé que nos iríamos juntos. Pensé que seríamos tres, y entonces no sería tan malo. Siendo tres se puede afrontar lo que ocurra.

—Estaremos bien los dos. Ya lo habéis hecho antes. No es tan peligroso.

Se volvió hacia mí, con el rostro cetrino a la luz de la lámpara. Estaba temblando.

—Es tan peligroso que no puedes ni respirar. —Sacudió la cabeza—. Sé lo que nos va a pasar. Tengo miedo. Tengo más miedo que Omar. Pero yo tengo agallas. Él no, maldito sea.

—Malik...

Se levantó.

—No. Voy a volver a Kabul.

Lo vi alejarse de vuelta al piso franco. El viaje fue un fracaso. Puede que Omar nunca abandonase Afganistán finalmente. Me había pasado casi un año esperándolo. Bajo el blanco resplandor de la locura, se me ocurrió seguir solo. Me quedé un rato de pie, enrollándolo en mi interior, hasta que mi rabia se convirtió en vergüenza. Recordé la pregunta de Omar: «¿Por qué debemos arriesgar nuestras vidas?». Yo tenía muchas menos respuestas que ellos.

Volví a entrar. Omar y Malik estaban desplomados en un rincón. Los otros inmigrantes estaban dormidos, descansando para el viaje que les esperaba. Los adolescentes estaban tumbados uno al lado del otro, con sus bufandas cubriéndoles la cabeza y el torso.

Eran las once. El autobús de vuelta a Kabul salía en cuatro horas. Omar llamó a nuestro contrabandista en Irán y le dijo que nos íbamos. Dijo que uno de nosotros tenía que resolver un problema familiar grave, pero que volveríamos a Nimroz en dos o tres días. Nos colgamos las mochilas. Al oír esto, el desconocido de Kunduz se despertó y parpadeó.

—¿Qué? —Cuando salimos por la puerta, gritó—: ¡Eh! ¿A dónde vais?

—A Kabul —le contesté, mirándolo fijamente. Parecía decepcionado. ¿Nos habría deseado el bien o el mal?

En el estrecho patio, los contrabandistas que estaban en el tejado nos detuvieron.

—Volveremos en un par de días —repitió Omar mientras miraba de reojo a las sombras que había sobre nosotros.

—No os importa que haga una llamada antes, ¿verdad? —inquirió uno de ellos. Era el encargado del piso franco. Era una pregunta retórica, pero, a modo de disculpa, añadió—: Para que no se enfaden conmigo por no avisarles.

El cocinero fornido estaba bloqueando la salida.

—Tres de Arya —oímos decir al gerente. Luego, después de un momento, continuó—: De acuerdo. —Se dirigió a nosotros—. ¿Cuántos quedan?

Malik miró hacia el interior del piso franco y contó los cuerpos.

—Once.

Pasamos junto al cocinero, que nos siguió hasta el callejón.

—¡Ey! —Nos giramos—. Pagad vuestra cena.

Le dimos algo de dinero. Apaciguado, nos acompañó hasta la puerta y nos aconsejó dónde comprar los billetes de autobús. Salimos a la carretera.

—Esperad. —Se asomó, con sus rasgos ásperos iluminados por la farola de la calle—. Escuchadme. Os voy a decir algo porque soy baluchí. La carretera ahora está mal. El otro día murieron veinte personas en ella. Esos tíos solo están enviando gente para ganar comisiones. ¡No soy afgano, soy baluchí! Son afganos y se lo están haciendo a su propia gente. Volved después del Eid. La situación estará mejor entonces, si Dios quiere.

Nos subimos en un *rickshaw* de vuelta a la estación y esperamos. El autobús solo iba medio lleno y me senté solo. Salimos y nos dirigimos al norte. Fuera de mi ventana, el Desierto de la Muerte estaba hundido en la oscuridad. Pero arriba, un dron o un satélite miraba hacia abajo. ¿Podría ver a los que se habían perdido en el desierto?

Nuestro autobús volvería a pasar por los campos de batalla del sur, pero yo estaba demasiado cansado como para preocuparme. Sin embargo, no podía dormir; las punzadas de remordimiento empezaban a roerme. En su lugar, escuché a los demás pasajeros que hablaban en voz baja en el pasillo. Algunos habían sido deportados de Irán, atrapados en la frontera o durante las redadas de inmigración. Otros habían planeado cruzar como nosotros, pero se desanimaron. Un hombre de hombros redondeados y con la barba salpicada de blanco dijo que era un agricultor de una zona de Baghlan controlada por los talibanes, al norte de Kabul. Su hijo adolescente quería encontrar trabajo en Irán y, al no concederle el permiso, el chico se escapó con unos amigos a Nimroz, donde se comprometieron con un contrabandista a cambio de su futuro salario, un acuerdo habitual. No obstante, hubo una disputa entre bandas, y un rival secuestró a los adolescentes y los encerró en una choza en el desierto. Cuando el padre y los familiares de los otros chicos se enteraron, se unieron y bajaron a Zaranj, donde obligaron al primer contrabandista a vender su coche y algunas tierras para rescatar a los chicos. Su hijo fugitivo estaba a salvo en Irán, trabajando, y el padre podía volver a casa.

Concluida su historia, el hombre se durmió con la frente apoyada en el respaldo del asiento; se despertó horas después en Zabul, con una marca en la frente como la que tienen los devotos al rezar.

8

Era la hora del «plan C». En el aeropuerto de Kabul, Omar insistió en llevar mis maletas hasta el puesto de control, donde dos policías registraban a los pasajeros. Nos fumamos un último cigarro juntos, sin que ninguno de los dos hiciera contacto visual. Había pasado una semana desde nuestro fallido viaje a Nimroz. Si Omar no estaba dispuesto a cruzar el desierto y no podía volar a Turquía sin visado, solo le quedaba una opción; podía conseguir un visado iraní e ir a Teherán legalmente y luego cruzar con contrabandistas a Turquía. Esta no había sido su primera opción porque no quería atravesar las montañas por su cuenta. Yo no podía volar con él a Irán; aunque me concedieran un visado, el gobierno me asignaría un cuidador oficial. Sin embargo, ahora Malik estaba dispuesto a ir, ya que Omar le estaba prestando dinero. Yo volaría a Turquía con mi propio pasaporte y esperaría a Omar y a Malik cerca de la frontera con Irán. Una vez que cruzaran, me uniría a ellos, y luego nos reuniríamos con Maryam y los demás en Estambul. Por supuesto, no había garantía de que Omar y Malik no fueran capturados y deportados a Afganistán.

Cuando llegó el momento de la despedida, me volví hacia Omar y, una vez más, vi en su rostro el miedo a quedarse atrás. Nos abrazamos.

«Bien, querido hermano, nos vemos pronto», dijo y sonrió.

Con las maletas al hombro, me uní a los demás pasajeros que caminaban hacia la terminal, mientras me invadía un torrente de ternura y arrepentimiento. Ya me había disculpado con Omar por cómo había actuado en Nimroz. Me estaba tomando este viaje como otra misión en la que yo estaba al mando. Pero si iba a seguir a Omar como periodista, la cual era mi justificación para ir de incógnito, tenía que dejarle tomar sus propias decisiones. Aun así, no podía ser objetivo cuando se trataba de mi amigo, sobre todo cuando la vida de ambos estaba en juego. Nunca me había sentido tan confundido sobre mi papel.

Una vez en el aire, respiré profundamente y me recosté en el asiento. La calma de la cabina era tranquilizadora; podía organizar mis pensamientos en las horas que me quedaban por delante. Encendí la pantalla que estaba sobre el respaldo del asiento y la cambié para que mostrara un icono de nuestro avión volando sobre la tierra. Los nombres de las ciudades flotaban cerca. De niño me fascinaban los globos terráqueos y los atlas, y mi padre me enseñó a usar la brújula en los viajes en los que navegábamos o íbamos de acampada. Nuestro vuelo cruzaba el mar Caspio cerca de Bakú en una ruta que parecía curva en la pantalla, pero que, en realidad, era una línea recta sobre una esfera. Los mapas planos crean necesariamente una distorsión; en la proyección Mercator que estaba viendo, los trópicos parecían diminutos y América del Norte y Europa, enormes. Aunque el espacio parece estable, al igual que el tiempo, este puede expandirse y contraerse en función de nuestro movimiento. Recorrí los más de tres mil quinientos kilómetros que separan Kabul de Estambul en seis horas. La ciudad crecía en mi ojo de buey, una red de luz que abarcaba el horizonte, partida por el Bósforo, el ombligo del mundo.

Tenía que hacer una escala de dos horas en el aeropuerto de Atatürk, pero no iba a quedarme en Turquía ese día. Decidí dejar mi portátil y otras posesiones, incluido mi segundo pasaporte, en casa de un amigo en Italia, para poder recogerlos una vez terminado el viaje. Iba a quedarme allí una noche y luego volaría de vuelta a

Turquía. Era difícil saber cuánto tiempo tendría que esperar en la frontera a Omar y a Malik, pero quería estar preparado.

Cuando desembarcamos en Estambul, seguí las indicaciones de las cintas transportadoras y las escaleras mecánicas hasta que me llevaron al mostrador de facturación de la sala VIP de Turkish Airlines, reservada a los que viajaban en primera clase o en *business*, así como a los pasajeros que iban en clase económica que, como yo, se habían ganado la categoría de oro gracias a sus rapaces viajes en avión. La sala tenía un vestíbulo de dos pisos con una escalera flotante; bajé al bufé y elegí un *pide* recién horneado, y luego me serví una Efes del grifo de cerveza. Me acomodé en un sillón y comí mientras miraba un panel con pantallas que mostraban noticias y deportes de diferentes zonas horarias con los segundos corriendo al unísono. A mi alrededor, el personal retiraba nuestros desechos, tras lo que desaparecían por unas puertas que ocultaban una serie de espacios de trabajo conectados por montacargas y pasillos, un segundo aeropuerto imbricado con el primero.

Turkish Airlines era la compañía con más destinos internacionales[106], y Estambul era uno de los centros de mayor tráfico aéreo del mundo. Por la ventana, podía ver los estabilizadores de punta blanca de los aviones aparcados a lo largo de la terminal como una fila de velas. Cuando el filósofo Michel Serres miró por esas ventanas, vio mensajeros modernos. «Ángeles de acero que llevaban a ángeles de carne que enviaban ángeles de señales a través de ángeles de ondas»[107].

Había volado a través de Estambul en varias ocasiones, sobre todo desde que empecé a cubrir la guerra en Siria[108]. Desde aquí, era un vuelo doméstico corto a Antakya o a Gaziantep, donde, justo al otro lado de la frontera, las ciudades estaban siendo reducidas a escombros por la artillería y los bombardeos aéreos, y la gente estaba siendo masacrada de mil en mil. La violencia se había extendido a Turquía; hacía solo dos meses, tres hombres con chalecos explosivos y rifles de asalto atacaron este aeropuerto, mataron a cuarenta y cinco personas[109] e hicieron que los pasajeros huyeran por las terminales hacia la pista.

Cuando llegó la hora de abordar mi vuelo a Italia, me adentré en el flujo aórtico procedente de seis continentes que se movía por los pasillos, entre los pasajeros que llevaban tacones de aguja y sandalias, bermudas y túnicas de Umrah, barbas que podrían haber sido de un grupo de *jam,* de talibanes, de hípsters o de Hezbolá. Turkish Airlines no volaba a Trieste, pero sí a Venecia, que estaba cerca. No necesitaba visado para entrar en la Unión Europea, y en el aeropuerto Marco Polo el policía miró su monitor y luego selló mi pasaporte sin hacer ninguna pregunta, sin duda porque no había alertas en el sistema. Las autoridades fronterizas recurren cada vez más a la elaboración de perfiles automatizados[110], como las evaluaciones de riesgo basadas en los datos anticipados de los pasajeros, para dejar pasar a los viajeros de confianza mientras examinan al resto con más detenimiento. «La rapidez de unos está lógicamente relacionada con la lentitud de otros», explicó Tim Cresswell[111].

Tomé el tren a Trieste y pasé la noche en casa de un amigo. El vuelo más barato para volver a Turquía al día siguiente era desde Liubliana, que se encontraba a un viaje corto en autobús de distancia. Mi destino final era Van, una ciudad cercana a la frontera con Irán. Al aterrizar en Estambul tuve que volver a hacer escala, pero, a diferencia del día anterior, debí pasar por el control de inmigración para llegar a la terminal nacional. Todavía era temprano cuando aterricé, y la cola estaba vacía. Estaba a medio camino del laberinto de cuerdas cuando un hombre corpulento se acercó a mí y mostró su identificación policial. Se quedó con mi pasaporte, frunció el ceño y me dijo que lo siguiera.

Nunca había escrito sobre Turquía, así que me pregunté si esto tendría algo que ver con mi reportaje desde Siria. Sabía que la situación seguía siendo tensa tras el intento de golpe de Estado que había tenido lugar hacía cinco semanas, el cual impidió que Omar obtuviera el visado. Varios centenares de personas murieron y los conspiradores atacaron el hotel donde se alojaba el presidente, Recep Tayyip Erdoğan, pero este pudo escapar. Más tarde, calificó los hechos como un regalo de Dios [112]. En los meses siguientes, cincuenta mil personas serían detenidas en una purga efectuada por su gobierno, y algunas serían torturadas bajo custodia [113].

El policía me llevó a una estrecha sala de interrogatorios, donde había otros dos hombres vestidos de paisano: un chico delgado en vaqueros con una larga y desaliñada barba, y otro mayor, fornido y barrigón, que estaba sentado. Estaba claro que era el jefe, pero, como yo no hablaba turco, el chico traducía en inglés lo mejor que podía, lo cual no era mucho.

Me hicieron deshacer la maleta mientras me preguntaban qué estaba haciendo en Turquía. Cuando les dije que iba a Van, que estaba en una zona kurda, se emocionaron.

—Pero Van es muy peligroso —dijo el chico—. ¿Por qué Van?

Les expliqué que estaba escribiendo un libro sobre los inmigrantes afganos y que también quería hacer un poco de turismo, ver el lago Van y el monte Ararat, lo cual era cierto, ya que podría pasarme un tiempo esperando a Omar y a Malik.

El hombre mayor fumaba un cigarrillo mientras hojeaba mi pasaporte, y el ceño se le fruncía con cada página. Cada vez que manifestaba mi inocencia, se llevaba un dedo grueso a los labios para hacerme callar.

—¿Cuál es tu religión? —me preguntó.

—Mi familia es cristiana.

—¿Por qué solo países musulmanes? —inquirió mientras mostraba mi pasaporte bien sellado. Le miré fijamente, reprimiendo una carcajada. ¿Creían que estaba aquí para unirme al ISIS? No me habían preguntado por mis informes. ¿Simplemente habían visto a un hombre en edad militar con aspecto de Oriente Medio por las cámaras y habían decidido detenerlo?

—No solo estoy visitando países musulmanes y, además, soy periodista. Visito estos países por trabajo.

—¿Dónde está tu identificación de periodista?

Me habían pillado. No la había traído, ni eso ni ninguna otra parafernalia. El chico me dijo que desbloqueara el Samsung vacío, lo cual hice, y echó un vistazo rápido.

—¡Has borrado todos tus contactos! —exclamó—. Eres un mentiroso. No nos dices el verdadero motivo de tu visita. ¡Te deportarán de Turquía!

Les supliqué que me buscaran en Google, pero el chico no quiso traducir y su jefe empezó a alterarse y a gritar que me fuera mientras movía la palma de la mano como si fuera a darme una bofetada. Atónito, seguí al policía corpulento hasta el exterior. Todo duró menos de diez minutos.

Me llevó a la zona del aeropuerto destinada a la deportación, donde había un mostrador atendido por guardias de seguridad. Nos dijeron que el vuelo de vuelta a Liubliana no saldría hasta la mañana siguiente. El policía se puso los guantes, me registró y me confiscó el móvil y el pasaporte. Quería que firmara unos papeles en turco, pero, cuando me negué, se encogió de hombros y me llevó a la celda.

El techo era bajo y había una treintena de sillas reclinables cubiertas de papel. Parecía la sala de espera de un dentista, aunque con una puerta que se cerraba desde fuera. Había un pasillo en la parte trasera que conducía a un baño y a una ducha, así como un cartel de PROHIBIDO FUMAR, pero alrededor de la mitad de los ocupantes estaban fumando.

Miré el teléfono público que había cerca de la puerta, el cual tenía una lista de números de embajadas al lado. Quizá todavía estuviera a tiempo de arreglar esto de alguna manera.

—Puedes pedir una tarjeta telefónica en el mostrador —dijo un hombre árabe con túnica que me había estado observando.

Llamé hasta que un guardia abrió, le di veinte liras, obtuve a cambio una tarjeta e intenté llamar varias veces al número de un amigo de Kabul que tenía buena conexión con los círculos diplomáticos. No obstante, no logré que funcionara la tarjeta, la cual requería conectarse con un complicado menú de llamadas. Al ver mi frustración, el hombre me ofreció con amabilidad su móvil. Llamé a mi amigo y conseguí un par de contactos en Estambul, pero se acercaba la semana de vacaciones turcas por el Eid y la gente ya se había ido de sus despachos. Probé con el cónsul canadiense en Ankara, que se disculpó y fue tan útil como la tarjeta telefónica. Al final, me rendí y me desplomé en una de las sillas reclinables.

—Es bueno reclamar un asiento antes de que se llene por la tarde —dijo el hombre, que se sentó y se presentó como Abu Haroun.

Era delgado y tenía el bigote afeitado y la barba sin recortar de un musulmán conservador. Hablaba un inglés fluido y algo americano, pero dijo que era originario de Yemen y que se había criado en Arabia Saudí. Llevaba años viviendo en Estambul con su mujer y sus hijos, pero hacía seis meses, después de peregrinar a Arabia Saudí, los turcos, por alguna razón, no habían dejado que volviera a entrar. Los saudíes tampoco lo aceptaron. Yemen estaba destrozado por la guerra civil, así que los turcos no podían deportarlo allí. Así, pues, llevaba atrapado aquí desde entonces. Sin salida.

—¿Llevas seis meses en esta habitación?

—Mi abogado cree que saldré muy pronto, *inshallah* —contestó con una leve sonrisa.

Una docena de yemeníes habían estado atrapados allí por problemas con el visado, pero él era el último. Era el decano de la celda de deportación. Los demás estaban esperando el siguiente vuelo de vuelta a su lugar de origen. Algunos estaban aquí de paso después de haber sido deportados desde otro lugar. Solo éramos ocho, pero el número fue aumentando a lo largo del día, como lo había predicho Abu Haroun. La mayoría de la gente era de Oriente Medio o de África, aunque había un chino y un joven ruso al que se le había denegado la entrada en Ucrania. Cuando apareció un nigeriano, se acercó y estrechó la mano de todos los presentes. Me dijo que la inmigración estadounidense le había negado la entrada en Chicago y que iba a regresar a Lagos, de donde había partido dos días antes.

Aparte de mí, nadie parecía especialmente indignado por estar allí. Mi propio enfado pronto se convirtió en desesperación. Sin duda, el viaje ya había terminado. Pasamos el día fumando y mirando el techo abatible. Pensé con nostalgia en la Efes de barril de la sala destinada a la primera clase que había encima de nosotros. La celda de las mujeres y los niños estaba junto a la nuestra, y los hombres conversaban a gritos con sus esposas a través de la pared de yeso. A veces sonaba el teléfono de pago, y, por lo general, era el familiar de alguien. Como hablaba francés, me pidieron que atendiera una llamada. La mujer de la línea buscaba a alguien que no se encontraba allí; le dije que se había ido.

—Pero ¿lo han enviado a Francia o a Camerún?

Nadie lo sabía.

Llevaba conmigo un libro de bolsillo, *Beloved*, de Toni Morrison; cuando me sentía suficientemente tranquilo como para leer, el tiempo pasaba más rápido, mi propia miseria se desvanecía. Por la noche roncamos en nuestras sillas; al amanecer, bajo la penumbra de la señal de salida, un guardia de seguridad me despertó para que me subiera a mi vuelo. Me devolvieron mis pertenencias, salvo el pasaporte, el cual se lo entregó el guardia a la tripulación del avión en una bolsa de plástico. Una vez que el resto de los personajes embarcó, me llevaron a la parte trasera del avión. Cuando aterrizamos en Liubliana, un policía esloveno me estaba esperando en la pasarela de embarque.

—¿Qué ha pasado? —me preguntó cuando nos sentamos en su despacho.

—Creo que ahora mismo Turquía no recibe a los periodistas extranjeros —le contesté.

Asintió con simpatía, y me estampó el sello de entrada en la Unión Europea.

Ya de vuelta en Trieste, me tomé mi tercera bebida en el Caffè San Marco y consideré el dilema en el que me encontraba. Omar y Malik habían conseguido sus visados iraníes y estaban ya en Teherán. No tardarían en intentar cruzar con sus contrabandistas y en llegar a Estambul. Pero ahora yo tenía prohibida la entrada a Turquía. Limpiar mi nombre podía llevar meses, si es que era posible siquiera. No teníamos tanto tiempo antes de que llegara el invierno.

Por primera vez en mi vida, tuve una idea de lo que la frontera significaba para muchos otros: un muro entre tú y alguien a quien quieres. Sentado solo en la cafetería, me pregunté qué debía hacer. Sabía que podía esperar a Omar en Europa y luego reconstruir su viaje para este libro, suponiendo que lo consiguiera. Sabía que había llevado las cosas demasiado lejos en Nimroz y que estaba perdiendo mi distanciamiento profesional. Sabía que estaba jugándome la vida y la libertad de una forma que a algunos les podría parecer insensata. Pero no podía abandonar a Omar. Tenía que llegar a Turquía. Necesitaba un «plan D».

A principios de ese año, cuando cerraron las fronteras en los Balcanes, decenas de miles de refugiados quedaron atrapados en Grecia y en Bulgaria, donde se vieron obligados a vivir en campamentos sucios y violentos. Había oído que algunos les pagaron a contrabandistas para que los llevaran de vuelta a Turquía. Podía hacerme pasar por un afgano que quería reunirse con su familia en Estambul.

No obstante, tras pensarlo, decidí que podría hacerlo mejor por mi cuenta. Los inmigrantes afganos lo llamaban hacerse un *chocolati*, ya que cruzar gratis era dulce como un caramelo. Con Google Maps y un poco de suerte, algunos refugiados atravesaban Europa sin recurrir a contrabandistas, sobre todo cuando se trataba nada más que de esquivar un cruce oficial. Sin embargo, para viajar por un terreno remoto y sin caminos ante las patrullas y las vallas, era necesario navegar con una brújula o un GPS.

Estudié minuciosamente los mapas topográficos y satelitales en mi ordenador portátil en busca de una salida a través de las suaves entrañas de la «Fortaleza Europa». Desde que la Unión Europea reprimió las islas griegas, muchos inmigrantes tomaban como alternativa cruzar por tierra hacia Bulgaria. Con el apoyo de la Unión, los búlgaros estaban construyendo una enorme valla fronteriza rematada con alambre de concertina[114]. Sin embargo, por lo que pude descubrir en internet, la valla mejorada todavía no se había extendido hasta el mar Negro, donde la frontera abarcaba Strandzha, una reserva natural escarpada y poco habitada. Decidí cruzar por allí.

Al día siguiente entré en la lúgubre arcada de la estación de autobuses de Trieste, pasé por delante de carteles escritos en cirílico que anunciaban tarifas baratas para los trabajadores domésticos y manuales de la ciudad, y compré un billete a Sofía, la capital de Bulgaria. Salimos por la plaza y nos alejamos del puerto, pasando por los altos edificios de piedra hacia las verdes colinas del interior. Hasta la Primera Guerra Mundial, Trieste fue el principal puerto del Imperio austrohúngaro en la orilla norte del Adriático. Después de que lo destinaran aquí como cónsul británico, Burton, explorador y espía, se pasó sus últimos años traduciendo *Las mil y una noches*, y siempre que él y su esposa, Lady Isabel, se sentían «mal de cuerpo o indispuestos» [115], solían recorrer esta carretera hacia el Carso, donde comenzaba el interior eslavo. Por aquel entonces se podía viajar hasta Transilvania sin salir del políglota imperio, hasta la Gran Guerra, en la que murieron millones de personas por naciones nuevas, cuyo subproducto era el refugiado moderno [116], es decir, un fugitivo que carece, según la famosa frase de Hannah Arendt, «del derecho a tener derechos» [117].

Hoy día, la tierra está dividida en Estados y naciones. Algunos filósofos han sostenido que las naciones deben ejercer la *realpolitik*, ya que coexisten en una anarquía fundamentalmente violenta; otros sueñan con una mancomunidad de democracias en la que la guerra sea algo obsoleto. Según escribió Immanuel Kant en 1795 desde su continente devastado, «se puede demostrar que esta idea de federalismo, la cual se extiende gradualmente hasta abarcar todos los Estados y que, por tanto, conduce a la paz perpetua, es viable y tiene una realidad objetiva» [118].

La visión de paz de Kant es la que más se ha acercado a la de la Unión Europea bajo una forma de cosmopolitismo basada en el libre comercio. Nació en 1951 como mercado común para unificar las industrias del carbón y el acero de Francia y Alemania —para hacer «materialmente imposible» [119] la guerra—, y desde entonces se ha expandido de seis a veintisiete naciones. En 2012, le fue concedido el premio Nobel de la Paz. «A lo largo de los últimos sesenta años, el proyecto europeo ha demostrado que es posible que los pueblos y las naciones se unan por encima de las fronteras» [120], dijo el presidente de la Comisión Europea durante la ceremonia. «Que es posible superar las diferencias entre "ellos" y "nosotros"».

En dirección al este, nos adentramos en Eslovenia, donde los macizos eran verde musgo contra el cielo violeta que se desvanecía. Me dije que me estaba yendo de vacaciones. Mi reflejo apareció en la ventana a medida que el mundo que había al otro lado se reducía a formas: farolas, pasos elevados, vías de salida. Por la noche, todos los viajes en autobús tienen el mismo aspecto. En Navidad, mientras me dirigía a casa desde la universidad, de vuelta a los suburbios que traté como un preludio de la verdadera historia que estaba por venir, los terrenos iluminados de naranja por los que pasé podrían haber estado cubiertos de nieve en algún lugar de Ontario. «Me gustaría vivir mi vida como en una novela»[121], escribió Gérard de Nerval en su obra *Voyage to the Orient.* El contacto del cristal era frío contra mi frente.

Habíamos ido de Italia a Eslovenia sin detenernos, y el cambio de idioma de las señales de tráfico fue lo único que indicó que habíamos cruzado una frontera internacional, pero al llegar a Croacia hicimos una parada. Los pasajeros se bajaron a sellar sus pasaportes. Salíamos de la zona Schengen, el núcleo sin fronteras de Europa. De los muchos tratados de la Unión Europea, los refugiados conocerán al menos dos de ellos: Schengen y Dublín[122], firmados con cuatro días de diferencia en el verano de 1990, uno en una ciudad vinícola del paraíso fiscal de Luxemburgo; el otro, en la capital de Irlanda, que en su día perdió a la mitad de su población por la hambruna y la emigración[123]. Ambos tratados reflejan la tensión central de la globalización[124], que consiste en que, mientras que los capitales y las mercancías circulan con libertad, la mayoría de las personas no lo hacen. El espacio Schengen suprime los controles fronterizos entre sus Estados miembros; los camiones, las transferencias bancarias y los residentes circulan sin obstáculos. Dublín restablece las fronteras dentro de Schengen para un tipo específico de personas; para ello, ordena que los solicitantes de asilo presenten su solicitud en el primer país de la Unión al que lleguen y que residan allí hasta que se tome una decisión en cuanto a su caso. Los que arriban a Italia, por ejemplo, no pueden desplazarse a Francia o a Austria, y, si son capturados, pueden ser deportados.

En efecto, Dublín crea una zona de seguridad para los miembros más ricos de la Unión Europea; Alemania está rodeada por otros Estados correspondientes a Schengen. La carga de los refugiados recae sobre todo en los países que bordean el Mediterráneo y los Balcanes, los cuales forman el caparazón de la «Fortaleza Europa». Dublín es el precio que pagan por la riqueza de Schengen.

Después de otras cinco horas, los focos volvieron a brillar a través de nuestras ventanas. Estábamos en la frontera con Serbia. Croacia ingresó a la Unión en 2013, pero seguía a la espera de que la admitieran en el espacio Schengen; Serbia estaba al margen de ambas, pero era una candidata ansiosa. A los serbios ya se les había concedido la exención de visado en Schengen a cambio de que adoptaran políticas migratorias y fronterizas más estrictas, un ejemplo de lo que se conoce como «externalización» [125] de las fronteras. Dublín precede a Schengen. Entrar en la Unión Europea significa construir muros contra los que aún están fuera. Antes de ingresar en Schengen, Polonia tuvo que poner fin a su política de exención de visados para los ucranianos, al igual que España para los trabajadores marroquíes que venían de temporada. Como resultado, en los años noventa empezaron a cruzar el Mediterráneo los primeros barcos con inmigrantes, viajes cortos a través del Estrecho de Gibraltar por los *harraga*[126], los que queman; el camino, el agua y sus papeles. España había reforzado sus defensas, y ahora quienes querían entrar desde África hacían viajes más largos desde Libia y Egipto hasta Italia y Malta. La frontera más importante era el Mediterráneo; el mar era un foso que separaba dos continentes cuya gran diferencia de riqueza era cada vez mayor[127]. El «complejo industrial fronterizo» suministraba barcos y drones de vigilancia mientras los diplomáticos de la Unión Europea fomentaban tratados de inmigración y proyectos de seguridad en lo más profundo de África y Asia. La llamada «crisis de los refugiados» de Europa se entendía mejor como una crisis de este sistema de fronteras, causada por las revoluciones de la Primavera Árabe que habían derribado a los guardianes de la orilla sur del Mediterráneo, Ben Ali, Hosni Mubarak y, sobre todo, Muammar al-Qaddafi, quien se puso al lado del primer ministro italiano en Roma una vez y le advirtió: «La Europa de mañana podría dejar de ser europea e incluso negra, pues hay millones que quieren entrar»[128].

Al amanecer, nuestro autobús subió por las montañas hasta Bulgaria, donde pasamos por inmigración por última vez para volver a entrar en la Unión. En Sofía, cambié algunos euros por levs; Bulgaria, uno de los miembros más recientes, no había sido admitida en la zona de la moneda única ni en Schengen. Subí a un tren que bajaba por el valle del río Maritsa, donde la llanura se ensanchaba en onduladas tierras de cultivo, y que pasaba por pueblos con campanarios rojos. El verano se había ido, el trigo era dorado; al final del día, los rayos incendiaban los campos a nuestras espaldas.

Llevaba recorridos más de mil cien kilómetros a través de la península de los Balcanes, desde las orillas del Adriático hasta el puerto de Burgas en el mar Negro. A la mañana siguiente, me subí a una furgoneta suburbana que descendía por la costa hasta Sinemorets, una ciudad turística cercana a la frontera turca. Bajé y caminé entre puestos de helados abandonados hasta llegar al hotel que había encontrado por internet. La recepcionista frunció el ceño; un hombre soltero en temporada baja, un turista sexual quizá. Mientras me registraba, le pregunté por las bicicletas que aparecían en su página web.

—Tenemos varias bicicletas a disposición de nuestros huéspedes —me informó—. Pero tenga cuidado al llevarse el pasaporte cuando salga, sobre todo en las zonas fronterizas. Debe de estar al tanto de los problemas que estamos teniendo con los extranjeros que vienen a Bulgaria.

Le aseguré que lo sabía, tomé la llave y busqué mi habitación. Puse la mochila comprada en Bush Bazaar en el portaequipajes, me conecté a la red inalámbrica y revisé WhatsApp. Ningún mensaje.

Le escribí a Omar.

¿Dónde estáis?

AL DÍA SIGUIENTE, cuando me desperté, tenía la siguiente respuesta:

Nos vamos a la frontera mañana.

Era hora de llevar a cabo el reconocimiento. Con la bicicleta, recorrí la ciudad en dirección al sur.

Sinemorets estaba en el extremo sur de un arco de ciudades costeras situadas a lo largo del mar Negro. Conocida en su día como la Riviera Roja, la región fue un patio de juegos para la élite comunista [129]. Los turistas venían de ambos lados de la Cortina de Hierro, pero algunos de los visitantes, en particular los alemanes del Este, llegaban con la intención secreta de escapar a Occidente a través de Turquía.

En aquella época, en Europa los muros fronterizos se asociaban al totalitarismo. Desde el punto de vista histórico, este tipo de barreras físicas era escaso [130], ya que eran caras y no podían disuadir a un ejército invasor o a determinados contrabandistas. Pero servían para mantener a las masas en su sitio. Para Occidente, durante la Guerra Fría, el Muro era la línea que separaba a los que eran libres de los que no lo eran, y las personas que lo cruzaban eran refugiados.

En bicicleta, atravesé una mezcla de campos y bosques con algunos graneros a lo lejos a medida que el terreno se iba volviendo más montañoso. Llegué a la zona fronteriza, de doscientos cincuenta kilómetros de largo y un kilómetro y medio o tres kilómetros de profundidad, la cual estaba marcada por una carretera que corría paralela a la frontera turca. Durante la época comunista, la zona estaba prohibida para quienes no tenían permisos especiales, y estaba defendida por vallas y campos de minas. Los investigadores creen que más de un centenar de personas que intentaban escapar a Occidente fueron abatidas aquí. Sin embargo, los muros fronterizos necesitan vigilancia para ser eficaces, y en Bulgaria los guardias contaban con la ayuda de una red de informantes localizada en los pueblos[131]. En los balnearios, una operación multinacional vigilaba a los bañistas; en 1964, la Stasi de Alemania Oriental estableció un despliegue estacional, un grupo operativo para luchar contra el tráfico de personas.

En 1989, el Muro cayó y Europa del Este hizo la transición al capitalismo. Bulgaria retiró las vallas y los campos de minas. «La teoría por aquel entonces sostenía que era antidemocrático tener este tipo de dispositivos colocados a lo largo de la frontera», dijo un antiguo ministro[132]. Y, sin embargo, como si el hormigón destrozado del Muro estuviera sembrado de dientes de dragón, desde entonces las barreras fronterizas han proliferado. En 1989, solo había quince fronteras fortificadas con muros o vallas en el mundo[133]; en 2016 había casi setenta, con más en proyecto o en construcción. Desde los atentados del 11-S, sobre todo, se han construido estos muros en nombre de la seguridad; no obstante, en la práctica trazan la línea entre ricos y pobres.

Tras la adhesión de Bulgaria a la Unión Europea en 2007, la zona fronteriza volvió a ser vallada, esta vez para impedir el paso de personas. Los mismos guardias que habían perseguido a sus propios ciudadanos ahora perseguían a los inmigrantes, a quienes golpeaban y robaban de manera sistemática y obligaban a volver a Turquía[134]. Ese mismo otoño, no muy lejos de Sinemorets, un afgano desarmado de diecinueve años llamado Ziaullah Wafa acabaría abatido por las fuerzas fronterizas.

Reduje la velocidad al acercarme al puesto de control, donde un guardia fronterizo inspeccionaba los vehículos que salían de la zona. Pude ver la valla de alambre de espino que discurría perpendicular a la carretera y que atravesaba los campos en dirección al bosque. Ni el guardia ni el soldado sentado con un Kaláshnikov se inmutaron cuando pasé montado en la bicicleta y vestido con pantalones cortos y una camisa de flores. Seguí pedaleando hacia el sur otros tres kilómetros hasta llegar a la ciudad de Rezovo, llamada así por el río que forma la frontera a través de las montañas de Strandzha. El punto de entrada más cercano a Turquía estaba a casi cincuenta kilómetros tierra adentro, pero había un lugar en la desembocadura del río en el que se podía contemplar la gigantesca bandera turca que ondeaba en la otra orilla. Había dos parejas de mediana edad haciendo fotos. Eran búlgaros y parecían suficientemente mayores como para recordar la Cortina de Hierro; por aquel entonces, según escribió Kapka Kassabova, la frontera era «una entidad casi mítica a la que nadie se podía acercar ni se podía ver»[135].

Me pasé los días siguientes en bicicleta y caminando por los senderos del bosque cercanos a la frontera, y volvía cada tarde para tirarme al mar Negro, cuyas aguas salobres me hacían cosquillas en los arañazos de las piernas. Por la noche, cenaba en un asador de la ciudad; a eso de las nueve, un coche blindado se detenía y descargaba a varios hombres de la Gendarmería Nacional con equipos antidisturbios, parte de las fuerzas de seguridad adicionales desplegadas en la frontera. En una ocasión, uno de ellos nos miró a mí y a mi lubina, preguntándose, tal vez, si no estaría viendo a inmigrantes afganos por todas partes después de haber pasado demasiado tiempo en el bosque.

Estaba a la espera de que Omar y Malik me dijeran que habían llegado bien a Estambul. No obstante, Omar no me respondía los mensajes; llamé a Maryam, pero tampoco tenía noticias de él. Ambos se encontraban en algún lugar de las montañas con sus contrabandistas. Yo no quería seguir retrasándolo, ya que en un par de días iba a llegar un frente de tormenta a la costa. Confirmé la dirección de Estambul en la que se quedaba Maryam y le dije que llegaría pronto, aunque no entré en detalles.

—Puede que me presente en tu puerta —le dije.

—Que Dios te acompañe —contestó—. Rezo por ti.

Revisé mi equipo. Tres litros de agua, algunos euros y liras turcas, un cuchillo, una brújula y mi Samsung, en el que había descargado mapas de la zona y que, al igual que la mayoría de los *smartphones*, tenía un GPS incorporado. Me despojé del bañador y me acosté pronto mientras sentía la calma que seguía a la decisión.

Por la mañana, salí del hotel y tomé un taxi a Silistar, una playa popular situada al norte de la zona fronteriza. Mientras me acomodaba en el asiento trasero, sonó una canción familiar en la radio. No podía creer lo que estaba oyendo. Era una de las favoritas de Omar, *Hero* de Enrique Iglesias. El *single* de platino empieza lento, tan solo la voz ronca de Enrique acompañada de una guitarra, pero en el estribillo final los platillos, los violines y el piano se elevan mientras él exclama:

Puedo ser tu héroe, puedo alejar el dolor con un beso.
Estaré a tu lado para siempre,
puedes dejarme sin aliento.

Se oyó un crujido cuando el taxi entró en el aparcamiento de grava. Me eché la mochila al hombro y caminé hacia la playa, pasando por delante de los madrugadores envueltos en mantas, y trepé por las rocas del extremo sur. Había hecho ya un reconocimiento de esta ruta; había un camino con aroma a enebro que recorría los acantilados. Después de media hora, llegué a un promontorio en el que la valla de la zona fronteriza llegaba hasta el mar. Me adentré en el bosque y me puse unos vaqueros y unos zapatos de montaña, y luego continué internándome en la maleza, donde encontré mi punto de referencia, un hueco con una maleta aplastada y un par de zapatillas de bebé.

La zona fronteriza empezaba aquí. Me arrastré entre los arbustos hasta el borde del camino de tierra de dos carriles. A mi lado había cadenas oxidadas, mientras que al otro lado había una valla más nueva de tres metros y rematada con alambre de espino. En el montículo entre los carriles había una tercera valla con hebras horizontales, como si fuera una barrera para el ganado. A lo largo de la carretera había un poste telefónico rematado por una cámara cada cuarenta kilómetros. En la base de dicho poste, donde la cámara tenía un punto ciego, alguien —un contrabandista, sin duda— había hecho agujeros en la valla.

Mientras me metía por la abertura que tenía al lado, comprobé si había tráfico y luego me arrastré a través de la carretera, por debajo de la alambrada para el ganado, y salí por el agujero de la otra valla hacia la oscuridad y la tranquilidad del bosque. Durante la época comunista, algunos fugitivos confundían el inicio de la zona fronteriza con la frontera real, por lo que se convertían en objetivos fáciles para los guardias que había al otro lado. Por supuesto, yo sabía que tenía que cruzar la zona hasta el río Rezovo. Consulté el GPS del móvil y me dirigí hacia el interior, atravesando la carretera hasta un amplio campo de heno donde, a lo lejos, un caballo me observaba. Encontré el camino de tierra que cruzaba el bosque que vi en el mapa satelital, una fina cinta de color marrón que llevaba hasta el río. Las briznas altas de hierba que crecían en el camino parecían inalteradas, pero estuve a punto de pisar un montón grande de estiércol. Preocupado por la posibilidad de que hubiera patrullas a caballo, decidí hacer una excursión y me adentré en el bosque siguiendo el rumbo de mi brújula.

Los arbustos estaban llenos de garrapatas marrones, y nubes de mosquitos y jejenes me cubrían la cabeza. Para defenderme, me empapé de repelente de insectos y me puse un sombrero como los de los apicultores con estampado de camuflaje, el cual encontré en una tienda de artículos de pesca de Sinemorets. Con este atuendo, me pregunté qué aspecto tendría, una figura solitaria que se dirigía al sur. ¿Un turista perdido? ¿Un justiciero búlgaro? ¿Un contrabandista que iba a recoger a sus clientes en el río?

El bosque ondulante estaba cortado con barrancos escarpados. Entre las hojas de roble caídas se escondían envoltorios de caramelos y botellas de plástico. En un claro, pasé por una amplia columna de hierba aplastada que parecía el resultado de una inundación repentina, pero vi que corría cuesta arriba y cuesta abajo, sin tener en cuenta la gravedad. Las personas debían de ir caminando unas al lado de las otras, un río de inmigrantes.

Al cabo de un par de horas, el terreno empezó a descender. Podía oír lo que sonaba como maquinaria pesada al sureste, lo cual me puso nervioso. Ahora olía el soplo terroso del río a medida que seguía la pendiente hacia abajo, pasando por más botellas aplastadas de marcas turcas, hasta que llegué a un camino que discurría junto al río Rezovo. A través de los huecos de los arbustos, pude ver el agua esmeralda.

Cuando salí a la carretera, me llevé una desagradable sorpresa. A dieciocho metros, medio escondida entre los arbustos, había una tienda de campaña de la policía fronteriza de color verde grisáceo. Salté a los arbustos espinosos de la orilla y me agaché, para escuchar. Nada. No había visto a ningún policía. Pero aquí era fácilmente visible desde la carretera. Tenía que cruzar el río rápido.

Este era el punto de no retorno. Me habían deportado de Turquía por ser una amenaza para la seguridad nacional. Mejor ser un afgano indocumentado, al cual la policía solía dejar libre. Saqué una botella de *mastika* búlgara de la mochila, le di un trago grande y me dio una arcada; sabía a gasolina con anís. Saqué mi pasaporte, vertí el licor en un charco e intenté encenderlo, pero siempre se apagaba. Nervioso, empecé a cortar las páginas con el cuchillo y les prendí fuego directamente tras formar una pila. Me quedé mirando cómo las llamas ennegrecían los sellos de colores y las visas recortadas con papel de aluminio; los últimos años de trabajo como periodista. Pero había añadido demasiadas hojas a la vez. Estaban ardiendo sin llamas, sobre todo las gruesas cubiertas, y una columna blanca pendía sobre la carretera. Arranqué las páginas y, de una en una, las volví a introducir con los dedos chamuscados para que se quemaran bien.

La cabeza me daba vueltas por el humo y la *mastika*. Me quité los vaqueros y la camisa y, junto con la mochila, los metí en una bolsa de basura, en la que soplé aire antes de hacerle un nudo. Con la bolsa en la mano, caminé en ropa interior esquivando las espinas y recobré la compostura en la orilla del río. Levanté la bolsa por encima de la cabeza, la lancé lo más lejos que pude y, después, salté.

El agua estaba tan fresca que metí la cabeza, momento durante el cual todo estaba oscuro. Cuando salí a la superficie, levanté el saco y tiré de él para ponérmelo junto al costado. En esta parte, el Rezovo solo tenía veintisiete metros de ancho, y, cuando llegué al medio, donde la corriente era más plácida, me llenó los oídos un silencio parecido al que emitía un lago. Podía saborear el hierro del río; el agua era verde como los árboles de alrededor.

La orilla turca era más alta. Hice equilibrio sobre un tronco viscoso, lancé la bolsa hacia arriba y trepé tras ella por el barro hasta llegar a una oscura arboleda. Volví a ponerme la ropa.

Cuando miré de nuevo hacia el río, lo único que podía ver era un bosque vacío.

La luz estaba cambiando de color. Consulté el reloj; eran las cinco. Mi plan era esconderme hasta que saliera la luna y después caminar hasta Igneada, un pueblo costero, desde donde salía un autobús hacia Estambul por la mañana. Encontré un lugar detrás de un árbol caído y me tumbé.

Mi respiración y los latidos de mi corazón regresaron al punto de partida. Los sonidos del bosque volvieron en capas de grillos y cantos de pájaros. Una ardilla se movió por un tronco y me gruñó. Oí el latido de una perdiz en lo alto, la llamada de un somorgujo y lo que parecía un zorro enloquecido. Los trozos de cielo se oscurecieron entre las hojas y se volvieron indistintos. Sentí que mis extremidades se hundían en la tierra. Cuando cerré los ojos, pude ver cómo las llamas consumían mi pasaporte.

Me sobresalté; algo había crujido cerca de mi oreja. Pensé que había sido la ardilla, pero entonces oí un maullido inconfundible. Me levanté de golpe, abriendo la boca a ciegas. ¿Un gato en este sitio? Estaba tan oscuro que no podía verme las manos. Busqué a tientas un palo que había encontrado antes y me lo puse contra el pecho. Debía de estar soñando. ¿O estaría perdiendo la cabeza?

La oscuridad era como una pesada colcha. Los animales también yacían bajo ella. Mientras permaneciera en el bosque, nadie me encontraría. El tiempo se redujo a un solo punto. Mi última visita a Bulgaria había tenido lugar ocho años atrás, cuando me quedé tirado haciendo *autostop*, tuve que pasar la noche en un terreno y me desperté mojado por el rocío. En aquellos días aprendí a dormir sin comodidades. Cuando llegué a Afganistán ese mismo otoño, fui a visitar la antigua ciudad de Balkh, de donde era originario el místico Rumi. La noche anterior había fumado demasiado hachís con los chicos del Hotel Aamo y me había retirado a mi habitación, presa del pánico. No obstante, a la mañana siguiente, me subí a una furgoneta suburbana en Mazar, vestido con mi nueva túnica, y los otros pasajeros no me miraron dos veces.

Los griegos conocían a Balkh como Bactra, que había sido rival de Babilonia en su día. Alejandro Magno se casó con una princesa local, Roxana, en su camino a la India. A principios del siglo XIII, Rumi se adelantó al ejército de Genghis Khan y emigró a Anatolia, donde el maestro sufí enseñaba *fana*, «aniquilación», un estado en el que el ego y el mundo transitorio quedaban eliminados, dejando solo la esencia divina. «Volved de la existencia hacia la inexistencia, si buscáis y pertenecéis al Señor»[136], escribió.

Me bajé en la aldea que había cerca del yacimiento arqueológico y caminé hacia la misma meseta donde había predicado el profeta Zaratustra. El tiempo había borrado la ciudad; solo quedaba un vasto anillo de tierra levantada allí donde estuvieron las murallas.

«Desprecia todo lo que perciben los sentidos y hace su trono sobre lo invisible».

Más tarde, adormilado por el calor, encontré un parque en el que algunos obreros estaban echándose la siesta. Quise desaparecer; me tumbé en la hierba y me dormí con el sol en la garganta.

«Su amor se manifiesta y la persona a la que ama se oculta».

En el mito de la Creación, el conocimiento es el exilio. Aprendes que no puedes volver por donde has venido. Cuando vi la pobreza y la guerra por primera vez en aquel viaje, me afectó el sufrimiento de los demás, pero solo después comprendí que también sentía pena por mí mismo por tener que vivir en un mundo así.

«El rostro que amaste; ¿por qué te cansaste cuando la juventud huyó?».

Cuando el quebrantamiento del mundo se parece al nuestro, buscamos algo que lo repare. Pero yo había perdido mi fe y me sentía desvinculado de la historia; pensaba que estar presente con la gente era la única solidaridad que podía ofrecer.

«Si se pudiera percibir a la persona amada, todo el mundo conocería el amor».

Ahora estaba solo en un desierto. Este viaje con Omar se había estropeado tanto que ya no entendía lo que estaba haciendo. Estaba cansado y tenía un mal presentimiento sobre lo que se venía. Pero no podía quedarme en el bosque. La gente me esperaba.

Una mancha amarilla apareció en el tronco frente a mí. Me giré y, a través de las ramas, vi cómo salía la escabrosa luna. Me quedé sentado una hora más y luego me puse en marcha, bastón en mano. La luna estaba casi llena y brillaba como un farol, y los árboles dejaban charcos negros al borde de la carretera.

Había casi veinte kilómetros hasta Igneada. Pasada la medianoche, me detuve a descansar en una cresta orientada al sur, desde la cual podía ver las luces de la ciudad entre la oscuridad del mar y el campo. Tardé una hora más en llegar a las afueras, donde unos cuantos sabuesos ladraban con desgana. Tiré el bastón. Un puente largo cruzaba un estuario, y al otro lado había un *camping*, en su mayoría desocupado. Me senté bajo un árbol, temblando. Solo llevaba una camiseta y una cazadora. La hora previa al amanecer siempre era la más fría.

A primera hora, crucé el camino hacia la playa. Una orilla de color carmesí se ensanchó y se fundió.

Cielo rojo por la mañana, los marineros quedan advertidos, canté mientras caminaba hacia el pueblo.

Igneada era un triángulo de tiendas de kebab y hoteles en el que la carretera interior se encontraba con la carretera de la costa. En la estación de autobuses pedí, en una mezcla entre turco e inglés, un billete para Estambul. La agente quería mi *kimlik*, un documento de identidad. Me encogí de hombros, y ella me estudió durante un momento antes de sacar el billete.

Comí un plato de sopa de lentejas en una de las tiendas y luego me senté en una cafetería con vistas al aparcamiento de autobuses, fumándome un cigarro detrás de otro y dándole pequeños sorbos ardientes al té. Un camión de la Jandarma se dirigió a la taquilla y dos policías se bajaron y entraron. La agente debió de haberlos llamado. No había ningún lugar al que huir. Intenté prepararme para lo que iba a ocurrir a continuación. La mujer saldría y me señalaría. Me sentaría lo más tranquilo posible mientras que los agentes se acercaban y me pedían la documentación. Era un afgano indocumentado, un refugiado, un *mülteci*. Me detendrían. Pasara lo que pasare, no hablaría inglés.

Maryam ya debía de haber rezado sus oraciones del amanecer, por lo que también nos había leído a Omar y a mí el Ayat al Kursi, el famoso «Verso del trono» del Corán. Una vez me explicó que su poder era capaz de crear muros de protección alrededor de un ser querido, más transparentes que el aire y más fuertes que el acero. La simetría del verso la condujo a través de los atributos de la divinidad, del único Dios verdadero, que existe eternamente en sí mismo, al que el sueño no puede alcanzar, al que pertenecen todas las cosas en el Cielo y en la Tierra, cuya voluntad sostiene el universo, que sabe lo que está por delante y lo que está por detrás, pues nada puede pasar si no es su voluntad, cuyo trono se extiende para siempre, conservado sin esfuerzo, por el más alto y más grande Dios.

Los policías se fueron. Los vi alejarse y me desplomé en la silla. Un grupo de pasajeros se reunió en el aparcamiento y, cuando empezaron a subir, pagué el té, me acerqué y enseñé mi billete.

Llegamos a Estambul por la tarde. Vi cómo las colinas daban paso a fábricas y centros comerciales y comencé a sentirme mejor. Estaba fuera de peligro y no en la cárcel. No obstante, corría el riesgo de perder el rumbo. Tenía que volver con Omar. Me prometí que no volveríamos a separarnos.

Desde la estación de autobuses de Estambul, fui en un taxi hasta la dirección que me dio Maryam y subí al segundo piso. La puerta estaba abierta de par en par; cuando llamé, su hermana Farah apareció en el vestíbulo.

—¿Puedo ayudarlo? —preguntó, y luego, al reconocerme, se rio.

9

Aún no había ni rastro de Omar ni de Malik en Estambul. Lo último que supo Maryam fue que estaban en un piso franco en el lado iraní de la frontera y que estaban a punto de cruzar las montañas. Tenían los móviles apagados, así que lo único que podíamos hacer era esperar.

La familia había alquilado un apartamento de tres habitaciones sobre un bloque de talleres clandestinos en Zeytinburnu, un barrio obrero del oeste de Estambul. El padre de Omar tenía una habitación para él solo, mientras que Maryam, su sobrino adolescente Suleyman, Farah y una de sus amigas de Kabul, Shireen, compartían las otras dos, las cuales habían amueblado al estilo afgano, con almohadas y alfombras en el suelo. Por las noches se reunían en la sala más grande para ver películas de Bollywood.

Aquella primera noche, durante la cena, mientras nos sentábamos alrededor de un mantel extendido sobre la alfombra, les conté que había tenido problemas a la hora de entrar en Turquía, por lo que entré al país cruzando un río a nado. Les expliqué que una vez que Omar llegara, ambos nos iríamos juntos a Europa con contrabandistas. Mientras tanto, les pedí que mantuvieran en secreto mi verdadera identidad; a partir de ahora, era un afgano llamado Habib.

—Habib. Es un buen nombre —dijo Maryam con una sonrisa, y los demás asintieron.

No hicieron ninguna pregunta y no supe qué más decir. Tal vez habrán supuesto que yo sabía lo que estaba haciendo, y confiaban en mis intenciones. La gente que había vivido la guerra y la persecución rara vez veía el mundo en categorías nítidas como «legal» o «ilegal». Mi llegada fue una distracción bienvenida frente al aburrimiento y al estrés de estar atrapados aquí en Estambul, en el umbral de Europa.

Durante el día, Jamal se mantenía alejado de Maryam y veía vídeos en su móvil metido en su habitación, mientras que Suleyman y Shireen —que, al igual que Farah, tenía veinte años— trabajaban en un restaurante cercano. Cuando Maryam se fue a rezar a la mezquita me quedé solo con Farah, que seguía buscando trabajo. Me habló de los meses que había pasado en Turquía antes de que llegara su madre, primero sola en Estambul y luego con Shireen en la ciudad de Eskişehir, situada en la región de Anatolia, a la espera de que la ONU atendiera su solicitud de asilo.

Farah, la menor de las dos chicas, tenía los pómulos anchos de su madre y un pelo largo y brillante que, ahora que había dejado de llevar el pañuelo, tardaba una hora para cepillárselo antes de salir. En Irán, su apodo de la infancia era *boshke-ye khanda*, «barril de risas», y aparentemente seguía siendo optimista, pero yo había visto la foto de perfil que tenía en WhatsApp y en Facebook: un corazón que sangraba y que estaba atravesado por flechas y la silueta de una chica abatida con las palabras ¿¿POR QUÉ YO?? encima.

Al igual que el resto de sus hermanos, Farah soñaba con emigrar a Occidente. Y, al igual que su hermano menor, Zia, aprobó el examen estandarizado de inglés con buena nota, pero solo había dinero suficiente para enviar al chico a estudiar al extranjero. Así pues, en lugar de eso, encontró un trabajo bien remunerado en Kabul con una ONG extranjera que impartía cursos de idiomas y empezó a ahorrar dinero con el pensamiento de que algún día pudiese necesitarlo para pagarle a un contrabandista, en el caso de que los talibanes llegasen a Kabul.

Entonces, conoció a Haris. Un año antes, cuando ella aún vivía en Afganistán, él le envió un mensaje por Facebook diciéndole que la había visto en el vídeo de la boda de un amigo. Al igual que su hermana mayor, Farah se mantenía escéptica en cuanto al matrimonio tradicional, pero le gustaba Haris, quien la hacía reír. Cuando, al final, accedió a conocerlo, vio que era tan guapo como en las fotos, con su espeso pelo peinado como Ahmad Zahir. El periodista, que vestía con trajes elegantes, empezó a llevarla al trabajo por las mañanas, y a menudo la obsequiaba con historias de gente poderosa a la que había conocido.

Ambas familias se alegraron cuando decidieron comprometerse. Sin embargo, la mañana siguiente a la fiesta, Haris se presentó en su casa llorando. Tenía que confesarle algo: no había sido sincero con ella. Farah sabía que tenía problemas económicos. La casa de cambio de su padre se había quemado y les debían mucho dinero a sus clientes. Haris le contó que había tenido una aventura con una mujer mayor y divorciada que le había prometido pagar sus deudas si huía con ella a Turquía. Pero el exmarido de la mujer, un antiguo comandante muyahidín, se había enterado. Él y sus secuaces secuestraron a Haris y lo golpearon hasta que juró no volver a ver a la mujer.

Según le dijo, todo esto ocurrió antes de conocer a Farah y ya se había terminado. Solo quería sincerarse con ella. Lo perdonó. Juraron que no habría más secretos entre los dos. Ella empezó a ayudarlo con unos doscientos dólares al mes, y pronto no le quedó nada que ahorrar a partir de su sueldo.

No pensaba con claridad por aquella época, como se daría cuenta Farah más tarde. Sus hermanos mayores podían burlarse, pero, al igual que sus padres, ella creía en la magia negra y en los hechizos que los magos podían tejer con mechones de pelo y trozos de carne *haram*. Ella misma había visto el *khar mohra*, la «cuenta de fayenza», de una amiga, un óvalo duro que se encontraba en el cerebro de ciertas bestias de Bangladesh. Podías equilibrar la cuenta en la yema del dedo y hacer un chasquido, como el que harías para llamar a un animal, y entonces empezaba a girar sola. Con el uso adecuado de un *khar mohra*, podías convertir a alguien en tu esclavo.

Todas las mañanas, de camino al trabajo, Haris le entregaba una botella de agua e insistía en que bebiera. Durante el resto del día, se sentía como si hubiera una gasa de algodón entre ella y el mundo. Haris la llevó un par de veces a ver a un siniestro mulá que recitaba conjuros mientras ella estaba sentada con la cabeza inclinada hasta que la habitación daba vueltas. Según le dijo Haris, eran hechizos de protección.

Farah ya no estaba llena de risas. Deprimida e irritable, no paraba de pelearse con su madre y con Omar. Incluso había dejado de ver a su mejor amiga Shireen, con quien jugaba al fútbol en la liga femenina de Kabul. Bajita, impulsiva, con los hombros anchos y con un corte de pelo *pixie*, era una de las mejores jugadoras, y todas las demás chicas querían ser amigas de ella, pero Shireen eligió a Farah como su amada. Lo compartían todo, bueno y malo; incluso se hicieron las mismas filas de cicatrices en los antebrazos. Cuando Farah dejó de llamarla, a Shireen se le rompió el corazón, pero supuso que Farah era demasiado feliz con su nuevo prometido como para pensar en ella. No obstante, un día se encontraron y Shireen se dio cuenta de lo triste que parecía estar su amiga. Miró la muñeca de Farah. ¿Qué había pasado con las pulseras de oro que siempre llevaba?

Avergonzada, Farah le pidió que le guardara el secreto y le contó que Haris estaba desesperado; decía que los acreedores de su padre lo estaban amenazando. Como ya le había dado su sueldo, había vendido las pulseras.

Con la ayuda de Shireen, Farah se dio cuenta de que Haris se estaba aprovechando de ella. La gota que colmó el vaso fue cuando él les compró a su madre y a sus hermanas unos vestidos nuevos preciosos para el Eid después de haber acordado con Farah que no se harían regalos entre ellos. Farah rompió su compromiso. Durante semanas, Haris le suplicó de forma lastimera que lo aceptara de nuevo con promesas de que nunca amaría a otra. La esperaba a la salida del trabajo y le enseñaba que se había grabado su nombre en el antebrazo con un cuchillo. Un día la obligó a subirse al coche y, mientras conducía, sacó su pistola y se la puso en la sien mientras juraba que se iba a suicidar.

Farah vaciló, y podría haber cedido ante él si no hubiera descubierto —a través de Facebook— que seguía viéndose con la exmujer del comandante. Cuando se lo contó a Shireen, su amiga la abrazó para consolarla.

—No puedo vivir sin ti —dijo Farah.

—Yo tampoco.

—Pero no puedo vivir aquí. Quiero escapar de esta vida.

Decidieron escapar juntas a Europa, donde podrían empezar de nuevo. Era a finales de 2015 y la frontera todavía estaba abierta. Lo único que tenían que hacer era llegar a Turquía y subirse a los pequeños barcos. Maryam, que se estaba preparando para irse, le dio a Farah algo de dinero, al igual que Omar; Shireen recibió ayuda de su familia. Le pagaron casi diez mil dólares a un intermediario que les prometió que les conseguiría visados turcos, a pesar de que el consulado estaba abarrotado. Sin embargo, después de varias semanas, el hombre solo había obtenido un visado para Farah.

Las chicas ya habían comprado los billetes de avión; Farah tenía que volar a Estambul por su cuenta antes de que su visado expirara. Se registró en un hotel barato para esperar a Shireen. Pero su visado turco nunca llegó. Al final, Shireen consiguió un visado iraní para poder volar a Teherán. Le mintió a su familia y le dijo que iba directamente a Estambul, porque sabía que nunca la dejarían cruzar las montañas hacia Turquía por su cuenta.

En las fronteras está concentrada la violencia, y las mujeres que las atraviesan de manera ilegal corren el riesgo de ser agredidas por contrabandistas, guardias y compañeros de viaje; es decir, están a merced de los hombres. La violación es el precio que algunas refugiadas pagan para escapar. Cuanto más dura es la frontera, mayor es el riesgo. A menudo se apela al perfil del típico inmigrante ilegal —un hombre joven y sano— para justificar los estrictos controles fronterizos, pero en realidad es una consecuencia de esas políticas. Para los pobres, la movilidad forma parte del privilegio masculino.

Y sin embargo Shireen, que se dejó el pelo bien corto, a veces se hacía pasar por un chico en Afganistán, por lo que, cuando llegó a Teherán, se cambió el vestido y el pañuelo por unos vaqueros y una camisa. Llegó a la mitad de las montañas antes de que su grupo se diera cuenta de que era una mujer. Entonces, sintió que los contrabandistas la vigilaban. El último día intentaron separarla del resto de los emigrantes con el pretexto de que era débil y que la montarían en un caballo, pero ella gritó y suplicó, y, al final, los otros afganos se unieron y se negaron a irse sin ella. Y así fue como llegó sana y salva a Estambul.

Las dos amigas se reunieron, pero el milagro había terminado. Era marzo y las fronteras en Europa se habían cerrado. No les quedaba suficiente dinero para que los contrabandistas las llevaran a Alemania. Una vez que el visado de Farah expirara, ambas estarían allí ilegalmente. Pero Farah tenía una idea. Había oído que la ONU estaba aceptando solicitudes de reasentamiento en Occidente. Si decidían que cumplías los requisitos, podías emigrar a un país como Estados Unidos o Canadá. No era fácil que te eligieran, pero creía que dos mujeres afganas solteras podían tener una oportunidad. Y mientras su solicitud era estudiada, las dos obtendrían un estatus legal temporal en Turquía. Se subieron a un autobús nocturno hacia la capital, Ankara.

Cada año, millones de personas huyen de sus hogares para escapar de la guerra. La mayoría no abandona su país, sino que se va a otra ciudad o a un campamento con la esperanza de volver pronto. Los que se ven obligados a salir al extranjero no suelen llegar muy lejos. Más de las cuatro quintas partes de los refugiados del mundo se alojan en países en vías de desarrollo, donde los mantienen las fronteras y la ayuda humanitaria de los países ricos. A este estanque de desplazados, Occidente le da sorbos medidos. De los más de veinte millones de refugiados que hubo en todo el mundo en 2015 [137], a unos cien mil los sacaron del limbo y los trasladaron a una vida nueva, la gran mayoría a Estados Unidos, Canadá y Australia. El reasentamiento es un gesto voluntario y humanitario —que contrasta con las obligaciones legales de un país en virtud de la Convención de Ginebra de 1951 para con los solicitantes de asilo que cruzan sus fronteras—, pero también funciona como un instrumento de poder blando [138] que ayuda a resolver las crisis regionales, como «una orilla abierta por una puerta abierta» lo hizo para los *boat people* de Vietnam. Además, los signatarios de la Convención que hacen casi imposible que los solicitantes de asilo lleguen a su territorio, como Australia, pueden señalar sus programas de reasentamiento como prueba de su compromiso de ayudar a los refugiados. El derecho de asilo se convierte en el privilegio del reasentamiento. Sin embargo, aunque la solicitud se asemeja a una fila y, por tanto, los solicitantes de asilo se parecen a los que tratan de saltarse la fila, en realidad se trata más bien de una lotería.

En 1979, tras la guerra de Vietnam, Occidente reasentó a uno de cada veinte refugiados en todo el mundo [139]. En 2015, la cifra era de uno de cada doscientos. Pero las probabilidades reales de una persona dependen de su nacionalidad y del tercer país desde el que solicite el reasentamiento. Cuando Farah y Shireen partieron hacia Ankara en la primavera de 2016, Turquía acogía a la mayor población de refugiados del mundo, tres millones y medio de personas, entre los que se incluían sirios que habían huido de la guerra civil, afganos, iraquíes, iraníes y muchos otros. No obstante, ninguna de estas nacionalidades podía solicitar asilo permanente allí, ya que Turquía, por razones históricas, solo reconocía a los refugiados que venían de Europa, de los cuales no había prácticamente ninguno. Aun así, por aquel entonces Turquía, con su gran economía informal y su policía indulgente, era un lugar relativamente acogedor para los inmigrantes. El gobierno les proporcionó protección temporal a los sirios; en el caso de otras nacionalidades, durante mucho tiempo Turquía delegó el proceso en el Alto Comisionado de las Naciones Unidas para los Refugiados, teniendo en cuenta que a aquellos a los que se les concediera el estatus se los acabaría reasentando fuera del país, y durante años así fue. Pero ahora el sistema se estaba rompiendo bajo el peso de las nuevas llegadas, a raíz de las guerras que convulsionaban la región [140].

Entre 1995 y 2010, la oficina del Acnur en Turquía reconoció a más de treinta y cinco mil iraquíes e iraníes como refugiados y los reasentó a casi todos en Occidente [141]. Las solicitudes de afganos, en cambio, se habían acumulado, pues a los países de destino no les interesaba reasentarlos. En 2013, ante la afluencia de afganos, la ONU dejó de registrarlos. Después de que la gente se cosiera la boca y mantuviera una huelga de hambre en la oficina de asilo [142], el proceso se reabrió, pero el retraso siguió aumentando a medida que los afganos iban llegando a Ankara para contar sus historias.

Con el hombro apoyado en Shireen, Farah viajó en autobús durante toda la noche, pensando en la entrevista que le esperaba, y preguntándose qué palabras les podrían abrir una puerta a una nueva vida a ella y a su amiga.

«En un campo de refugiados, las historias lo son todo», escribió Dina Nayeri[143], que huyó de Irán cuando era niña. «Cada día de su nueva vida, al refugiado se le pide que se diferencie del oportunista, del inmigrante económico».

Era temprano cuando Farah y Shireen llegaron a Ankara, pero para cuando encontraron la oficina de asilo ya había una larga fila fuera. La mayoría de la gente era afgana e iraní y, rodeada de conversaciones en persa, Farah no dejaba de oír que decían en inglés la palabra *caso*. Al final de la fila había un joven afgano bien afeitado con un niño en la cadera. Se saludaron y luego, mirándola, le preguntó:

—¿Cuál es tu caso?

Farah sabía que un caso era una historia que respondía a una pregunta: «¿Por qué te fuiste?». Tendría que contárselo a un extraño que decidiría si era o no una verdadera refugiada. Pero ¿qué contar? Una sola historia no puede contener toda una vida.

«No es la voz la que manda en la historia, sino el oído», escribió Italo Calvino[144]. Según la definición de 1951, un refugiado es alguien que huye de la persecución por motivos de «raza, religión, nacionalidad, pertenencia a un determinado grupo social u opiniones políticas». Cuando el Acnur determinaba el estatus de refugiado[145], el entrevistador buscaba una historia coherente y creíble que demostrara un «temor fundado de ser perseguido» a «nivel individual». La guerra y otras desgracias colectivas no eran suficientes. Entre los trabajadores de las ONG en Turquía se sabía que los afganos tenían problemas para contar la historia correcta debido a las normas culturales de modestia, así como a su falta de educación. Por ejemplo, un agricultor afgano analfabeto que había escapado del campo controlado por los talibanes, en el cual sus hijos estaban sujetos al reclutamiento forzoso, y cuyo pueblo era objeto de ataques aéreos, podía decir que la razón por la que él y su familia habían huido, la gota que colmó el vaso, fue que la cosecha había fracasado y no había nada que comer, es decir, por razones económicas. Según un proverbio afgano, «todo dolor pasa, excepto el dolor del hambre».

La respuesta correcta a la pregunta de por qué te fuiste era: «Porque me obligaron. Porque no tuve elección». Pero ¿qué significa ser libre en nuestro mundo? El refugiado es la imagen negativa de la libertad; ilustra la historia de progreso que nos contamos a nosotros mismos.

Aunque la definición de 1951 se creó para el disidente comunista, su aplicación ha evolucionado desde el final de la Guerra Fría. En cierto sentido, su alcance se ha ampliado, ya que los tribunales occidentales han llegado a aplicarla a la persecución por motivos de género y condición sexual. Sin embargo, la protección de la Convención le ha sido concedida a un porcentaje cada vez menor de solicitantes a medida que el número de las peticiones de asilo ha ido creciendo, en virtud de la ley más básica de la oferta y la demanda. Por ejemplo, tras multiplicar por ocho las solicitudes en Suecia desde 2015 hasta 2017[146], la tasa de aceptación de afganos cayó del 74 % al 38 %. Se volvieron la mitad de dignos.

Como mujeres afganas solteras, Farah y Shireen habrían tenido prácticamente garantizado el asilo si de alguna manera hubieran llegado a suelo canadiense[147]. Habrían tenido buenas oportunidades en muchos países de la Unión Europea y en Estados Unidos, pero aquí, en Ankara, competían por un número ínfimo de plazas de reasentamiento. A menos que tuvieran una historia extraordinariamente convincente, sus posibilidades eran nulas.

Farah tuvo una vaga idea y, en su mente, su exprometido había pasado de ser un acosador abusivo a un temible comandante talibán con el que su familia había intentado obligarla a casarse y que ahora quería asesinarla para vengar su honor. Cuando le contó su caso al joven afgano que estaba esperando al final de la fila, este negó con la cabeza.

—Eso no basta.

—¿Por qué no? —inquirió Farah.

—¿Ves a esos iraníes? —El hombre señaló hacia el frente, donde un grupo se había reunido en torno a un chico que había salido de la oficina sonriendo, como si hubiera escuchado buenas noticias—. Todos van a Canadá o a Estados Unidos. Y los únicos casos que van allí son los cristianos o los homosexuales. —Miró a Shireen—. Te daré un consejo de amigo. Si quieres ir a Canadá, deberías ofrecer un caso referido a lesbianas.

Farah y Shireen se miraron y se rieron, pero a medida que la fila avanzaba meditaron sobre la sugerencia del hombre.

—¿Y si esta es la única forma que tenemos de ir? —preguntó Farah.

—¿Y si así nos mandan juntas? —dijo Shireen—. Vamos a intentarlo. Por favor.

En el último momento, al llegar al frente, Farah aceptó. Las llamaron por separado para una breve entrevista preliminar. Farah entró primero, sintiéndose mareada mientras seguía a la empleada iraní a través del pasillo. Decidió combinar las historias, y la mujer asintió con displicencia a su relato de compromiso forzado —debe haberlo oído antes—, pero, cuando Farah dijo que era lesbiana y que estaba aquí con su pareja, la funcionaria se reanimó. Llamó a un compañero para consultarlo, y Farah mencionó el término «LGTB». Pensó que quizá funcionaría.

Shireen tuvo una experiencia similar. Por suerte, el personal no había pedido muchos detalles. Además, al verlas, no eran la pareja más inverosímil. Farah iba vestida como la típica chica afgana, pero Shireen seguía llevando ropa de hombre en Turquía.

Le gustaba que la confundieran con un hombre, con su pelo corto, su cazadora de cuero falsa y su arrogancia. Y definitivamente no estaba interesada en los chicos, como Farah. La verdad era que la interpretación que Shireen hacía de su género no encajaba con las ideas tradicionales, y en su país eso habría traído problemas.

Ahora que Farah y Shireen habían presentado su solicitud a la ONU, el gobierno les permitía vivir en Turquía hasta que se resolviera su caso, pero solo en la ciudad específica que se les asignaba; por regla general, los solicitantes de asilo quedaban excluidos de metrópolis como Estambul y Esmirna. La ONU las envió a Eskişehir, una ciudad universitaria arbolada situada en el centro de Anatolia. A los afganos en general no se les permitía quedarse allí, pero a Farah y a Shireen se las consideraba «vulnerables»; si bien es cierto que no está mencionado en la Convención de 1951, la ONU y los países de acogida utilizan hoy en día esta condición de vulnerabilidad [148], basada en factores como la salud, la identidad y el grupo social, para dar prioridad a los refugiados en cuanto a servicios y a reasentamiento. El antropólogo Didier Fassin sostiene que esta lógica humanitaria es el resultado de «una nueva economía moral que valora más el sufrimiento que el trabajo, y la compasión más que los derechos» [149]. Las sociedades postindustriales ya no desean la mano de obra de los inmigrantes, sino que ahora deciden entre los solicitantes por motivos de caridad. Cuando Theresa May, entonces ministra de Interior del Reino Unido, abogó por no permitir la entrada de solicitantes de asilo, los condenó como los «más ricos, afortunados y fuertes» [150].

Farah y Shireen llegaron a Eskişehir sin tener ni idea de dónde se iban a alojar, pero un chico iraní al que conocieron en el parque se ofreció a ayudarlas, y en pocos días encontraron un apartamento y trabajo lavando platos en la calle Bar, un callejón peatonal que se llenaba de estudiantes los fines de semana.

Los demás refugiados de Eskişehir a los que conocieron eran todos iraníes; algunos, como las camareras del trabajo, fueron groseros con ellas porque eran afganas, pero otros fueron bastante amables, como el chico del parque. A pesar de que Irán no estaba afectado por la guerra civil, los iraníes tenían más posibilidades de ser reasentados que Farah y Shireen, ya que su gobierno era represivo y enemigo de Occidente. Algunos de los refugiados eran seguidores de Jesús; pese a que Irán tenía una comunidad cristiana tradicional, la conversión era ilegal para los nacidos musulmanes. Los grupos de misioneros occidentales estaban activos entre los refugiados en Turquía[151]; si te bautizabas, no tenías que cruzar el agua hasta Grecia. Pero se decía que las lesbianas, los gays y las personas trans iraníes eran los que más rápido se reasentaban, como el mulá que celebró matrimonios secretos entre personas del mismo género[152] y que apareció ese verano en la BBC después de haber huido de su país. A Farah le hablaron de un abogado en Ankara que, por unos honorarios de varios miles de dólares, podía prepararle a cualquiera un «caso de oro» en la ONU.

La primavera pasó mientras Farah y Shireen esperaban la llamada telefónica que lo cambiaría todo. En mayo, Maryam voló a Turquía con Suleyman y se reunió con las chicas. Pero a Maryam no le gustaba Eskişehir. Su apartamento estaba en un bloque de viviendas aislado, sin tiendas cercanas, y la parada de autobús quedaba a veinte minutos a pie, una tortura para sus rodillas ahora que su diabetes empezaba a hacer acto de presencia. No había nadie con quien Maryam pudiera hablar en su propio idioma; se sentía como si fuera sorda y discapacitada. En la mezquita, las mujeres de la zona se sentaban separadas de ella. Maryam no tardó en hacer infeliz a Farah.

—¿Por qué me has traído aquí?

—¡Yo no he hecho nada! ¡Viniste tú!

Más tarde, Farah se enteró de que su padre estaba de camino desde Kabul. El apartamento de Eskişehir era demasiado pequeño, y sus padres no soportaban estar juntos en la misma habitación. Maryam quería ir a Estambul, donde había otros afganos y donde podían contactar con contrabandistas. Ya habían aprendido que la policía no molestaba a los inmigrantes indocumentados si se mantenían en su sitio. Farah y Shireen lo hablaron. Si dejaban Eskişehir, la ONU podría anular su solicitud de reasentamiento. Pero llevaban meses sin saber nada, incluso cuando sus conocidos iraníes habían conseguido que los entrevistaran en las embajadas. Se suponía que Omar vendría pronto de Afganistán y seguramente hallaría la manera de que todos se fueran a Europa. Así, pues, en junio, recogieron sus pocas pertenencias y se subieron al autobús rumbo a Estambul, donde, tres meses después, yo llegaría a su puerta.

10

Poco después de que me detuvieran en el aeropuerto de Estambul, Omar y su amigo Malik abordaron un vuelo nacional de Kabul a Herãt y luego un taxi hasta la frontera iraní. Tras presentar sus visados de turistas, siguieron hasta la ciudad de Mashhad y pasaron una noche en un hotel cercano al Santuario del Imán Reza, el cual atrae a unos veinte millones de peregrinos cada año.

A la mañana siguiente emprendieron un viaje de diez horas en autobús hacia Teherán. Era el Eid al Adha, la celebración islámica del salto de fe de Abraham, cuando el ángel le clavó el cuchillo. La festividad duraba varios días repletos de banquetes y de visitas familiares, y su contrabandista les dijo que tenían que esperar a que terminara para poder continuar. Para pasar el tiempo, Omar paseó por el parque con Malik, maravillado ante lo moderna que parecía la metrópolis en comparación con las visitas que había hecho durante su exilio infantil. Se fijó en las parejas jóvenes que estaban sentadas juntas, al parecer sin miedo a la policía religiosa. Qué dulce era pasear por la noche con la persona amada. Si Laila estuviera aquí, le compraría un cucurucho de helado. Impresionado por lo barato que era todo, compró unos enormes para él y para Malik y, para cenar, comió dos sándwiches de pollo de medio metro de largo.

Nadie los molestó. Pasaban por iraníes gracias a su piel clara y a sus ojos redondos, y Omar todavía sabía hablar el dialecto shirazi de su juventud. Además, tenían visados en los pasaportes. Había unos tres millones de afganos en Irán[153], y su situación variaba tanto como la de los mexicanos en Estados Unidos. No todos eran ilegales como los chicos escuálidos que Omar veía en las esquinas vendiendo baratijas y chicles, marcas que recordaba bien.

Al atardecer, en el cálido aliento del camino iré;
a pie vine, a pie iré.
El hechizo del exilio se romperá esta noche.
Y el mantel, que estaba vacío, se doblará.

Mohammad Kazem Kazemi, refugiado afgano y destacado escritor, publicó su poema «Bazgasht»[154]—«regreso»—, en el Irán de los años noventa, como una amarga despedida ante una partida imaginaria. Ampliamente leído, el poema provocó un momento de reflexión entre los intelectuales iraníes en cuanto al destino de los afganos en su entorno, los refugiados que habían sido acogidos en los primeros días de la Revolución Islámica de 1979, el mismo año en el que los soviéticos invadieron Afganistán. Sin embargo, cuando el ayatolá Jomeini falleció una década después, su «islam sin fronteras» se convirtió en un régimen islámico en un solo país, en el cual los refugiados afganos eran cada vez menos bienvenidos[155]. Se les revocó el derecho a circular y a trabajar libremente[156]; se los restringió a ciertas profesiones, en su mayoría insignificantes, y tenían que solicitar permiso para viajar dentro del país. A la «basura afgana» se la culpó de crímenes y enfermedades, fue objeto de redadas de inmigración y se la deportó en masa a su país devastado por la guerra. Sin embargo, su mano de obra seguía siendo objeto de deseo[157], y cada año cientos de miles de inmigrantes viajaban ilegalmente desde Afganistán, creando una mano de obra precaria y rentable para los desguaces y la obra en Irán, las granjas y los mataderos.

Y esas noches del Eid en tu patio, ¡vecino!
¡No oirás los sonidos del llanto, vecino!
El forastero sin dinero se irá.
El niño sin una muñeca se irá.

Hubo algunos iraníes que se solidarizaron con los inmigrantes, voces que se hicieron más fuertes en momentos de tragedia, como cuando un hombre de la zona pudo violar y matar al menos a cuarenta y tres niños refugiados antes de que la policía lo atrapara, pues desaparecieron sin que hubiera mucho alboroto. No obstante, las leyes de inmigración de Irán se volvieron más estrictas; en 2004, el gobierno prohibió la entrada de refugiados afganos en la mayoría de las universidades y escuelas. Unos días antes de la llegada de Omar a Teherán, las autoridades de Shiraz habían exhibido a los inmigrantes ilegales en jaulas en un parque. Ante la posibilidad de ser deportados a un país que nunca habían conocido, muchos afganos nacidos en Irán optaron por ir a Occidente. Cuando el año anterior se abrió la frontera en Europa, un flujo constante se convirtió en un torrente cuando familias enteras se desarraigaron y se dirigieron a la frontera con Turquía con la finalidad de cruzar las montañas a pie.

Después del Eid, el contrabandista recogió a Omar y a Malik en una furgoneta y condujo unos ochocientos kilómetros hacia el noroeste hasta llegar a un piso franco en las afueras de Maku, cerca de la frontera. Si tenían suerte, la travesía solo duraría uno o dos días, pero tenían que atravesar a pie los montes Zagros. El invierno anterior, el súbito aumento de migrantes hizo que los contrabandistas utilizaran pasos más elevados para evitar el hacinamiento, y aquellos que habían cruzado contaban historias de cadáveres congelados junto al camino, de familias obligadas a abandonar a los ancianos en una nieve que les llegaba hasta la cintura, o el drama de una joven madre que, huyendo de la policía, tropezó y se le cayó el bebé por una grieta.

A las cuatro de la mañana, los contrabandistas los despertaron y subieron la montaña en la oscuridad; en el camino pararon para recoger a dos clientes pakistaníes. Cuando los dejaron, siguieron el rastro hasta encontrar a un grupo de inmigrantes que los estaban esperando custodiados por hombres con pistolas en el cinturón.

Los contrabandistas eran kurdos, de un pueblo dividido en cuatro países. Los Zagros formaban la antigua y porosa frontera entre los imperios otomano y persa, pero los franceses y los británicos cortaron las líneas entre Turquía, Irak y Siria tras la Primera Guerra Mundial. Durante el sangriento siglo que siguió, colocaron minas y militares en las fronteras, pero el tráfico continuó al otro lado [158]: gasolina y cigarrillos, casetes y periódicos prohibidos, y también fugitivos de *vendettas*, golpes de Estado y genocidios, traídos por los *qaçaxçi*, los contrabandistas que eran los proveedores en muchos pueblos de las montañas. No obstante, fue el opio afgano el que convirtió a los contrabandistas en reyes. En los años ochenta, sus laboratorios de heroína empezaron a abastecer a Europa a través de Bulgaria [159], cuya mafia les vendía armas a los kurdos a cambio; hoy, una de las principales rutas de tráfico todavía atraviesa estas montañas.

Omar y Malik se acurrucaron para entrar en calor mientras esperaban a más emigrantes, hasta que su grupo fue de unas ochenta personas. La mayoría eran pakistaníes, jóvenes que llevaban zapatillas de deporte y mochilas; habían llegado a Irán a través del desierto del sur y llevaban semanas viajando. Cuando hubo luz suficiente para ver, siguieron a los contrabandistas en fila india a través de colinas rojizas salpicadas de arbustos y rocas irregulares, por un camino bordeado de paquetes de cigarrillos aplastados. De vez en cuando, los emigrantes se detenían para hacerse *selfies*. Abajo, la niebla del valle brillaba con la luz de la mañana.

Tras dos horas de duro ascenso, llegaron a una cresta y miraron hacia abajo, a un estrecho valle. A lo largo de este había una carretera con alambre de púas en la tierra. Era la frontera turca. Los contrabandistas les dijeron que se sentaran y esperaran mientras enviaban a un explorador. Después de media hora, el hombre volvió gritando:

—¡Corred! ¡Policía!

Cuando volvieron a subir la ladera, los soldados turcos giraron la curva corriendo. Malik, veloz, estaba cerca de la parte delantera del grupo y supuso que Omar estaba detrás de él. Cuando oyó el chasquido de los disparos, se encogió y miró hacia atrás, y vio, abajo, un grupo más lento de emigrantes con las manos en alto, rodeados por las armas de los soldados. Omar estaba entre ellos; alzó la vista, vio a Malik y agitó las manos.

—¡Vete!

Tres turcos, con sus voluminosos rifles en la mano, estaban subiendo hacia Malik, por lo que huyó hacia arriba. En la cresta, los contrabandistas estaban de pie con piedras en las manos.

—*Allahu akbar!*

Lanzaron las piedras contra los soldados, que se detuvieron para protegerse, lo que les dio tiempo a los clientes restantes para escapar.

Omar vio cómo Malik desaparecía por la cresta. Los tres soldados bajaron; a uno lo había golpeado una piedra y estaba diciendo palabrotas. Los turcos hicieron marchar a sus cautivos de vuelta a la carretera y pasar por encima de la alambrada, hacia su propio territorio, donde el resto de la patrulla esperaba junto a un vehículo blindado Cobra. Pusieron a los emigrantes en fila.

—*Türkçe? Türkçe?* —gritó uno de los soldados. Como los cautivos permanecieron en silencio, volvió a intentarlo—. ¿Inglés?

—Yo hablo inglés —respondió Omar.

—¿Afgano? —preguntó el hombre.

—Sí. —El soldado señaló al resto del grupo—. Pakistaní —dijo.

Los turcos obligaron a los emigrantes a extender los brazos ante ellos. Un soldado tomó un cable metálico trenzado, otro un trozo de tubo de plástico, y recorrieron la fila azotando a sus prisioneros en el brazo y en el pecho. Cuanto más gritabas, más te golpeaban.

—¿Pakistán? ¿Pakistán? —gritaban los soldados—. ¡Turquía, no! ¡Turquía, no!

—¡Turquía, no! ¡Turquía, no! —repetían los emigrantes, pidiendo clemencia en urdu.

Cuando llegó el turno de Omar, intentó permanecer en silencio mientras los punzantes golpes aterrizaban sobre sus brazos. Pasaron a la siguiente víctima. Después, los soldados los cachearon y les quitaron el dinero y los móviles. Omar era el único que llevaba pasaporte, y el jefe de la patrulla se acercó a mirarlo.

—¿Visado turco? —preguntó el hombre. Omar negó con la cabeza—. ¿Visado de Irán? —Asintió con la cabeza—. ¿Por qué Turquía?

—Madre Estambul, padre Estambul —contestó.

El soldado se fijó en el amuleto que llevaba al cuello, el que había comprado en Nimroz, y lo tomó entre los dedos. Tenía el «Verso del trono» escrito en él.

—¿Corán? —inquirió.

Omar asintió. El hombre le devolvió el pasaporte.

Los soldados los condujeron más adelante por la carretera, donde se detuvo un minibús. Un hombre vestido de civil se bajó y habló brevemente con el comandante antes de agitar el brazo hacia el lado iraní. Los soldados colocaron una tabla sobre el rollo de alambre para que pudieran cruzarlo a pie y luego echaron a los emigrantes con patadas y palabrotas.

Omar y los demás corrieron hasta que los soldados los perdieron de vista y luego comenzaron a subir de nuevo hacia Irán. Finalmente, vieron un puesto fronterizo iraní a la distancia. Omar, que hablaba algo de urdu, dijo que debían subir a las montañas, pero otros querían entregarse. Al final, solo dos de los pakistaníes lo acompañaron.

Ya era mediodía y hacía un calor sofocante mientras luchaban por las rocas escarpadas. Omar se preguntó si habría cometido un error. Podían ser secuestrados por contrabandistas rivales o morir de sed. De repente, oyó una voz que hablaba desde arriba.

—¿Los viajeros de quién sois?

Era un contrabandista.

—¡Los viajeros de Musa! —gritó Omar.

El hombre les dijo que siguieran subiendo y los condujo de vuelta al grupo. Malik corrió y lo abrazó.

—No puedo más, Malik —dijo Omar. Se sentó, jadeando por el cansancio—. Voy a volver.

—No hay vuelta atrás. Tenemos que seguir avanzando.

El cruce les costó varios intentos. Los emigrantes y los contrabandistas descendieron al valle y los soldados turcos los persiguieron de nuevo, pero esta vez todos consiguieron escapar de vuelta a Irán. A última hora de la tarde, el vigía informó que la patrulla había regresado a la base. El grupo bajó y cruzó la alambrada. Los contrabandistas gritaron para que empezaran a correr. Tenían que llegar al otro lado del valle. Omar subió a trompicones por la ladera rota de rocas negras, con sus pulmones de fumador a punto de explotar. Cuando tropezó, Malik recogió su mochila y juntos subieron hasta que llegaron a la cima y se desplomaron.

A esas alturas, su grupo estaba en mal estado. Muchos de los emigrantes habían perdido sus mochilas al huir de los soldados y a nadie le quedaba agua. Impulsados por los contrabandistas, siguieron arrastrando los pies por las curvas, aturdidos, hasta llegar a una meseta árida. A lo lejos se veían casas. Allí, los contrabandistas kurdos iraníes los entregaron a un grupo de lugareños. Al atardecer, llegaron a un pueblo. Y al anochecer los llevaron en coche a la ciudad de Doğubayazıt. Ahora que estaban dentro de Turquía, sus contrabandistas estaban menos preocupados por la policía, que en la mayoría de los casos hacía la vista gorda ante el paso de los inmigrantes. El contrabando era el mal menor cuando estaba en juego la seguridad nacional. El verano anterior, la distensión entre los rebeldes kurdos y el gobierno había fracasado, y el ejército había relanzado su campaña de contrainsurgencia[160]. En las montañas alrededor de Doğubayazıt, donde el pico nevado del monte Ararat era visible en un día despejado, las unidades turcas operaban con milicias progubernamentales, algunas de ellas vinculadas a bandas de contrabandistas.

El piso franco era un edificio de una sola planta amueblado con alfombras y mantas sucias, y con un inodoro turco fétido. La puerta del edificio estaba cerrada y vigilada por un kurdo con una pistola. Hasta que los emigrantes no pagaran su viaje, eran prisioneros. Cuando Omar se puso en contacto con Maryam por teléfono, esta rompió a llorar de alivio. Le dijo a su madre que llamara a su amigo de Kabul, quien transferiría el dinero que había puesto en fideicomiso. Ahora solo tenían que esperar a que los kurdos del piso franco recibieran su parte.

¿Y si no pagaban? Había tres chicos allí que estaban retenidos como trabajadores en régimen de servidumbre, cocinando y limpiando, hasta que sus familiares consiguieran el dinero. Podías intentar escapar rompiendo una ventana, pero te arrepentirías si te atrapaba un contrabandista rival. Las bandas no secuestraban a sus propios clientes, ya que eso era malo para el negocio, pero los migrantes extraviados eran un blanco legítimo. Los rescates por un afgano podían alcanzar miles de dólares, y si te mataban en las montañas nadie encontraría tu cuerpo.

Dos veces al día, a los clientes que habían pagado los llevaban en una furgoneta a la estación de autobuses y los enviaban al oeste. Cada noche, otros ocupaban su lugar, algunos de familias afganas que habían cruzado con niños pequeños, pero la mayoría eran jóvenes pakistaníes. Tenían menos posibilidades de obtener asilo en Europa que los afganos, pero incluso unos años de trabajo decente podían bastar para pagarse el viaje.

—Europa es rica —bromeó uno de los pakistaníes—. ¿Sabes que incluso en Atenas puedes ganar doscientos euros al día?

—¿De verdad? —inquirió Omar. Había oído que Grecia estaba pasando por una crisis económica—. ¿Cómo?

—Follando con cuatro hombres griegos. Te pagarán cincuenta dólares por cada uno.

Los otros se rieron.

Al igual que la guerra, la vida en el camino de los contrabandistas era, sobre todo, una espera salpicada de momentos de terror. Las largas temporadas en el piso franco eran uno de los sufrimientos principales. Allí estabas a merced de los contrabandistas para cubrir tus necesidades. En Doğubayazıt, lo único que les daban de comer era caldo con patatas y pan dos veces al día. La gente roncaba por la noche en una habitación abarrotada. Las cosas de Omar seguían desapareciendo. Mientras estaba en el baño, sus pantalones se esfumaron. Alguien le robó el champú. Una vez miró por la ventana y vio a un niño afgano —que había estado tocando su rosario y hablando de religión todo el tiempo— subiendo a la furgoneta con sus botas North Face originales. Omar aporreó la puerta cerrada y gritó, sin éxito.

Después de tres noches, los contrabandistas dijeron que su dinero había llegado, y los metieron a él y a Malik en la siguiente furgoneta. Para su sorpresa, Omar vio que el piso franco estaba a un tiro de piedra de la terminal de autobuses. Ya había un gran grupo de inmigrantes esperando allí; la policía no los molestó.

Como humillación final, los contrabandistas llenaron el autobús hasta más del doble de su capacidad, por lo que los inmigrantes tuvieron que turnarse para ir de pie en el pasillo. Aun así, en el largo viaje a Estambul pasaron los controles sin problemas, con el campo de Anatolia como paisaje, mientras Omar pensaba en el niño que una vez fue, vendiendo baratijas en la calle en Irán; en el hombre sin país en el que se había convertido; y en el amor que había dejado atrás, cuyo rostro lo mantenía en pie para que pudiera seguir adelante.

11

Maryam y yo observamos cómo Omar y Malik, delgados y bronceados, se abalanzaban sobre el plato de huevos, pimientos y tomates que ella había preparado. Con el altavoz, Omar estaba narrándole a su hermano de Suecia el calvario que había pasado.

—Olvídalo, Khalid *jan*, no nos queda nada —dijo, dándole vueltas al pan en la sartén—. Nos golpearon, nos robaron el dinero… No, los turcos… Sí, nos dieron una paliza, ya te lo contaré en otro momento. ¿Cómo estáis? ¿Qué tal está el pequeño?

Maryam me sonrió y yo le devolví el gesto. Empezaba a sentirme esperanzado con nuestro viaje ahora que estábamos reunidos. No obstante, teníamos que averiguar cómo íbamos a avanzar.

Más tarde salí a pasear con Omar y con Malik por la calle principal de nuestro barrio, el Bulevar 58, donde una hilera de escaparates con toldos a rayas rojas y blancas se extendía hacia la costa. Omar me dijo que en el autobús desde la frontera había conocido a un contrabandista que parecía prometedor; podríamos llamar en un par de días, una vez que hubiera descansado. Pasamos por pescaderías, casas de cambio, locales de kebab y *durum*, y agencias de viajes con carteles en persa y en árabe. Los chicos estaban maravillados ante lo moderna que parecía Estambul y lo diferente que era todo de Kabul, desde los brillantes coches que no eran Corolla hasta las mujeres que fumaban en la calle sin reparo.

—Esto no es nada —dije. Quería llevarlos al centro—. Esperad a ver la avenida de Istiklal.

Mientras no te metieras en líos, a la policía no le importaba que no tuvieras documentos, sobre todo en un barrio como Zeytinburnu, donde la gente con la que nos cruzábamos hablaba darí y uzbeko con tanta frecuencia como hablaba turco. Zeytinburnu era el centro de la vida afgana en Estambul, que, con sus quince millones de habitantes, era una ciudad de inmigrantes[161]; africanos y sirios en los alrededores del casco antiguo, kurdos en los barrios desalojados por los griegos. Los turistas venían de todo el mundo para ver los palacios y las grandes mezquitas, construidos por un imperio que en su día se extendió desde Budapest hasta Bagdad. Durante siglos, una clase dirigente cosmopolita se había mezclado con la corte otomana, en la cual un esclavo de la zona interior podía convertirse en gran visir. Cuando los aliados desmembraron el imperio tras la Primera Guerra Mundial, Mustafá Kemal Atatürk —el padre de los turcos— había forjado una nueva nación con un solo pueblo bajo una sola lengua que miraba hacia dentro en busca de la autosuficiencia económica. No obstante, tras la victoria de Erdoğan y su partido islamista en 2002, Turquía se embarcó en unas reformas neoliberales[162] que la transformaron en un centro del capital global, lo que triplicó su economía en una docena de años. Estambul se convirtió en el hogar de decenas de multimillonarios. Para cuando llegó 2011, más de treinta millones de extranjeros la visitaban cada año. «En la época otomana éramos un país multicultural con gente de diferente religión, etnia y cultura», dijo Abdullah Gül, expresidente. «Ahora, Turquía volverá a ser un lugar con esta diversidad»[163].

El optimismo de entonces se manifestaba en la esperanza de que Turquía se incorporara a la Unión Europea. Desde el inicio de su candidatura formal, el país había abolido la pena de muerte[164], despenalizado el adulterio y permitido que las minorías publicaran en su propia lengua. Pero la expansión hacia el este de la «Fortaleza Europa» agudizó las divisiones con Turquía; cuando Croacia y

Rumania entraron a la Unión Europea, los turcos perdieron su derecho a viajar a esos países sin visado. Mientras, Turquía se convertía en una importante ruta de inmigración clandestina hacia Europa, y la Unión culpaba a la política liberal de visados del país[165], abierta a muchos países de Oriente Medio y de Asia que no figuraban en la llamada «lista blanca» de Schengen. La cuestión de la movilidad —de quién tiene derecho a viajar— se ha convertido en algo primordial en el siglo XXI. Turquía era el guardián reacio de la Unión Europea; y esta quería cerrar la puerta. «Cuando a nuestros ciudadanos se los insulta a diario en los consulados de los países miembros de la Unión Europea, cabe preguntarse por qué deberíamos ayudarla a resolver sus problemas», afirmó un diplomático turco[166].

El verano pasado, cuando las pateras empezaron a salir de mil en mil hacia las islas griegas, los turcos hicieron poco para detenerlas. En febrero, la canciller alemana, Angela Merkel, acudió a Ankara para llegar a un acuerdo. En la Declaración UE-Turquía del mes siguiente, la contrapartida se hizo explícita. Turquía se comprometió a impedir que los refugiados, especialmente los sirios, llegaran a Europa; a cambio, la Unión prometió tres mil millones de euros y una «hoja de ruta de liberalización de visados» para los ciudadanos turcos. Una puerta abierta por una orilla cerrada.

Al mismo tiempo, la Unión Europea anunció que los inmigrantes ya no podrían salir de las islas y que los iban a retener allí, en campamentos. Desde el acuerdo, los turcos patrullaban de manera activa la costa y detenían a los inmigrantes. En las islas griegas se reforzó el despliegue de Frontex, la agencia de la Unión Europea para custodiar fronteras y costas, con cúteres de patrulla fronteriza, embarcaciones de rescate rápidas y helicópteros. La Agrupación Marítima 2 de la OTAN, una flotilla que incluía cuatro fragatas de la Marina, se desplegó «para cortar las líneas de tráfico ilegal»[167]. Por lo pronto, las fuerzas de ambos lados del Egeo «cazaban» conjuntamente a las pequeñas embarcaciones que cruzaban de noche.

El bulevar de Zeytinburnu terminaba en una plaza circular. Al otro lado de la carretera, una obra bloqueaba la costa. Las tablas de la valla estaban cubiertas con carteles que mostraban bloques de apartamentos de cristal en el cielo, ocupados por parejas sonrientes de piel clara. Los bordeamos hasta encontrar un pasaje que conducía a un parque junto al mar, donde unas cuantas familias afganas se encaramaban a las rocas aceitosas que bordeaban la orilla. Omar se quitó los zapatos y se metió en el agua hasta los gemelos, salpicándose la cara y la nuca y bebiendo un poco de la palma de la mano. La escupió, consternado.

—¡Está salada! —exclamó mientras salía a trompicones y Malik y yo nos reíamos.

En la bruma lejana vimos enormes barcos que se dirigían al Bósforo; en las cubiertas llevaban miles de contenedores. *Zeytinburnu* significa «cabo de los olivos», y hubo un tiempo en el que, cuando viraban a lo largo de la costa, los barcos de vela podían ver cómo las arboledas de las laderas sobresalían de las antiguas murallas de Constantinopla. Ahora nos encontrábamos en lo más profundo de la ciudad.

—¿Qué distancia hay desde aquí hasta Europa? —preguntó Malik.

—Unos días en uno de esos barcos —respondí.

Suspiró. Necesitaba quedarse en Estambul y ganar dinero para su pasaje. Ya había oído hablar de un empleo en una panadería situada en el lado asiático de la ciudad. Era fácil encontrar trabajo en negro, *çabuk çabuk*, que en turco significa «más rápido, más rápido». Omar y yo seguiríamos por nuestra cuenta. Teníamos que decidir si todavía queríamos intentar tomar un barco hasta las islas. Habíamos oído historias de terror sobre el campamento, que la gente comía de la basura por falta de alimento, y que la violencia se desataba entre los reclusos y la policía. La semana anterior, el campamento más grande y conocido, Moria, en la isla de Lesbos, había ardido en una revuelta.

Una alternativa era navegar directamente a Italia en un barco de contrabando. Pero era mucho más caro, cuatro o cinco mil euros por cabeza, y también más arriesgado. Si el barco se hundía, estarías muy lejos de la costa, y, si te interceptaban, podías acabar en Grecia de todos modos.

Luego estaba la ruta terrestre a través de Bulgaria, de vuelta por donde yo había venido. Allí la policía o los vigilantes te podían dar una paliza, o algo peor, y se suponía que los campamentos búlgaros eran tan horribles como los de Grecia.

Le pregunté a Omar qué quería hacer. Tenía prisa ahora que había dejado a Laila en Kabul, y el camino más rápido a Europa seguía siendo el de las pateras. Además, en términos de menor riesgo, parecía la línea más corta en el mapa de los inmigrantes. Ambos confiábamos en que, una vez que estuviéramos en una isla griega, nos las arreglaríamos para llegar a Atenas de una manera u otra. Siempre había un camino de contrabandistas.

—Tú decides —le dije.

Omar llamó al contrabandista iraní al que había conocido en el abarrotado autobús de la frontera. Yassin estaba acompañando a sus clientes, una familia afgana, y se aseguró de que tuvieran sus propios asientos, mientras que todos los demás tenían que hacer turnos de pie. El contrabandista nos dijo que fuéramos a un restaurante de comida rápida en el Bulevar 58, donde lo encontramos en la terraza. Yassin tenía la piel bronceada y unos dientes prominentes y manchados de tabaco, y llevaba una camisa de vestir de cuadros que hacían juego con unos mocasines estilo Gucci.

Había otros tres con él; todos se levantaron y nos estrecharon la mano. Entre los vasos de té y varios ceniceros desbordados había una colección de móviles que no paraban de sonar.

—Me impresionó cómo atendiste a esa familia —afirmó Omar—. Estamos buscando a alguien que pueda enviarnos a las islas.

—Mi negocio es llevar gente de Irán a Turquía, y espero que me recomiendes a tus amigos de Afganistán —contestó Yassin—. En cuanto al barco, tal vez este hombre que está sentado frente a ti pueda ayudarte.

Su acompañante, que llevaba la camisa blanca arremangada sobre los musculosos antebrazos, levantó la vista de su móvil y sonrió. Se presentó como Hajji, un uzbeko originario de Sar-e Pol, en el norte de Afganistán.

—Vine a Turquía hace más de diez años, cuando tenía diecisiete —contó—. Ahora soy prácticamente turco.

—Por aquel entonces le decía a todo el mundo que se iba a ir a Canadá —intervino Yassin, riéndose.

—Acabaré allí, ya verás —replicó Hajji.

Cuando Yassin se levantó para atender una llamada telefónica, Hajji nos dio su charla promocional.

Habíamos llegado en buen momento. Últimamente los turcos no patrullaban tanto. No estaba seguro de por qué, pero justo la semana anterior había enviado con éxito unos cuantos barcos al otro lado. Además, los griegos ya no se mostraban tampoco tan estrictos a la hora de mantener a la gente en las islas. Una de las familias a la que había mandado fue directamente a Atenas después de desembarcar, y a otra se le permitió irse después de permanecer cinco días en un campamento.

Hajji abrió Google Maps en su *smartphone* y amplió una imagen satelital de las islas griegas situadas frente al territorio turco. Esperaríamos en un piso franco ubicado en el puerto de Esmirna hasta que el barco estuviera listo. Solo nos iba a enviar con buen tiempo, cuando fuera seguro. Según dijo mientras ampliaba la fina franja de agua con la punta de los dedos, era un viaje corto hasta la isla griega de Quíos. El trayecto duraba media hora en una lancha inflable y solo diez minutos en una lancha motora.

—¿Cuál es la diferencia? —preguntó Omar.

—Quinientos euros por la inflable y novecientos por la motora —respondió Hajji.

Si íbamos en la inflable, había una pequeña posibilidad de que una patrulla turca nos atrapara. Pero, aunque nos detuvieran, solo nos retendrían una semana como mucho y luego nos dejarían ir. Podríamos volver a intentarlo. Podríamos intentarlo tantas veces como quisiéramos, y no tendríamos que pagar hasta que lo consiguiéramos.

—El riesgo y el gasto corren por mi cuenta —dijo.

El riesgo de ahogarse, no, pensé.

—La situación en Quíos ahora es buena —continuó Hajji. No enviaba gente a otras islas como Samos o Lesbos, desde donde no era tan fácil llegar a Atenas.

—¿Y si nos quedamos atrapados en las islas? —preguntó Omar.

—Yo os sacaré. Antes, cuando la cosa estaba más estricta, podía conseguir papeles búlgaros falsos por mil doscientos euros. —Sonrió—. Una cosa más. Me he enterado de que Canadá tiene previsto acoger a dieciséis mil refugiados de Grecia. No solo sirios, sino también afganos. Será mejor que os deis prisa y os vayáis.

Los otros dos secuaces de Hajji, que también usaban zapatillas y camisas de vestir, estaban con sus móviles coordinando a los clientes, algunos que llegaban desde la frontera iraní y otros que partían hacia Esmirna.

—¿Cómo fue el negocio el año pasado? —pregunté.

El contrabandista sonrió.

—¡Uff! Ni me lo recuerdes. Fue increíble. Enviaba quinientas personas a la semana. Tenía tres barcos cada día. La policía turca no te tocaba una vez que estabas en el agua. Solo tenías que preocuparte en tierra firme. Tenía un amigo en la policía que me mantenía informado. Pero los barcos eran muy caros y casi imposibles de encontrar. Y nos peleábamos con los contrabandistas turcos por las mejores playas. Golpeé a algunos de ellos. Incluso golpeé a algunos policías vestidos de paisano. Me dijeron: «¿Por qué nos has pegado?». Yo les dije: «¡No sabía que eran policías!». —Se rio—. Al final, nos dieron nuestras propias zonas.

Yassin, el contrabandista iraní, regresó y sugirió que diéramos un paseo. Omar y yo le estrechamos la mano a Hajji y le dijimos que estaríamos en contacto.

—Llamadme por Viber o por WhatsApp, no por teléfono —dijo Hajji.

Paseamos con Yassin por la plaza, donde los trabajadores estaban montando puestos para un mercado al aire libre. Lo acompañaba su propio lacayo para ir atendiendo las llamadas, un chico barbudo con un traje azul marino de tres piezas, que nos ofreció su paquete de tabaco Parliament.

—¿Cuánto os ha pedido? —preguntó Yassin mientras nos encendía los cigarros—. ¿Quinientos? Es demasiado.

Le dio a Omar otro número y le dijo que llamara. El contrabandista que contestó dijo que nos enviaría por cuatrocientos cincuenta euros y que quería reunirse con nosotros.

—Olvidaos de Hajji —nos aconsejó Yassin—. Envié a unos viajeros con él y los detuvo la policía. Hoy he tenido que hacerle la pelota porque algunos de mis clientes siguen con él y necesito que los cuide. Pero él solo está en esto por el dinero. Yo no soy ese tipo de persona. Nunca traicionaría a alguien ni por un millón de dólares. ¿Sabes? Cuando te conocí, me di cuenta de que eras un hombre de verdad. Por eso quiero trabajar con vosotros.

Le sostuvo el codo a Omar mientras cruzábamos la calle a través del tráfico. Una vez que llegamos a la acera, continuó hablando.

—¿Crees que podrías llamar a tus amigos de Kabul ahora y hablarles de mí?

LAS TIENDAS *ÇABUK ÇABUK* DEJABAN las puertas abiertas para que corriera la brisa y, al volver al apartamento, vi a los jóvenes inmigrantes inclinados ante las mesas, el brillo de las tijeras, los bucles de humo alrededor de las bombillas desnudas sobre sus cabezas. «Coser» sus pasajes a Europa podía llevarles años. ¿Era mejor sentarse en las cafeterías y maquinar con los contrabandistas y traficantes de hachís?

Entre los inmigrantes de Zeytinburnu corría el rumor de que la frontera volvería a abrirse; si ya había ocurrido una vez, ¿por qué no en esta ocasión? Pero nadie sabía cuándo llegaría el momento.

Habían pasado seis meses y Farah seguía sin recibir noticias de la ONU sobre su entrevista de seguimiento. Por la noche, miraba con nostalgia los anuncios que aparecían en Facebook: CONSIGUE TU VISADO PARA ESTADOS UNIDOS Y CANADÁ. Buscó historias sobre Justin Trudeau, el joven primer ministro que había dicho tantas palabras bonitas sobre la acogida de refugiados en Canadá. Tal vez podría escribirle una carta que describiera la situación injusta en la que se encontraban los afganos en Turquía.

—Si fueras primer ministro de Canadá, ¿leerías mi correo? —me preguntó.

—Por supuesto que sí —le respondí—, porque lo has escrito tú.

Se rio.

—No me refería a eso.

Maryam y Jamal albergaban la pequeña esperanza de que los hijos que tenían en Europa pudieran financiarlos para emigrar de manera legal. Pero para Farah, Shireen y el adolescente Suleyman solo había un camino, el mismo que estábamos tomando Omar y yo. Durante la cena, Maryam interrogó a Omar sobre las tarifas de los contrabandistas. Más tarde, me dijo que su madre le había preguntado si las niñas y Suleyman podían venir con nosotros.

—¿Qué le has dicho? —inquirí, sorprendido.

—Le he dicho que mi hermana no puede porque no habría nadie que cuidara de mis padres. Y Shireen no irá sin Farah. Pero quizá Suleyman podría venir, no lo sé.

—¿En serio?

—Tal vez el tema de la policía sea más fácil si llevamos a un niño.

—Creo que será más difícil viajar con él —dije—. Pero deberíais decidir tú y tu familia. Yo no quiero interferir.

Me daba pena por Suleyman, que no tenía cerca a nadie de su edad. Antes de que me fuera de Kabul, fui al pueblo a ver a su padre, Ismail. El agricultor me mostró las diferentes variedades de uva que había en su campo, casi maduras.

—Podría haber ido yo, si hubiera sido más joven —me contó Ismail mientras caminábamos, y el rostro se le arrugó en una sonrisa irónica. Aparte de Maryam, pocos de sus familiares habían hecho el viaje a Europa—. No tenemos educación. Es difícil reunir valor para irse cuando no se conoce nada del mundo.

Que un agricultor enviara a su hijo mayor demostraba lo profunda que era la fe que tenía depositada en la educación. Por eso había acogido a Suleyman con Maryam en Kabul y por eso le había pagado al intermediario más de un año de ingresos por el visado de su hijo a Turquía. Sin embargo, su separación no fue tan completa como lo hubiera sido unos años antes. Una noche en Estambul, Ismail llamó por Viber —ahora había internet móvil en el pueblo—, y vimos la cara granulada del granjero en la *tablet* de Maryam, sonriendo mientras su hijo respondía a sus preguntas.

—Sí, padre, estoy bien. No, querido padre, todavía no he empezado a ir a clase.

¿Cómo iba a hacerlo, si todos tenían que trabajar? A Suleyman le faltaba sexto grado. Pero era inteligente, ya había aprendido algo de turco sirviendo mesas. Estambul era más caro que Kabul. Los hijos de Maryam que vivían en Europa le enviaban dinero para ayudarle a pagar el alquiler,. y yo también colaboraba, pero la presión financiera se sumaba a las tensiones que se vivían en el apartamento. A veces, Maryam regañaba a Shireen por usar demasiada agua caliente o por haber dejado una luz encendida, y la discusión aumentaba hasta que la chica declaraba que iba a entregarse para ser deportada. Con las maletas hechas, Shireen se sentaba en la entrada mientras Farah persuadía a su amiga y le suplicaba a su madre. Por su parte, Jamal estaba enfadado porque las chicas no llevaban pañuelos en la cabeza y porque entraban y salían al anochecer. No obstante, tenía poca autoridad, como a Maryam le gustaba recordarle cerrando las puertas de las otras habitaciones cada vez que lo dejaba solo en el apartamento. Sabía que él no se atrevería a levantarle la mano. Sus hijos lo echarían.

Jamal salía a la calle por la noche para escapar del apartamento, y a veces yo me unía. Dábamos vueltas por un brillante centro comercial que había cerca, el Olivium Center, y el viejo iba arrastrando los pies con pasos diminutos mientras los compradores, cargados con voluminosas bolsas traslúcidas, nos esquivaban a nuestro alrededor. Su espalda había quedado destrozada por los trabajos duros que realizó en Irán. En Kabul podía desplazarse en bicicleta, pero aquí estaba casi confinado en casa. Nuestras conversaciones comenzaban con temas de interés mutuo, como las grandes batallas de tanques de la Segunda Guerra Mundial, pero, al final, el padre de Omar llegaba a lo que más le interesaba.

—Esa mujer tiene el Corán en una mano y el libro del diablo en la otra —decía—. Es como una casa de locos. —Jamal me contó que, antes de que yo llegara, durante una discusión Shireen se encerró en el cuarto de baño con un trozo de cristal y amenazó con cortarse las venas—. Tuve que echar la puerta abajo. ¿Te imaginas lo que pasaría si lo hiciera? La policía vendría a detenerme, eso es lo que sucedería. A los turcos no les gustan estas escenas. Son un pueblo tranquilo y ordenado. Debería haberme quedado en Kabul. Pero no quería estar solo.

Había pasado la mayor parte de su vida en el exilio. Ahora no tenía nada, ni siquiera el respeto de sus hijos. Lo culpaban por no haberlos llevado a Estados Unidos. Pero los parientes de Jamal no querían a Maryam allí.

—Elige a dos de tus hijos —le exigió una vez su hermano por teléfono desde California—. Los dos niños mayores. Te encontraremos una esposa aquí.

Pero Jamal no fue.

Ahora no tenía sentido lamentarse. Pensar en el pasado solo hacía que el dolor le nublara la mente.

—Ha puesto a los niños en mi contra —continuó cuando estábamos en la entrada del edificio de apartamentos—. Si regañaba a Khalid por fumar, lo defendía y decía que yo también lo hacía. Ahora fuma un paquete al día. Omar también. —El cigarrillo revoloteó mientras lo sostenía en alto—. No quería que fueran como yo.

Subió los escalones despacio. Cuando hubo entrado, me senté, saqué el móvil y empecé a teclear las palabras que había dicho. Cada noche me enviaba mis notas por correo electrónico y luego las borraba del móvil. Sabía que algún día las soldaría en una sola narración coherente, pero las historias del anciano eran borrosas, detalles de Irán y de Pakistán transpuestos. Necesitaría fuerza para ensamblarlas.

Cuando terminé, encendí un cigarrillo en la entrada. Era tarde, pero podía oír el zumbido de las máquinas de coser.

Omar y yo quedamos con más contrabandistas, pero nos gustaba más Hajji. Al menos había prometido enviarnos a Quíos. Más que nada, no queríamos acabar en Lesbos y dentro de Moria. Cuando Omar llamó, Hajji dijo que, si ponía el dinero ese día, podríamos ir a Esmirna esa misma noche.

Omar y Maryam tuvieron una última reunión privada mientras Suleyman estaba en el trabajo. Decidieron que el niño se quedaría en Estambul. Omar y yo fuimos con Jamal a la casa de cambio que Hajji nos había recomendado. La tenue tienda de una sola habitación estaba justo al lado del bulevar, junto a un restaurante afgano; olía a linóleo y había una pecera turbia con peces de colores gordos en la esquina. Tres hombres estaban detrás de una vitrina llena de móviles polvorientos. Se trataba de un *sarof*, también conocido por el término árabe *hawala*, parte de un sistema informal de transferencia de dinero que funcionaba en el plano de la diáspora, muy parecido al *fei-chien* chino[168]. Los sistemas informales de transferencia como el *hawala*, no regulados y casi invisibles para las autoridades, son utilizados por militantes, comerciantes, contrabandistas y organizaciones benéficas, y son vitales para los indocumentados del mundo, a quienes se les niega el acceso a la banca formal. Ninguna moneda real cruza las fronteras, ni siquiera para las transacciones individuales. Los *sarof* suelen asociarse con los comerciantes de su país, de modo que los saldos globales pueden liquidarse utilizando las remesas para financiar las importaciones. De este modo, los salarios de los inmigrantes[169] llegan a casa en forma de bienes, como coches usados o aceite de cocina. Así fue como sobrevivió gran parte del Afganistán rural durante los años noventa[170].

Omar se dirigió al mostrador y dijo que nos enviaba Hajji. El empleado sacó un grueso libro de contabilidad manuscrito, contó el montón de euros de Omar y anotó el nombre de Hajji, la cantidad, y luego el nombre y el número de Jamal. En un pequeño trozo de papel, el empleado escribió un código de cinco dígitos junto con su propio número de móvil y lo dobló.

—Este es tu *ramz* —dijo—. No dejes que nadie lo vea. Cuando lleguéis a Europa, dile a tu familia que nos llame y nos diga el *ramz*, o bien dáselo al contrabandista. Si ocurre algo, si te detienen, llámanos antes de avisar a tu familia para que podamos bloquear tu dinero. Si el contrabandista nos dice que has llegado a Europa, intentaremos localizarte. Si no, tienes tres días para decirnos si hay algún problema antes de que le demos el dinero.

Como los *sarof* son terceros establecidos que pueden manejar grandes sumas de dinero, permiten a los inmigrantes y a los contrabandistas hacer negocios en ausencia de confianza. Son la clave de toda la clandestinidad. La tajada que nos quería sacar la tienda era de seis euros por cada cien que reposara en fideicomiso, lo hiciéramos o no. El hombre le entregó el papelito a Jamal, que lo miró entrecerrando los ojos, y parecía encogerse en su gran mano. En los viejos tiempos, el *ramz* podría haber sido un billete o una Polaroid partida por la mitad y enviada por correo. Ahora las transacciones se hacían en tiempo real.

Omar llamó a Hajji y le dijo que el dinero estaba listo.

—Hay un autobús a Esmirna esta noche a las ocho —nos informó el contrabandista—. Os recogeré en la plaza a las siete.

De vuelta, pasamos por el restaurante donde trabajaban Shireen y Suleyman. Salieron con sus uniformes rojos, y en el rostro del chico se notaba la esperanza de que lo lleváramos.

—No va a pasar, Suleyman —dijo Omar con suavidad.

—¿Por qué? —soltó, y luego se recompuso. Omar le dio una palmadita en el hombro; ya llegaría su turno.

En el apartamento, metimos nuestras pocas pertenencias en las mochilas. Omar decidió dejar su pasaporte afgano, por si se perdía o se lo robaban; yo no tenía documentos. Los demás se quedaron cerca, con la mejor sonrisa que podían esbozar. Era hora de separarse una vez más.

—Iré a buscar mi lugar en Europa y luego veré cuál es el mejor camino para ti —le aseguró Omar.

—Que Dios te proteja —dijo Maryam. Nos abrazamos por turnos y bajamos las escaleras.

—¡Lleva agua! —gritó Jamal cuando llegamos a la escalera, y Farah se apresuró a subir, tras lo que volvió con una olla cuyo contenido lanzó su padre a nuestras espaldas, un amuleto de buena suerte para que nuestro reencuentro llegara antes.

Ya estaba oscureciendo. Omar y yo nos echamos las mochilas al hombro y nos pusimos en marcha. El viejo insistió en acompañarnos cojeando hasta la primera curva, y luego hasta la siguiente.

—Está bien, padre —repetía Omar. Por fin, Jamal se detuvo y lo dejamos allí, viendo cómo desaparecíamos entre la multitud.

12

Se detuvo un taxi y el pasajero nos hizo una seña con la mano. Era Hajji. Metimos las mochilas en el asiento trasero y subimos. A medida que nos íbamos introduciendo en el tráfico, el contrabandista se giró y me tendió un puñado de bolsas de plástico llenas de un polvo verdoso: *naswar*, importado de Afganistán.

—Llevadlo a Esmirna —dijo—. Se les ha agotado y lo han estado pidiendo a gritos.

A regañadientes, metí el paquete en mi mochila. Sabía que solo era tabaco, pero parecería droga para otra persona.

Esenler, la principal estación de autobuses de Estambul, era un hexágono descomunal de plantas de aparcamiento con la terminal en la parte superior. En la rampa de entrada nos detuvieron dos policías con subfusiles. Cuando vieron nuestras mochilas, empezaron a hacerle preguntas a Hajji, que respondió en un turco fluido.

—Son afganos —dijo con calma.

Los policías nos echaron un vistazo a Omar y a mí y luego asintieron en dirección al conductor. Subimos la rampa y entramos en la plataforma superior, la cual estaba rodeada por taquillas y puestos de comida rápida.

—No tienes papeles, así que voy a tener que sobornar al empleado —se quejó Hajji.

Nos dijo que esperáramos en el piso de arriba, en el vestíbulo, donde se estaba reproduciendo una telenovela turca en la televisión.

Veinte minutos más tarde, el empleado vino y nos llevó adonde un autocar estaba en ralentí. Hajji no estaba. Los otros pasajeros ya habían subido y, cuando Omar y yo tomamos asiento al final del vehículo, el vehículo se puso en marcha.

Cruzamos el lado asiático de la ciudad por el segundo puente colgante que sobrepasa el Bósforo, el agua oscura bajo nosotros salpicada de las luces de los transbordadores y de los barcos recreativos. A nuestra derecha pudimos ver el tramo iluminado del otro puente, ahora rebautizado como «de los Mártires del 15 de Julio». Hacía dos meses y medio, los tanques rebeldes habían bloqueado el puente y se vieron allí atrapados por una multitud de ciudadanos enfurecidos. Treinta y cuatro personas murieron. No obstante, ahora el brillo de la ciudad parecía imperturbable. Las vallas publicitarias y los enormes centros comerciales iban desplegándose a medida que pasábamos por una secuencia de intersecciones y autopistas. Tardamos dos horas en llegar a las afueras de Estambul.

—Debe de ser una de las ciudades más grandes del mundo —murmuró Omar—. ¿Cuán grande crees que es en comparación con Kabul?

Condujimos toda la noche por Asia Menor, la separación continental en la que las migraciones del pasado se superponían como líneas ley. La historia escrita se remontaba a tres milenios, cuando Esmirna fue fundada como Smýrne por colonos griegos, que se unieron al imperio ateniense y lucharon contra los persas. «No tengáis miedo de lo que vais a sufrir», aconsejó el profeta Juan a la iglesia de Esmirna bajo los romanos después de haber visto su *apokalypsis*, la revelación. Los selyúcidas conquistaron Esmirna; los cruzados la saquearon; Tamerlán la arrasó. «Muy pocos de los que se arrojaron al mar escaparon», escribió el abate de Vertot[171].

Cuando la ciudad se convirtió en un próspero centro de exportación a Europa, los otomanos la llamaron «Esmirna Infiel» por su preponderancia de comerciantes cristianos junto con los judíos sefardíes que habían huido de la persecución en España. Después de la Primera Guerra Mundial, alentado por Gran Bretaña[172], el ejército heleno invadió Esmirna, reclamándola para la *Megali Idea*, una gran Grecia que abarcaría buena parte del antiguo Bizancio. Después de tres años de amargos combates y masacres por ambos bandos, los griegos fueron expulsados por Atatürk y sus nacionalistas, quienes echaron a un millón de refugiados[173], parte de lo que se conoció como «el intercambio de poblaciones». Esta travesía desesperada por el Egeo en 1922 fue presenciada por Henry Morgenthau, un enviado estadounidense en Salónica. «El estado de estas personas cuando llegaron a Grecia era lamentable. Se les amontonaron en todo tipo de embarcaciones que podían flotar», escribió. «A quienes sobrevivieron los desembarcaron sin refugio en la playa, llenos de suciedad, atormentados por la fiebre, sin mantas y sin ropa de abrigo siquiera, sin comida y sin dinero»[174].

Muchos refugiados llegaron a islas como Lesbos y Quíos, las cuales se extienden como icebergs recién desprendidos frente a la costa; se puede llegar fácilmente a ellas en pequeñas embarcaciones desde el continente, en cuyas colinas boscosas hay multitud de calas. Cuando los nazis invadieron Grecia, los combatientes de la resistencia escaparon hacia el este a través del agua hasta Turquía. Tras el golpe militar de 1980, los disidentes turcos huyeron hacia el oeste, a las islas. Una década después, los barcos de inmigrantes empezaron a cruzar en oleadas impulsados por la guerra, lo que trajo a personas sin techo, sin nacionalidad y sin derechos. Tras la entrada de Grecia en Schengen en 2000, en la parte más estrecha, tan solo un kilómetro y medio de agua separaba a Turquía de la promesa de paz de Europa.

Llegamos a la estación de autobuses de Esmirna a primera hora de la mañana siguiente y tuvimos que esperar un par de horas hasta que el compañero de Hajji, un kurdo, nos recogió en un Hyundai blanco de cinco puertas. Solo hablaba fragmentos de persa, pero por su mímica entendí que quería el paquete de *naswar*. Se lo entregué e hizo el gesto de envolver un poco en papel de fumar y metérselo en la boca. Le dije que, sin papel, solo tenía que ponerse un pellizco en el labio. A juzgar por su excitación, parecía creer que se trataba de algún tipo de narcótico. Representé los efectos de tomar demasiado —náuseas y mareos—, lo que no hizo sino aumentar su interés.

Tomamos la carretera hacia la ciudad y luego subimos por una empinada cresta que daba al puerto; las casas se iban haciendo más pequeñas y cutres a medida que avanzábamos. Nos detuvimos en un estrecho callejón en el que el contrabandista hizo una llamada y un hombre enjuto salió en chanclas. Recogió el paquete de *naswar*, menos la bolsa que el kurdo se había llevado, y nos dijo en darí que lo siguiéramos, por lo que tomamos nuestras mochilas y bajamos por el callejón, donde golpeó la puerta del piso franco. Un chico afgano abrió y entramos mientras nuestros ojos se adaptaban a la oscuridad del pequeño estudio.

Nos quitamos los zapatos y nos sentamos en un catre, y el hombre se apresuró a abrir una de las bolsas de *naswar* y a meterse un poco en la boca.

—Se me acabó hace unos días —dijo al cabo de un minuto, con la voz apagada por la saliva.

Se echó hacia atrás y nos sonrió, aliviado. Su esposa, una mujer parlanchina con el rostro redondo como la luna, vino de la cocina con una bandeja de té, queso de oveja y pan sin levadura, y nos sentamos juntos a comer.

Al igual que nosotros, estaban esperando un barco. El hombre se llamaba Sardar y conocía a Hajji desde hacía años. Nos dijo que había sido propietario de tiendas de ropa tanto en Estambul como en Kabul y que en cierta ocasión había sido rico. No obstante, una larga enfermedad relacionada con sus nervios así como la crisis económica de Afganistán redujeron su fortuna de manera considerable. No tenía fe alguna en el futuro de su país y poca en el de Turquía. Estaba seguro de que se produciría un segundo golpe de Estado seguido por una guerra civil.

Por eso, en los últimos años, Sardar había enviado a sus familiares a Europa con contrabandistas, la mayoría de los cuales acabaron en Alemania o en Suecia. Cuando la frontera se abrió el año pasado, incluso compró su propio bote inflable y lo llenó de amigos y familiares. La embarcación le costó cinco mil euros en Estambul, y pagó otros tres mil en transporte y sobornos para llevarla a la costa cerca de Esmirna, el principal punto de parada de la gran migración a Europa[175]. Las plazas de la ciudad estaban llenas de gente con chalecos salvavidas, y en las playas los equipos de la televisión turca hacían reportajes en directo con las familias que luchaban contra el oleaje detrás de ellos, sobre los barcos.

La partida de Sardar y su mujer se había retrasado por motivos de trabajo, pero ya se iban por fin. El niño era el hermano de su mujer, había llegado por tierra desde Afganistán unas semanas antes. Los tres planeaban ir por mar a Italia desde Grecia, quizá dentro de un contenedor, y luego por tierra a Alemania. Si los pillaban y les tomaban las huellas dactilares en Italia, se quedarían allí atrapados según las normas de Dublín, pero, según dijo Sardar, no era el peor lugar para solicitar asilo. Los italianos rara vez rechazaban a los afganos y podías obtener la residencia con bastante rapidez.

—Allí es adonde quiero ir —sentenció Omar.

Hajji también había prometido enviarlos a la isla de Quíos. Según Sardar, lo importante era no ir a Lesbos, donde habían tenido lugar el motín y el incendio de Moria hacía una semana. Había pagado un extra por una lancha motora, con la cual había menos probabilidades de que fuera interceptada, pero Sardar ya había tenido mala suerte una vez. Una semana antes, habían recorrido la mitad del camino cuando llegó un gran barco de guerra con un foco que convirtió la oscuridad en día. Su piloto volvió a las aguas poco profundas para escapar, pero un barco patrulla los detuvo a punta de pistola. A los sirios los liberaron cuando llegaron a la orilla, pero a los afganos los llevaron a un centro de detención. Sardar nos dijo que no estaba tan mal, que las habitaciones estaban limpias y que había duchas con agua caliente. Un mulá turco les dio un sermón en el que trató de persuadirlos de que no volvieran a intentar hacer esa travesía.

—¿Por qué ir a un país infiel? —les dijo el clérigo—. Quedaos aquí en Turquía.

Cuando los liberaron al cabo de cuatro días, Sardar y su familia regresaron directamente a Esmirna.

—A veces hay que intentarlo varias veces —nos contó—. Es una caza mayor.

—¿No pudisteis saltar al agua para escapar de los turcos? —preguntó Omar.

—Es agua salada. Te mataría en pocos minutos —respondió Sardar. Nos mostró las manchas blancas que tenía en los vaqueros negros rectos—. Mirad cómo me ha blanqueado los pantalones con solo unas salpicaduras.

No sabíamos cuándo nos íbamos; Hajji nos había dicho que quizás esa misma noche, pero yo sabía que podían pasar días o incluso semanas, dependiendo del tiempo y de la policía. Nos enteraríamos a último momento, así que teníamos que estar preparados. Sin embargo, Sardar dijo que los barcos que iban a Quíos no salían hasta la madrugada. Omar y yo nos echamos una siesta y, cuando nos despertamos, decidimos ir a comer algo. Sardar le pidió a su cuñado que nos acompañara, ya que hablaba un poco de turco. Seguimos la calle cuesta abajo hasta que encontramos un pequeño restaurante en el que el personal estaba colocando brochetas de carne picada sobre pan sin levadura, junto con hierbas y cebollas oscurecidas por el zumaque. Pedimos tres brochetas y tres refrescos.

—Este barrio es kurdo —dijo el chico cuando nos sentamos—. Aquí no viene la policía.

En ese mismo instante entró un policía de mediana edad, con su radio y su pistola a la altura de nuestros ojos. Nos quedamos callados y miramos los platos. Pero solamente había ido a por un kebab *adana* para llevar. Y estaban deliciosos, pues la carne picada tenía la cantidad justa de grasa para absorber el comino y el chile.

Después, nos sentamos en un parque junto a un embarcadero con vistas a Esmirna. La ciudad en crecimiento era pálida y tenía un conjunto resplandeciente de rascacielos en el centro. La bahía se extendía hacia el oeste, larga y de color azul eléctrico. Omar pasó unos cigarrillos que había comprado en la tienda de la esquina por sesenta centavos el paquete; los filtros decían «Calboro».

—A lo mejor Hajji nos envía a todos juntos —dijo el chico.

Omar y yo nos miramos. ¿Nos iban a subir gratis a una lancha motora? Me gustaba la idea de cruzar con Sardar; con suerte, Hajji cuidaría de él.

Omar y el chico se maravillaron en voz alta de lo hermosa y moderna que era Turquía, de lo tranquila que era la gente, de cómo a nadie le importaba si llevabas minifalda o *hijab*, o si ibas a un bar o a una mezquita, y hablaron de si Afganistán podría llegar a ser parecida algún día —«quizás en otra vida», se burló Omar—, y de cómo tendrías una buena vida si tan solo pudieras conseguir papeles y abrir un negocio, aunque, si uno lo pensaba, Sardar había tenido todo eso y ahora estaba huyendo a Europa.

El sol se había convertido en fragmentos opalinos en la bahía. Podíamos ver pilas de contenedores en el puerto y las grúas pórtico junto a ellos como horcas gigantes. Entre los petroleros y los transbordadores, un buque de guerra gris estaba entrando en el puerto. Me pregunté si formaría parte de la escuadra anticontrabando de la

OTAN, la cual incluía buques griegos y turcos, así como una fragata canadiense, la *Charlottetown*[176].

En un día tan soleado resultaba difícil imaginar que, en 1922, los muelles se llenaron de refugiados que huían del ejército de Atatürk mientras los barrios cristianos de Esmirna ardían en llamas. Algunos de estos inmigrantes siguieron adelante tras llegar a Grecia. «Apenas escapó con vida en un pequeño barco que cruzó el mar Egeo hasta Atenas y de allí a la isla Ellis», escribió el almirante James Stavridis en sus memorias, *Destroyer Captain*[177], sobre su abuelo, un maestro de escuela de Esmirna. Setenta años después, Stavridis estaba al mando de un buque de guerra estadounidense de mil millones de dólares con destino a una parada portuaria en Esmirna, maravillado por las aguas que había cruzado su antepasado. «Se está desarrollando la ironía histórica más sorprendente que he imaginado jamás».

De vuelta al apartamento, empezamos a jugar al *fis kut*, que es un poco como los corazones, pero solo habíamos jugado a unas pocas manos cuando sonó el teléfono de Sardar.

—Traed vuestras cosas, están esperando fuera —nos informó. Así que Hajji nos iba a enviar a Omar y a mí por separado. Pero solo eran las seis de la tarde, demasiado pronto para los barcos que llevaban a Quíos.

—Uhh, debéis de ir a Lesbos —exclamó su mujer, y luego se calló al ver las expresiones de asombro en nuestros rostros.

Confundidos, Omar y yo nos apresuramos a hacer las maletas y bajamos a la calle, en la que nos esperaba un chico árabe en el Hyundai blanco. Nos llevó a una mezquita cercana, donde nos subimos a un taxi conducido por un turco nervioso que se metió por un callejón sin salida empinado y tuvo que dar marcha atrás luego, con el embrague ardiendo, hasta que, al final, encontramos la carretera principal y descendimos por una serie de curvas cerradas en dirección a la ciudad. El sol acababa de ponerse; Esmirna era una red de ámbar que se reflejaba en el agua. Omar siguió llamando a Hajji. Cuando el contrabandista contestó por fin, Omar le preguntó si nos enviaba a Lesbos.

—No, vais a Quíos —nos aseguró.

No sabía qué pensar. Tal vez Sardar y su mujer estuvieran equivocados en cuanto al horario.

Era hora punta en el centro de la ciudad. Paramos frente a un hotel y nos bajamos. Miré hacia arriba. El Susuzlu, de tres estrellas. Los trabajadores pasaban deprisa. Llegaron otros dos contrabandistas, consultaron algo con nuestro conductor y nos dijeron que subiéramos a una furgoneta vacía que estaba aparcada allí. El olor a cuero nos dio la bienvenida cuando abrimos la puerta. Había altavoces en el techo, cortinas en las ventanas y una mininevera. Era una furgoneta para salir de fiesta que estaba trabajando fuera de temporada.

—No está mal —dijo Omar mientras pasaba la mano por el reposabrazos lustrado.

Otro turco, alto y con barba, se puso al volante. Hablaba un poco de inglés, pero decía que no sabía adónde íbamos. Condujo hasta un barrio residencial y aparcó. Esperamos media hora, y entonces se abrió la puerta y empezaron a entrar hombres jóvenes, sin cesar, hasta que se sentaron unos encima de otros con las cabezas inclinadas contra el techo. Omar y yo estábamos atrapados en la parte de atrás por una maraña de rodillas y codos.

Los hombres hablaban en árabe; yo hice un intento con lo poco que sabía. El que estaba en mi regazo dijo que eran de un pueblo cerca de Alepo, en el norte de Siria, donde yo había estado por viajes de trabajo. Ni sabían ni les importaba a qué isla íbamos, solo estaban contentos de poder salir del piso franco después de dos semanas de espera.

—¡Quince días! —exclamó su amigo.

—¿Hay afganos aquí? —gritó alguien en persa desde el frente con acento iraní—. ¡Bien, quedaos a nuestro lado!

El conductor esperó hasta que llegó el coche escolta, cuyo trabajo era conducir diez minutos antes que nosotros para avisar de los controles policiales. Para mi consternación, cuando entramos en la autopista vi que estábamos yendo hacia el norte, hacia Çanakkale, en dirección a Lesbos.

—Vuelve a llamar a Hajji —le pedí a Omar, que marcó el número del contrabandista.

—No os preocupéis —nos dijo—, van a dar la vuelta.

Eso no tenía ningún sentido, pero ¿qué podíamos hacer? Estábamos literalmente atrapados. Nuestra furgoneta salió de la autopista y entró en el aparcamiento de una gasolinera cerrada. El conductor nos explicó que el coche escolta que iba delante tenía un problema mecánico, así que teníamos que esperar. Nos dijo que cerráramos las ventanas y las cortinas y que no hiciéramos ruido, y se marchó, sin duda con temor de esperar con nosotros por si venía la policía.

En la furgoneta no tardó en empezar a hacer un calor sofocante. Los sirios susurraban entre ellos en la oscuridad. Mis articulaciones palpitaban y las extremidades flacas de mis vecinos me oprimían los riñones. Sentí una oleada de náuseas y cerré los ojos. De niño solía tener pesadillas sobre quedarme atrapado en un espacio oscuro lleno de presión y calor, como el centro de la Tierra. Cuando estaba planeando este viaje, leí sobre los setenta y un inmigrantes que se asfixiaron en un camión de carne en Austria durante el verano pasado[178] y me prometí que nunca me pondría en una situación así. Ahora pensaba en lo que nos había dicho el hombre de Nimroz: «Hermano, somos como un balón de fútbol al que patean en el campo». Entregarte a los criminales te causaba una sensación de vértigo. Ningún recurso, legal o moral, por lo que te sucediera; la culpa, más bien, por haberte puesto allí en primer lugar.

Así pasó una hora. Eran casi las diez cuando el conductor subió y nos pusimos de nuevo en marcha, todavía en dirección al norte. Como era evidente desde hacía rato, Hajji mentía. Omar lo llamó de nuevo y discutieron, y luego Hajji le dijo que le pasara el teléfono al conductor. El teléfono se abrió paso a través de la maraña de miembros.

—Vale —admitió Hajji cuando le devolvieron el teléfono—, vais a Lesbos, pero ¿qué tiene de malo? Es una buena isla.

—¡No queremos que nos encierren en Moria! —exclamó Omar.

Hajji dijo que nos enviaría de vuelta a Esmirna con el conductor una vez que dejáramos a los otros pasajeros, y luego colgó.

—¿Qué hacemos? —susurró Omar. Estábamos apiñados cabeza con cabeza.

—¿Qué podemos hacer? —inquirí—. Nada. Simplemente nada.

Al cabo de cuarenta minutos salimos de la autopista y, unidos a otros dos vehículos, bajamos por una serie de carreteras rurales cada vez más desiertas por las que avanzábamos rápido a través de los huertos de olivos y los pueblos dormidos. Bajamos por una cresta hasta las estrechas calles de un pueblo costero, Bademli, y atravesamos un bosque de pinos con los faros apagados. En la playa, todo el mundo descendió, excepto Omar y yo. Nos sentamos y tratamos de explicar que íbamos a volver a Esmirna.

—Vamos, vamos —siseó el conductor—. ¡Policía, policía!

Otro contrabandista fornido se acercó y me tiró del brazo. Detrás de mí, Omar siguió resistiendo hasta que el hombre sacó una pistola del cinturón. En ese momento, Omar se bajó a toda velocidad. Los vehículos se marcharon y dejaron atrás un cargamento de tres furgonetas de inmigrantes, dos contrabandistas árabes y un bote de goma desinflado.

Omar llamó a Hajji.

—Nos han dejado —le informó Omar.

—¿Qué? Vale, voy a mandar a alguien. —El contrabandista colgó.

—Olvídalo —intervine—. No va a enviar a nadie.

—*Khar kos lauda!*

Nos sentamos en el suelo, aturdidos. ¿Qué podíamos hacer, además de intentar escapar hacia el bosque? Podrían dispararnos si hacíamos eso. Nos gustase o no, íbamos a Lesbos.

—Toma —dijo Omar, y me entregó una bolsa de basura vacía.

Metí mi mochila y le hice un nudo. Estábamos al final de una larga y estrecha ensenada, donde el camino llegaba a una cresta cubiertas por gramíneas y luego se curvaba de nuevo hacia los pinos. En la oscuridad pude distinguir a unas cuarenta personas acuclilladas en la hierba alta, algunas de ellas mujeres y niños, y unos cuantos bebés. La mayoría eran árabes, y también había algunos africanos. Casi todos llevaban chalecos salvavidas; algunos también tenían cámaras de aire infladas.

—¿Dónde están nuestros chalecos? —preguntó Omar.

En el piso franco nos dieron la opción de comprar un chaleco salvavidas, pero, aunque habíamos desembolsado treinta y cinco dólares cada uno, los contrabandistas le dijeron a Omar que ya los habían repartido todos. Yo no iba a discutir, pero Omar se enfadó y empezó a gritar que no íbamos a subir al barco sin ellos. Los contrabandistas lo hicieron callar y uno volvió al cabo de un minuto con un solo chaleco.

—Esto es lo único que hay —sentenció el hombre. Le dije a Omar que lo aceptara.

Mientras discutíamos con los contrabandistas, los dos iraníes de la furgoneta se agolparon, ansiosos por preguntarnos algo. Uno de ellos se situó junto a mí mientras preparaba mi mochila y no dejaba de repetir para sí mismo con su marcado acento de Teherán, como si no entendiera lo que yo decía.

—¿Eres afgano?

—Sí.

—¿Eres afgano?

—¡Sí!

—¿Eres afgano?

Me levanté de un salto y le grité:

—Te he dicho que soy afgano, ¿estás sordo?

Omar nos separó. Los otros inmigrantes nos miraban alarmados.

—Sí, somos afganos, no te preocupes —le dijo Omar.

—Mira, vamos a decir que nosotros también somos afganos, ¿vale? Dime, ¿quién es el presidente de Afganistán?

Me levanté y me alejé en un intento por calmarme. Pensé en que había dos presidentes y después me reí. Los iraníes querían hacerse pasar por afganos de cara a las autoridades de Grecia, que a veces hacían preguntas como esa. Sin esperanzas. Yo estaba perdiendo la calma; no debería haber gritado.

Omar y yo bajamos a la playa, donde tendríamos más posibilidades de huir si venía la policía. Los contrabandistas habían prohibido fumar, pero encendimos un cigarrillo de todos modos y lo compartimos, tapando las brasas con las palmas de las manos, mientras mirábamos la superficie negra de la ensenada.

—¿Estás listo?

—Lo estoy, hermano.

Oímos un resuello tras otro. Los contrabandistas estaban inflando el bote con una bomba de pie. De vez en cuando, por el camino de grava llegaba un coche con un crujido, y todos se callaban y se agachaban mientras los faros arrojaban sus siluetas por un momento.

¿Cuántos vinieron aquí antes? Estaba seguro de que no éramos ni los primeros ni los últimos. Al igual que nosotros, dejaron atrás lo que no podían llevar. En esta playa habían rezado en distintas lenguas por lo mismo; es decir, por pasar al otro lado del agua.

Ahora, un grupo de refugiados bajaba por la ladera, llevando a hombros los pontones verdes y blancos del barco. Los demás nos reunimos mientras lanzaban el bote y vimos cómo los contrabandistas encajaban el motor fuera de borda. Metieron la embarcación hasta la cintura y le dieron las últimas instrucciones al timonel. Este era un refugiado al que habían seleccionado, seguramente a cambio de un viaje gratis, ya que las inflables hacían viajes solo de ida. Cuando los contrabandistas nos hicieron una señal, recogimos nuestras bolsas y nos apresuramos a avanzar.

El contacto del agua fría contra los gemelos me lanzó una sacudida a través de la columna vertebral. Cuando llegué a la embarcación, me arrastré por encima de la goma chirriante y encontré un asiento a babor. Omar subió a mi lado.

—¡Uno por uno! —exclamó el contrabandista en árabe. Después de que los hombres se alinearan en los pontones mirando hacia dentro, pusimos a las mujeres y a los niños en el suelo, en el centro. Éramos casi cincuenta personas metidas en seis metros de lona recubierta de goma.

La cuerda de arranque saltó y el motor cobró vida. Los contrabandistas nos dieron un empujón y el timonel puso en marcha el fuera de borda, dejando una «V» larga que formaba ondas a nuestras espaldas. En una isla situada en la desembocadura de la ensenada había edificios de piedra y cabañas de madera iluminados en color malva y verde, un complejo turístico de lujo. Era casi medianoche, y un huésped que hubiera salido tarde nos habría visto justo al lado de la costa, acurrucados y cabalgando en la oscuridad.

Al rodear la punta, una banda brillante apareció en el horizonte; Lesbos, a unos dieciséis kilómetros. El mar se asomaba a nuestro alrededor a medida que la tierra se alejaba. El barco empezó a mecerse con el oleaje, que tenía el movimiento agitado que se produce después de una tormenta. Aparte de las tablas del suelo, el bote carecía de cualquier soporte estructural y se ondulaba con cada ola, lanzándonos unos contra otros. Era ridículo lo poco apta para navegar que era nuestra embarcación, un juguete para la piscina demasiado grande y a punto de estallar.

Teníamos que llegar a aguas griegas antes de que los turcos nos atraparan, pero el timonel, un joven sirio con una mandíbula prominente y con vello, mantenía el acelerador al ralentí, a pesar de las peticiones de los pasajeros de que nos diéramos prisa. Tal vez los contrabandistas le habían advertido que no forzara demasiado el bote. Iba en cuclillas, moviendo la caña del timón de un lado a otro, y, cada vez que nos sumergíamos en un oleaje, gritaba una invocación a Dios, como una boya de balizamiento: *Ya Rab! Ya Rab!* A su lado, sus amigos también armaban jaleo, hablando en árabe sobre tener fe y abandonar Turquía, y otras cosas que no pude entender.

Una niña iraquí de pelo rizado estaba sentada con sus padres en el suelo frente a mí. A medida que el oleaje se hacía más fuerte, su cabeza seguía golpeándome la rodilla, así que alargué la mano y se la sostuve. Su madre no parecía darse cuenta; parecía estar a punto de enfermar. Estaba demasiado oscuro como para ver con claridad los rostros de los demás pasajeros, pero, mientras escuchaba sus gemidos y quejidos, me di cuenta del terror absoluto que me rodeaba. Podía sentir cómo Omar se tensaba a mi lado con cada ola. Era su primera vez en el mar; lo mismo debía de ocurrir con muchos de mis compañeros. Lo que más nos asusta es lo desconocido. Para mí era diferente. Había crecido en el océano. Sentía otro tipo de temor. Me imaginaba que el agua entraba a toda prisa, con su frío repentino, y ensayaba lo que tendría que hacer. Era buen nadador y podía salvarme. Ayudaría a Omar, pero sabía que, sin chaleco salvavidas, tendría que alejarme rápido de los demás si no quería verme atrapado por el pánico. Nadaríamos lejos y esperaríamos. Los que se ahogan son silenciosos; se necesita aire para gritar. Luego, en el caso de los que estaban en la superficie, sería cuestión de tiempo. Había oído que los chalecos solían ser falsos y que absorbían el agua. Aunque nos mantuviéramos a flote, acabaríamos muriendo congelados, aunque era probable que en esta época del año el mar estuviera suficientemente caliente como para que pudiéramos sobrevivir durante la noche. Había ocho kilómetros de distancia desde el punto medio hasta la orilla, y había corrientes; un largo recorrido a nado. Era mejor permanecer juntos y esperar el rescate, si era que llegaba.

Notaba la cabeza de la chica caliente contra mi palma, y me di cuenta de que se había quedado dormida. La luna aún no había salido y las estrellas bailaban en las caras de las olas. Las luces rojas y verdes parpadeaban arriba y abajo de la costa. Estábamos cruzando el foso de Europa. El Mediterráneo es la frontera más mortífera del mundo. Desde el año 2000 se registró la muerte de más de treinta mil inmigrantes junto a un número desconocido de desaparecidos[179]. «La naturaleza sanea el matadero», como escribió Jason de León[180] sobre el desierto de Sonora y sus buitres, situado entre Estados Unidos y México. La pérdida del cuerpo significa que alguien no puede llevar a cabo un duelo adecuado, de ahí el horror de morir ahogado en tantas culturas y los fantasmas que esperan en la orilla.

El buque de guerra apareció sin hacer ruido, como en un sueño, con su silueta dentada y negra sobre el azul marino. Era una fragata de la OTAN, a ochocientos metros de distancia tal vez, que navegaba en paralelo a nuestro rumbo. Debía de haber seguido nuestra señal de radar hasta aquí o bien una mancha de calor. En silencio, observamos cómo se acercaba el barco. Cuando su reflector cegador se encendió, los pasajeros gritaron, algunos llorando y otros rezando. Frente a mí un diminuto eritreo hizo el gesto de la cruz, y sus iris captaron el resplandor mientras nos mirábamos.

—¡Vamos, *sharmuta*! —le gritó un chico árabe al timonel, que seguía negándose a acelerar.

Hacía rato que había visto una luz roja y azul parpadeando a lo lejos, un barco que pasaba por la costa turca hacia el sur. Ahora la embarcación cambió de rumbo a uno fijo y se acercó hasta entrar en el anillo del foco, una inflable blanca de casco rígido no mucho más grande que nuestra propia embarcación con las palabras SAHIL GÜVENLIK en el costado. La fragata debió de alertar a la guardia costera turca, que había venido a detenernos y a llevarnos de vuelta.

Había dos hombres en la proa de la embarcación turca que llevaban linternas, pero ningún arma de fuego que yo pudiera ver. Los pasajeros guardaron silencio por un segundo y supuse que nos iríamos en paz. Cuando los turcos se acercaron, uno empezó a gritar en inglés:

—¡Motor apagado! ¡Motor apagado!

Pero nuestros compañeros del barco se pusieron en pie y respondieron con gritos:

—¡Turquía, no! ¡Turquía, no!

Entonces nos embistieron con fuerza en medio del barco, lo que lanzó una lluvia de agua de mar y me empujó hacia delante contra la mujer y su hijo. Los turcos intentaban clavar su pontón contra el nuestro para poder tomar el control de la embarcación, pero nuestro timonel aceleró y dimos una sacudida mientras la gente silbaba y abucheaba.

El buque de guerra había apagado la luz y se desvanecía en la oscuridad. El guardacostas dio la vuelta y volvió a rugir, esta vez más rápido. Tuve que saltar para evitar que me aplastara cuando chocamos. El turco empujó el timón para hacer que la proa girara, pero nuestro timonel siguió acelerando. Bajo el chillido de los motores podía oír el golpe de los miembros contra los pontones, el siseo del agua de la proa. Uno de los turcos intentó arrojar un cabo alrededor de nuestro fuera de borda, pero los sirios lo devolvieron y le dieron puñetazos también. El otro turco se dirigió a ellos con un bichero que golpeó contra nuestro pontón. Nuestro timonel le dio al acelerador y salimos disparados mientras todos los pasajeros del barco cantaban:

—*Allahu akbar!*

Fue en ese momento, según supe después, cuando cruzamos a aguas griegas. El barco turco estaba dando la vuelta cuando, a casi doscientos metros a estribor, un barco más grande se reveló encendiendo las luces de la cubierta. Los pasajeros se quedaron mirando mientras nuestro timonel aflojaba el acelerador.

—¡Son los griegos! —exclamó alguien.

—¡No, son los turcos, no pares! —gritaron otros. La otra embarcación, que se acercaba rápido, nos apuntó con un foco.

—¡Mostradles a los niños!

La madre que estaba a mis pies se puso de pie y, apoyada por los demás, levantó a su niña de pelo rizado, que parpadeaba para no llorar mientras miraba la luz. Se oyó un zumbido; me giré y vi que el barco turco se acercaba nuevamente.

—¡Cuidado!

Nos golpearon con tanta fuerza que rebotamos y nos alejamos; la madre y su hijo cayeron sobre la maraña de cuerpos. ¿Intentaban hundirnos? Volvieron a dar la vuelta, pero esta vez el otro barco, un gran cúter, se interpuso entre nosotros y los turcos interrumpiendo su persecución. Nuestro bote seguía corriendo con fuerza hacia Lesbos; el triángulo negro de la proa del cúter ahora se cernía sobre nosotros. Marineros corpulentos con pistolas en la cadera se situaron en la barandilla, a contraluz, gritando en inglés:

—¡Detened el motor!

No había forma de escapar, pero mis compañeros discutían si debíamos rendirnos. Entonces, vimos la bandera iluminada que ondeaba en su alcázar, la cruz azul sobre rojo de Noruega.

—¡Es la bandera griega! —gritaron felices, y rompieron en aullidos.

El timonel paró el acelerador y el barco se detuvo al costado. Los refugiados, agitados, seguían gritándoles «¡Turquía, no! ¡Turquía, no!» a los noruegos, quienes intentaban calmarnos. Omar se puso en la popa y habló en inglés con nuestros rescatadores, que les pidieron a todos que se sentaran y se callaran. Al final, uno a uno, primero las mujeres y los niños, nos subieron a bordo, nos cachearon y nos enviaron a la cubierta de la proa del cúter.

Era el *Peter Henry von Koss*, un buque de rescate destinado a la misión de Frontex. Cuando nos pusimos en marcha, el viento empezó a atravesarnos la ropa, la cual estaba empapada por la refriega. Bajo la luz de la cubierta pude ver con claridad por primera vez a mis compañeros de odisea. El terror estaba desapareciendo de sus rostros y fue sustituido por un triunfo agotado. Se habían jugado la vida contra el mar y habían ganado. Pasara lo que pasare a partir de ahora, habíamos llegado a Europa.

Los noruegos se acercaron con mantas térmicas para las familias; incluso tenían osos de peluche en chalecos salvavidas para los niños.

—Sois más simpáticos que los musulmanes —afirmó uno de los sirios en inglés con la voz cargada de ira hacia los turcos.

Un agente de policía con el rostro carnoso y amable nos contó y luego comunicó por radio las cifras en función de la nacionalidad. Cuando vio a Omar, se puso en cuclillas a su lado.

—Gracias por tu ayuda —dijo—. ¿Cómo es que hablas inglés tan bien?

—Serví a las fuerzas de la coalición en Afganistán —respondió Omar—. Estoy escapando de los talibanes.

El noruego explicó que Omar tendría que esperar durante meses en el campamento de la isla mientras clasificaban a la gente. Muchos inmigrantes venían en busca de una vida mejor, según dijo el hombre, y Europa no tenía espacio para todos ellos. Querían ocupar el lugar de los verdaderos refugiados como él.

—¿Sabes? Creo que tienes muchas posibilidades de ganarte la vida en Europa —le aseguró.

—Gracias, señor —contestó Omar.

—Actúas como un europeo. Estás tranquilo y callado. A los europeos no les gusta que la gente empiece a gritar y a hacerse el loco. ¿Por qué está tan alterado todo el mundo? Para nosotros no es lo usual. —Nos miró, perplejo.

Omar suspiró.

—Ha sido por la pelea con los turcos.

El noruego le preguntó cuánto había pagado por el viaje y volvió a hablar mientras escribía la respuesta en su cuaderno.

—Los contrabandistas matan a la gente de forma indirecta al meterla en estos barcos tan poco seguros. Como estos verdes. Hemos visto cómo algunos perdían el aire a mitad de camino. Todos se caen al agua y la gente muere.

—¿Qué nos pasará una vez que lleguemos a Lesbos? —inquirió Omar.

—Os llevarán a Moria —respondió, y frunció el ceño—. Los griegos no van a ser tan amables como nosotros.

Estábamos temblando cuando llegamos a Mitilene, el puerto principal de Lesbos. Eran las cuatro de la mañana. Mis compañeros de barco se alinearon en la barandilla para ver los edificios de piedra del puerto.

—Mira, una mezquita —dijo uno de los iraníes mientras señalaba el campanario de una iglesia iluminada.

La policía griega nos estaba esperando cuando desembarcamos con las piernas rígidas. Los noruegos ya habían apilado nuestras maletas en el muelle, y, cuando fui a recoger la mía, uno de los griegos me agarró del brazo y me empujó, ladrándonos para que formáramos filas. Una vez alineados, un policía nos explicó en inglés que la oficina de registro estaba cerrada hasta la mañana, así que tendríamos que esperar en el puerto. Se llevaron a las familias a una tienda de campaña y al resto nos condujeron a un autobús vacío.

Omar y yo nos sentamos juntos cerca de la parte delantera. Mi amigo se desmayó enseguida en el duro asiento, pero yo me quedé sentado con los vaqueros mojados, demasiado nervioso como para cerrar los ojos. Mi móvil estaba seco y todavía tenía algo de batería, así que escribí lo que había ocurrido. Todavía no se me había ido la sensación de las olas moviéndose. Los rostros que había visto en la oscuridad estaban vivos. No obstante, no sentía alegría, sino preocupación por lo que nos esperaba por la mañana cuando nos llevasen al campo más conocido de Europa. Cuando se me ocurrió seguir a Omar, la frontera estaba abierta, por lo que supuse que llegaríamos sin ser vistos en medio de las masas y que seguiríamos adelante. No quería entrar en el sistema. ¿Y si no encontrábamos la forma de escapar de Moria?

A las ocho llegó otro autobús, seguido de una furgoneta de la prisión holandesa. Nos subimos y nos condujeron por las calles de Mitilene, donde vimos un muro con grafitis de FUERA OTAN, FUERA FRONTEX, y luego seguimos hacia el norte por la costa. Después de más de tres kilómetros giramos hacia el interior y atravesamos huertos de olivos ondulantes. Vimos a un equipo de policías antidisturbios vestidos con uniformes marrones y luego llegamos a un complejo con torres de vigilancia, cercado con alambres de espino.

Parte III

El campamento

13

En todas las islas la gente observa el mar. En Lesbos, la primavera trajo las pateras. Si te situabas en los cabos del norte, podías verlos llegar desde el lado turco del canal, unos puntos que se iban agrandando hasta que distinguías los chalecos salvavidas brillantes y oías el zumbido de los motores y luego los gritos de la gente al atravesar el oleaje. Desembarcaban en la playa si tenían suerte; en las rocas, si no.

Los barcos llegaban como mensajes de guerras lejanas; algunos años traían más que otros. En 2014, mientras Siria ardía, unas cuarenta mil personas desembarcaron en las islas griegas, el mayor número hasta la fecha[181]. Durante el invierno, cuando el mar se volvió tormentoso, solo los más desesperados hicieron la travesía. No obstante, en la primavera siguiente, en 2015, cuando el tiempo volvió a ser cálido, quedó claro que este sería un año distinto a los demás.

Ese mes de marzo casi ocho mil personas llegaron a las islas, una cifra mensual inusualmente alta. El flujo se duplicó en abril y siguió aumentando hasta que en julio desembarcaron cincuenta y cinco mil. Para entonces, el mundo se estaba dando cuenta de la crisis, y los medios de comunicación acudieron en masa a Lesbos, donde los fotógrafos acechaban las playas anaranjadas por los chalecos desechados. Sus cámaras observaron cómo la gente de los barcos se arrojaba a la arena y lloraba de alegría, daba gracias a Dios, se hacía *selfies* y luego empezaba a caminar. En el abrumador centro de registro, las autoridades griegas [182] repartieron papeles que ordenaban a los inmigrantes que se «autodeportaran» y después los dejaron embarcar en el ferri hacia Atenas, donde se dirigieron al norte de Europa, a través de los Balcanes.

En agosto, cien mil personas desembarcaron en las islas griegas, la mayoría en Lesbos. Casi todos eran sirios, y había un número inusual de mujeres y niños entre ellos [183], ya que se hizo evidente que se podía viajar con seguridad una vez que se llegaba a tierra firme. En diciembre, un tercio de los que tocaban tierra eran menores de edad. No todos lograron cruzar, pues de los ochocientos muertos o desaparecidos en el mar ese año, doscientos setenta eran niños.

Fue un pandemónium en las playas. Algunos días parecía el fin del mundo. «Y el mar entregó los muertos que había en él» [184]. Los cadáveres aparecían sin cabeza ni extremidades; otros estaban intactos, como dormidos. Los nombres que los pescadores le habían dado a la orilla cambiaron, según escribiría más tarde un residente. Una roca a la que llamaban «la Foca» era ahora «el Viejo». Algunos lugareños se negaron a pescar bajo el pretexto de que los peces «se alimentaban de los cadáveres de los inmigrantes ahogados» [185].

El 2 de septiembre, una familia de cuatro personas se subió a una embarcación en Turquía. Eran kurdos sirios de la ciudad de Kobani, donde, tres meses antes, el ISIS había masacrado a más de doscientas personas. En la oscuridad previa al amanecer, la embarcación zozobró en un mar agitado; la madre y sus dos hijos se ahogaron. Al amanecer, el niño de tres años —Alan Kurdi o Aylan, como lo conocería el mundo— fue encontrado en la playa. Un fotógrafo turco captó la escena: un niño desplomado hacia adelante al igual que hacen los niños pequeños exhaustos, con su camiseta roja levantada y dejando al descubierto su vientre blanco y una ola que le rozaba la frente. Todavía tenía los zapatos puestos.

Aquel verano se hicieron muchas fotos de niños ahogados, pero quizá la calma angelical del chico fue la razón por la que su imagen se hizo viral en Facebook y en Twitter a un ritmo de más de cincuenta mil tuits por hora, de manera que llegó a una cifra estimada de veinte millones de pantallas[186]. «¿Qué pasó con Aylan Kurdi?», fue una de las principales búsquedas relacionadas en Google, junto con «¿Cuál es la causa de la crisis de los inmigrantes?». Su cuerpo apareció en las portadas del continente[187]: «Una imagen que estremece la conciencia de Europa», tituló *El País* en España. El periódico más vendido del Reino Unido, *The Sun*, cuyo columnista escribió cinco meses antes que «estos inmigrantes son como cucarachas», anunció una campaña benéfica titulada «For Aylan». El principal tabloide de Alemania, el conservador *Bild*, mostró el cadáver del niño en una página de color negro. Al pie de foto se podía leer lo siguiente: «Esta foto es un mensaje para todo el mundo, para que por fin se una y logre que no vuelva a morir ni un solo niño que huye. Después de todo, ¿quiénes somos, cuánto valen de verdad nuestros valores, si seguimos permitiendo que esto ocurra?».

El artista Ai Weiwei visitó la playa de Lesbos y se puso en la misma posición que el niño para hacerse una foto. Al recibir un premio en Berlín, el escritor Karl Ove Knausgaard dijo que la imagen le había impactado y lo había llevado a prestarle atención a la crisis de los refugiados, que hasta entonces se había mezclado con «las noticias constantes de atentados con coches bomba en Irak o tiroteos en escuelas de Estados Unidos»[188]. El senador John McCain, que había instado a Estados Unidos a enviar tropas a Siria, posó con una fotografía del niño muerto en el Congreso.

De un niño, el milagro[189]. Al segundo día de la muerte de Aylan, Alemania y Austria abrieron sus fronteras a miles de personas que estaban embotelladas en Hungría, lo que les permitió subir a autobuses y trenes hacia el norte. Otros países siguieron su ejemplo y formaron lo que se denominó «corredor humanitario», que cruzaba los Balcanes. En Twitter, #refugeeswelcome se convirtió en *trending topic*. En Múnich, había multitudes eufóricas que llevaban chocolate y que les daban la bienvenida a los inmigrantes; en Viena, cientos de trabajadores ferroviarios se ofrecieron a hacer horas extras gratis. El 10 de septiembre, la canciller alemana, Angela Merkel, posó para un *selfie* con un solicitante de asilo sirio. «Podemos hacerlo», anunció.

La frontera estaba abierta. En las playas de Lesbos había policías, anarquistas, turistas y misioneros trabajando codo a codo para ayudar a que los inmigrantes pudieran atravesar las olas y llegaran a Europa. En octubre, doscientas mil personas desembarcaron en las islas griegas, un flujo que alcanzó un máximo de diez mil en un solo día. Un millón cruzó en catorce meses. Fue el mayor movimiento de refugiados por mar de la historia[190].

No obstante, a medida que se acercaba el invierno y las olas se volvían más violentas, el estado de ánimo en Europa también cambiaba. «No es como hace un mes, cuando mucha gente de a pie se acercaba y aplaudía cuando llegaban», dijo aquel octubre un policía en una ciudad fronteriza alemana. La mayoría de los alemanes había aprobado la decisión de Merkel de abrir la frontera; ahora una mayoría decía que había sido un error[191]. En realidad, los líderes europeos estaban trabajando de forma frenética para frenar el flujo de refugiados; Austria, Hungría y Eslovenia estaban construyendo barreras de alambre de espino a lo largo del corredor de los Balcanes[192].

El 13 de noviembre, nueve hombres con rifles de asalto y chalecos bomba atacaron París y mataron a ciento treinta personas. Dos de los terroristas, según se supo, habían llegado a través de las islas griegas haciéndose pasar por refugiados. En la víspera de Año Nuevo en Colonia[193], en medio de la multitud que abarrotaba la estación central de trenes, unos grupos de hombres agredieron sexualmente y robaron a cientos de mujeres. El 1 de enero, la policía de Colonia describió la «exuberante» tarde como «mayoritariamente pacífica»; tres días después, ante la creciente protesta en las redes sociales, el jefe de la policía anunció que se habían producido «crímenes de una dimensión completamente nueva» y que los sospechosos eran árabes. El periódico sensacionalista *Bild* advirtió de la existencia de «grupos que acosaban sexualmente en toda Alemania». El semanario satírico francés *Charlie Hebdo* publicó una caricatura del niño ahogado, titulada «Migrantes», en la que se preguntaba: «¿En qué se habría convertido el pequeño Aylan si hubiera crecido?» [194].

La respuesta aparecía bajo un dibujo de unos hombres persiguiendo a mujeres aterrorizadas: «Un manoseador de culos en Alemania».

«Ahora debemos asegurar las fronteras exteriores de Schengen» [195], le dijo a la prensa Wolfgang Schäuble, el ministro de finanzas alemán. Primero cerraron las fronteras terrestres con alambre de espino y policías antidisturbios; luego, el 18 de marzo, se anunció el acuerdo Unión Europea-Turquía para detener los barcos. Los solicitantes de asilo que llegaran a tierra serían detenidos en las islas griegas y procesados por un «sistema de *hotspot*». El principal y más grande campamento estaba en Lesbos.

NUESTRO AUTOBÚS CRUZÓ la puerta principal de Moria y se detuvo en un recinto interior, también cercado con alambre de concertina. Por la ventanilla vi una fila de funcionarios con portapapeles, algunos con chalecos de la ONU. Cuando me bajé con los demás, las piernas me tambaleaban. Pensé en que no tenía por qué hacer esto, ya que podía gritar en inglés que era periodista y que el contrabandista me había engañado para venir a Lesbos. Si lo hacía, no solo me separarían de Omar, sino que, si los contrabandistas se enteraban de que había un espía entre ellos, podría ponerlo a él y a los otros inmigrantes en peligro. En el campamento podía pasar cualquier cosa. Me quedé en la fila.

Cuando atravesé la puerta, una mujer me puso una pulsera de papel con un número de serie en la muñeca. Nos condujeron a una zona de espera con algunos bancos de madera bajo un hangar de lona, donde nos sentaron según el idioma. Los árabes eran el grupo más numeroso, seguidos por algunos hablantes de tigriña que venían de Eritrea. Omar y yo nos sentamos con los iraníes mientras que los intérpretes con chaleco traducían para un funcionario griego. El hombre nos explicó que nos tomarían las huellas dactilares, nos harían un examen médico y nos enviarían al campamento principal. No se nos permitiría salir durante los siguientes veinticinco días. Una vez finalizado nuestro registro, podíamos visitar el resto de la isla, pero no podíamos salir de Lesbos hasta que pasáramos nuestra primera entrevista de asilo. Y no íbamos a viajar a otros países de Europa. Si no nos gustaba, podíamos volver a Turquía.

Primero llamaron a los eritreos para que se registraran. Los afganos fueron los siguientes. Los dos chicos iraníes habían cambiado de opinión en cuanto a lo de hacerse pasar por afganos, por lo que solo Omar y yo entramos en el recinto administrativo[196], donde había un macetero en el patio que sostenía tres pinos barridos por el viento con los troncos encalados. Los contenedores que hacían las veces de oficinas, decorados en azul egeo, estaban dispuestos en un circuito en sentido contrario a las agujas del reloj; nuestro primer paso fue el «control de nacionalidad». Un funcionario de Frontex, la agencia fronteriza de la Unión Europea, intentaría verificar si de verdad éramos afganos.

Como algunas nacionalidades recibían un trato favorable por parte de las autoridades, los iraníes o pakistaníes podían hacer el intento de hacerse pasar por afganos, igual que los marroquíes por sirios o los etíopes por eritreos. Como, al igual que Omar y yo, muchas personas viajaban sin documentos y en Turquía se podían conseguir falsificaciones con facilidad, los inspectores de Frontex y sus intérpretes interrogaban a las personas sobre sus países de origen. Solían hacer preguntas sencillas sobre banderas o divisas, pero, cuando los inmigrantes cayeron en la cuenta —algunos contrabandistas incluso vendían chuletas—, los inspectores comenzaron a examinar a la gente sobre los puntos de referencia de su país, sobre cuántos dígitos había en las matrículas o sobre cuál era el precio de la harina. El problema era que muchos refugiados habían pasado su vida fuera de sus propios países. Un afgano que se había criado en Teherán hablaba con acento iraní y probablemente sabía menos de Kabul que yo. Las decisiones eran rápidas y sumarias. Se podían cometer errores.

Omar entró primero y yo me senté en un banco del exterior. Algunos de los niños de nuestro barco jugaban con unos juguetes, mientras un par de chuchos de patas cortas olfateaban por los alrededores. Eran casi las nueve, y el personal llegaba con tazas de café en la mano, algunos con uniforme, guardias penitenciarios holandeses y guardacostas griegos. Dos hombres con pantalones cargo charlaban en francés mientras fumaban un cigarro tras otro junto a la oficina de huellas dactilares. También estaban las ONG usuales, como Mercy Corps, ActionAid y Save the Children. Los cooperantes eran más jóvenes que los funcionarios y me recordaban a los niños a los que había visto dar vueltas por Kabul; caderas delgadas, botas caras, aire de preocupación. Mis compañeros de barco deambulaban entre ellos desconcertados, con sus papeles de registro en la mano. Varios contenedores tenían el mismo cartel en el que aparecía una mano blanca sacando una mano marrón de las olas. Decía UN ARRÊT ICI, «parad aquí».

Un agente de Frontex con el pelo de punta y gafas salió de la oficina de control.

—¿Afgano?

Lo seguí al interior y nos sentamos en una mesa redonda de plástico, con el pulso martilleándome los oídos. Un intérprete afgano de mediana edad y aspecto aburrido ya estaba sentado y nos saludamos en persa. Tradujo mientras el funcionario de Frontex hacía una lista de preguntas básicas. ¿Ningún documento? Sin problema. El funcionario quería sobre todo practicar el poco darí que había aprendido.

—*Az kuja hasti*?

—*Ma az Kabul umadom.*

—¿De qué parte de Kabul? —inquirió el intérprete con aspereza.

—Qala-e Fatullah.

—Vale —respondió el oficial al tiempo que garabateaba algo en la parte inferior del formulario.

—¿Eso es todo? —le preguntó el intérprete en inglés, sorprendido.

—Eso es todo —contestó el oficial, y luego me sonrió.

—*Khoda hafez.*

—Dígale que muchas gracias —dije, y salí con mi formulario, parpadeando en la brillante luz del día. Así que era oficial. Me senté en el banco y me fumé un cigarrillo, sintiéndome agotado ante tantas emociones. Estaba haciendo más calor y, mientras tomaba el sol en la entrepierna húmeda de mis vaqueros, me pregunté qué le habría pasado a Omar.

De hecho, fue él quien despertó el interés de Frontex. Un investigador belga escuchó a Omar hablando en inglés sobre cómo había trabajado como traductor para la OTAN y le pidió que fueran a charlar a otro contenedor, donde se les unió un policía griego.

La amable pareja le ofreció un café y la contraseña del wifi a Omar, y luego le preguntaron por su contrabandista. Tenían especial curiosidad por saber cómo funcionaba el pago. Si Omar quería, podía utilizar su móvil para llamar a su contacto y comunicarle que su barco había llegado. ¿Podría darles el número del contrabandista?

Omar se mostró locuaz, pero evasivo. Les explicó que los contrabandistas utilizaban nombres falsos y siempre cambiaban sus números, por lo que no se molestó en recordarlos. Los investigadores dijeron que Omar tendría que quedarse en el campamento durante un tiempo y que podrían conseguirle trabajo como intérprete. Él respondió que se lo pensaría.

Cuando Omar salió, se unió a mí en la cola frente a la oficina de toma de huellas dactilares, nuestra siguiente parada en el circuito. Una de las funciones principales de los *hotspots* era inscribir a los inmigrantes en Eurodac, la base de datos dactiloscópicos europea [197]. Esta base de datos servía para que se cumpliera el requisito del Tratado de Dublín de que los solicitantes de asilo presentasen su solicitud en el primer país de la Unión al que llegasen y se quedasen allí. En la práctica, eso significaba el primer país en el que te atrapaban; de ahí la importancia de permanecer en la clandestinidad con los contrabandistas hasta llegar a tu destino. Algunos inmigrantes, al ser detenidos, incluso se quemaban o se mutilaban las yemas de los dedos para que no pudieran escaneárselos. De lo contrario, si solicitabas asilo en, por ejemplo, Alemania y encontraban tus huellas en Eurodac, y estas mostraban que te habían detenido en Italia o en Bulgaria, los alemanes podían deportarte de vuelta allí. Pero no a Grecia, no desde 2011, cuando el Tribunal Europeo de Derechos Humanos dictaminó que las condiciones eran demasiado atroces en dicho país [198]. La Unión Europea estaba tratando de arreglar la situación, pero, por ahora, Omar no tenía nada que temer. Lo dejé ir primero.

A través de la puerta abierta, vi cómo uno de los franceses al que había visto antes, ahora con guantes de látex, giraba las yemas de los dedos y luego la palma de Omar sobre el cristal de un escáner Crossmatch. Ahora Omar sería reconocible para el Estado. Cuando Eurodac empezó a funcionar en 2003, el uso de la base de datos[199] se limitaba estrictamente a dar asilo. No obstante, en 2015 se cambiaron las normas para permitir que las fuerzas del orden tuvieran acceso a «los delitos graves y al terrorismo». Así fue como la policía cotejó las huellas de dos de los atacantes de París[200] que habían desembarcado en la isla de Leros haciéndose pasar por refugiados, hombres muertos que nunca fueron identificados. Ahora Eurodac se estaba fusionando con otras bases de datos en un vasto sistema que rastreaba a todos los visitantes de la Unión Europea[201]. En la pantalla del funcionario pude ver cómo las espirales se transformaban en una imagen de las huellas dactilares de Omar, y luego el programa emitió un pitido para indicar que las había capturado bien.

La innovación se produce tanto en la periferia como en el centro; las huellas dactilares fueron desarrolladas por funcionarios coloniales en la India británica[202], antes de que fueran adoptadas por Scotland Yard. En nuestra época, tecnologías como la biometría, los drones y la vigilancia masiva automatizada se trasladan desde las guerras de ultramar hasta las zonas fronterizas y, finalmente, llegan a la metrópoli[203]. En Afganistán, el ejército estadounidense registró mis huellas, además de mis iris, antes de que llevara a cabo mis viajes como reportero incrustado, parte de un tesoro inmenso recaudado allí y en Irak que fue compartido con el FBI y con Seguridad Nacional[204].

Cuando llegó mi turno, me acerqué al mostrador y me puse frente al funcionario francés, que alineó su cámara para hacerme una foto. Todavía no me habían tomado las huellas en el continente, pero me pregunté si, después de lo de París, los europeos estarían haciendo comprobaciones en secreto junto con los estadounidenses. Y, si no descubrían mi verdadera identidad, ¿volvería

Habib, mi *alter ego*, a perseguirme? Cuando la carne se convertía en unos y ceros, tu doble podía vivir en la nube para siempre. Pero no había forma de evitarlo sin poner en peligro a mi amigo. El funcionario me tomó de la muñeca; el escáner brillaba con un color verde.

«Tatuaje biopolítico», lo llamó el filósofo Giorgio Agamben[205].

El hombre me apretó la mano contra el cristal.

—HERMANO, VA A SER MUY DIVERTIDO si descubren que eres canadiense —dijo Omar cuando volvimos a entrar en el hangar durante la pausa para comer. Se rio. Lo miré a través de la niebla que me provocaba el cansancio en un intento por determinar si había perdido la cabeza. Tal vez solo estaba contento de estar vivo. Yo también me reí.

A través de la valla vimos pasar a los reclusos del campo principal, vestidos con ropas donadas de todo tipo. Al descubrirnos, algunos afganos nos llamaron desde el otro lado de la valla.

—*Salaam!* ¿Cuántos afganos hay con vosotros? ¿Alguna familia?

Buscaban a familiares que supuestamente habían cruzado. Los seres queridos de los que no habían tenido noticias. Nombres y descripciones que no reconocíamos.

Nos sentamos a la sombra del hangar con los dos chicos iraníes, que se habían encontrado con tres de sus compatriotas de otro barco que habían arribado un día antes que nosotros, aunque aún no habían terminado de registrarse. Estaban de buen humor, sobre todo Firouz, un kurdo iraní de unos sesenta años, bajito y ágil, con un bigote entrecano y cejas pobladas.

—No os preocupéis, chicos, llegaremos a Atenas enseguida —dijo Firouz, que nos hizo sitio a Omar y a mí sobre unos cartones—. Lo tenemos todo planeado.

Resultó que a ellos también los había enviado Hajji en el barco.

—¡Bueno, ya está todo listo entonces! —exclamó Firouz—. Él conoce a uno que puede sacarnos de esta isla con facilidad. Mil doscientos euros por cabeza. Cuando lleguemos al campamento principal, conseguiremos una tarjeta SIM griega y lo llamaremos. Si tiene el dinero, nos iremos todos juntos a Atenas.

El almuerzo fue una caja de arroz y lentejas con pan de pita, nuestra primera comida desde los kebabs de Esmirna. Después fui incapaz de mantener los ojos abiertos. Omar y yo nos desmayamos en el suelo del hangar y, cuando nos despertamos, las oficinas habían vuelto a abrir y habíamos perdido nuestro lugar en la fila. Estaba oscuro cuando llegamos al puesto médico. Una mujer afgana y su hija adolescente esperaban fuera, ambas con las mismas caras alargadas y delicadas. Venían del campamento principal, donde llevaban varios meses atrapadas.

—¿Cómo es? —pregunté.

—Terrible, terrible —contestó la madre—. Parte del problema es que hay gente de muchos países diferentes aquí. Hay muchos africanos. Pero ¿sabéis qué? Cuando llegamos nuestro barco estaba lleno de negros. Y fueron muy amables con nuestras familias. Nos llevaron las maletas hasta la playa y lucharon contra los guardacostas turcos. —Se rio—. Así que: que Dios bendiga a los africanos, que no les duelan las manos.

Su hija entró sola a ver al psicólogo.

—Conque vinisteis directamente de Afganistán —dijo la mujer. Habían estado viviendo como refugiadas en Irán.

—Sí, de Kabul.

—Los niños de hoy en día hablan todos como tú —comentó con un tono burlón. Por mi aspecto, supuso que yo también era hazara—. *Sahist, sahist,* en ese acento de Kabul. ¿Qué le ha pasado a tu hazaragi?

El examen fue un asunto discreto. Me senté en una silla mientras un médico griego de Médicos del Mundo repasaba su lista de control. Tuve problemas con los términos que usaba el traductor iraní para cosas como *prescripción*, y él no parecía conocer el dialecto darí, porque lo repitió enfadado hasta que lo entendí. «Sí» o «no», ¿tiene alguna enfermedad grave? ¿Toma alguna medicación? ¿Tiene alguna discapacidad? ¿Problemas psicológicos? ¿Ha sido víctima de torturas, abusos o agresiones sexuales?

El médico me dijo que llamara a la siguiente persona.

La madre y la hija se habían marchado, pero había una fila de jóvenes de aspecto sombrío sentados en el banco del contenedor de la policía. Más tarde me enteré de que se trataba de la captura nocturna de personas que intentaban colarse en el ferri.

Cuando Omar y yo volvimos al hangar, vimos que los demás habían completado el procedimiento y que los habían liberado en el campamento principal. No obstante, según dijo el policía, ya era demasiado tarde para nosotros. Teníamos que pasar la noche aquí.

Podíamos oír música y tambores en el exterior y ver a la gente pasar por la carretera. Un chico se acercó y gritó:

—¿Dónde están los etíopes?

Iba acompañado de dos mujeres y llevaba en la mano lo que parecía una botella de licor. Un policía lo espantó.

Otro preso, delgado y con una camiseta holgada que dejaba ver sus tatuajes, se acercó y se ofreció a vendernos cigarrillos y tarjetas SIM. Se presentó en inglés como Abu Adam, de Palestina. Le pregunté cómo era la situación en el campo.

—Aquí la gente te engaña por un euro —contestó mientras se acercaba a la reja—. El primer día estuve ahí, como vosotros. Le di a un tipo de fuera diez euros para que me consiguiera una SIM. Todavía no lo he visto. No te fíes de nadie, ¿de acuerdo? No confíes ni en mí ahora mismo mientras te lo cuento.

Lanzó una mirada de reojo y se escabulló de nuevo entre la multitud de inmigrantes. Caminé hacia el hangar, agotado.

Volvía a hacer frío. Un joven estadounidense se acercó con una caja llena de mantas de lana de color azul marino y con la leyenda SAMARITAN´S PURSE®. Omar y yo nos tapamos, nos tumbamos sobre unos cartones y no tardamos en quedarnos dormidos.

14

Cuando el amanecer llegó a los olivares, los gorriones levantaron el vuelo. Abajo, el sol calentaba las tiendas tendidas entre las alambradas. En la puerta interior, Omar y yo estábamos de pie con nuestras mochilas al hombro, sosteniendo los sacos de dormir que nos acababa de dar un funcionario mientras nos dejaba entrar en el campamento principal; nos dijo que consiguiéramos nuestra tienda de campaña en una ONG llamada EuroRelief, situada colina arriba.

Nos quedamos mirando, sorprendidos por la sórdida escena que teníamos delante. A lo largo de la carretera de grava embarrada estaban los marcos carbonizados de los contenedores y las cabañas del Acnur que habían ardido durante el incendio de la semana anterior. A su alrededor, las cúpulas anaranjadas y azules de las tiendas de campaña para dos personas se apiñaban en cada parcela de terreno abierto, con lonas atadas por encima con cuerdas y trozos de madera, para dar sombra. El hedor de las aguas residuales flotaba en el aire. Al seguir el camino cuesta arriba pudimos ver, a través de las puertas sin cremallera, a los internos que salían de sus sacos de dormir, bostezando mientras se ponían los zapatos. Otros bajaban a duras penas junto a nosotros de camino a los baños.

Encontramos la caravana de EuroRelief a medio camino, frente a la gran tienda donde se servía la comida. Omar se acercó a una joven con gorro y bata de menonita y le explicó en inglés que acabábamos de llegar. Nos pidió nuestros documentos de registro y fue a buscar su ordenador portátil.

Mientras esperábamos, un grupo de reclusos empezó a competir por la atención de los demás empleados. Dijeron que habían perdido su refugio y su ropa en el incendio, pero que les habían dicho que las tiendas eran solo para los recién llegados como nosotros y que la distribución de ropa era solo tal día, a una hora determinada…

—¡Repartisteis zapatos ayer! —gritó un hombre.

La menonita regresó con dos estadounidenses vestidas con un pantalón corto y un polo, una de las cuales llevaba una tienda de campaña.

—Os buscarán un sitio y os ayudarán a montar la tienda —dijo. Omar y yo seguimos a las dos voluntarias por el camino.

—Ahora mismo el campamento está a rebosar —nos informó una de ellas a modo de disculpa. Tenían acento del medio oeste y el comportamiento chillón propio de los estudiantes universitarios—. Hemos encontrado un lugar junto a los baños, pero no es de los mejores.

—Preferiríamos un lugar cerca de otros afganos —contestó Omar.

—Claro —respondió—. Bueno, podemos comprobar el nivel superior, ¿os parece?

—¿Se nos permite hacer eso? —preguntó su compañera.

Se encogió de hombros y volvimos a subir. Al otro lado de la carretera, frente a la tienda de comestibles, había dos grandes bloques de viviendas vallados reservados para familias. Una estrecha franja de grava discurría entre sus terrazas superiores e inferiores y terminaba en una valla. Este callejón sin salida era lo suficientemente ancho para una hilera de las cabañas rectangulares del Acnur, que habían sobrevivido al incendio en esta zona, pero la gente había metido a presión las pequeñas tiendas con cúpula en el espacio que quedaba. Al final, encontramos un lugar vacío.

Mientras las mujeres colocaban los postes de las tiendas, los habitantes del callejón salieron a mirar.

—¿Vais a poner más tiendas aquí? —se quejó uno en darí.

—Sí, pero ¿qué remedio nos queda?

Omar los saludó.

—No pongáis vuestra tienda ahí —dijo un hombre con muletas, delgado y con el pelo canoso.

—¿Por qué no? —inquirió Omar.

Señaló una tubería que salía del muro de contención.

—Es un desagüe. Sale agua sucia.

Recogimos la tienda y la colocamos entre dos de las cabañas. Tras darles las gracias a las voluntarias, Omar y yo caminamos con ellas hasta la entrada del callejón.

—¿Cómo es que habláis tan bien inglés? —preguntó una de ellas.

—Fuimos traductores para las fuerzas de la coalición en Kabul —respondió Omar.

Su compañera se palpó los bolsillos.

—Dios mío, creo que he perdido el móvil.

Se apresuraron a volver y empezaron a buscar sobre la grava. El hombre de pelo gris reapareció.

—¿Habéis perdido algo? —les preguntó en darí. Sacó un iPhone de su bolsillo y se lo entregó a la mujer, ya aliviada.

—Si hubiera sido de cualquier otra persona me lo habría quedado, por Dios —nos dijo después de que las estadounidenses se hubieran ido. Se le iluminó el rostro al ver nuestros cigarrillos, así que Omar le ofreció uno—. Hace días que no fumo —continuó, y le dio una calada con ganas—. Estoy sin nada de dinero. —Llevaba cinco meses atrapado aquí con su mujer y sus hijos.

—Bienvenidos a la prisión —gruñó un joven alto con una venda sobre la nuez que venía de la cabaña que había a nuestro lado.

—¿Podemos salir del campamento antes de que acaben nuestros veinticinco días? —inquirí.

—Hay un agujero en la valla de atrás. El problema no es el campamento, sino la isla —contestó el joven. Llevaba aquí cuatro meses y medio.

—No puedes abandonar la isla —intervino una voz sonora. Nos giramos y vimos a un hombre con un espeso bigote de morsa que salía de la otra cabaña. Le faltaba una pierna. Con una muleta, se acomodó en una silla de *camping*—. Solo existe un camino: los camiones. Encuentra un camión, uno con sal, madera o basura que vaya a Atenas, y escóndete dentro. Ese es el único camino que lleva a la salvación.

—Es cierto —añadió el hombre canoso—. Todos lo hemos intentado y nos hemos rendido. Vosotros también os rendiréis cuando lo entendáis.

—Pero conocemos a un contrabandista que dice que puede conseguirnos documentos por mil doscientos euros —dijo Omar.

El joven resopló con disgusto y volvió a entrar en su cabaña.

—No funcionará —nos aseguró el hombre canoso al tiempo que alargaba los últimos restos de su cigarrillo.

—Nunca saldréis de la isla —concluyó el otro desde su silla.

Estábamos hambrientos y nuestros vecinos nos habían advertido que hiciéramos cola pronto para comer, por lo que guardamos las mochilas en la tienda y salimos del callejón, o *kucha*, como lo llamaban sus habitantes afganos. Nuestro nuevo hogar estaba justo en medio de la colina que ocupaba Moria. La entrada principal del campamento estaba en la parte inferior, junto al recinto interior donde habíamos pasado la noche. Desde la puerta, el camino de grava subía en forma de bucle, atravesaba las terrazas y la tienda de comida y volvía a bajar hasta un segundo recinto vallado donde tenían lugar las entrevistas de asilo, junto a los bloques de aseos.

Construido para dos mil personas, en ese momento había unas cinco mil apiñadas en Moria[206], y cientos más llegaban cada semana. La extensión de tiendas estaba dividida de manera informal en barrios en función del idioma y de la nacionalidad; al otro lado de la carretera de nuestra *kucha* había árabes, más abajo la mayoría eran africanos, y al fondo del campamento había bloques de pakistaníes y kurdos. El campo carecía de alimentos y servicios sanitarios adecuados, y las tensiones entre los internos eran altas. La policía se ocupaba sobre todo de proteger el recinto interior donde trabajaban los funcionarios. Por la noche dejaban a los internos a su aire, a pesar de que había habido violaciones y robos. Moria llevaba meses al borde del desastre[207].

La semana anterior a nuestra llegada un grupo de reclusos árabes y africanos intentó organizar una huelga de hambre, pero los afganos se negaron a participar. Los problemas empezaron a la hora del almuerzo, cuando las familias se servían primero. Escuché dos versiones de lo sucedido. Una era que los huelguistas simplemente habían impedido que las afganas entraran en la tienda de comidas, mientras que la versión afgana era que las habían insultado y les habían quitado las bandejas. Se produjo una pelea que se convirtió en un enfrentamiento a pedradas. La policía y el personal del campamento se retiraron al interior del recinto, cuyas impresionantes defensas tenían como objetivo mantener a la gente tanto fuera como dentro. Algunos amotinados arrojaron trapos en llamas sobre las cabañas de los demás, y el fuego se extendió con rapidez[208] por el campamento mientras los internos, que en su mayoría no tenían nada que ver con el disturbio, huían hacia los campos. Cayó la oscuridad y las llamas anaranjadas ascendieron mientras sus pertenencias ardían. Los bomberos llegaron a tiempo para salvar el recinto interior. De alguna manera, nadie murió, pero ahora la gente vivía en tiendas de campaña endebles colocadas sobre el barro.

Cuando Omar y yo llegamos a la tienda de comida, aún faltaba una hora para que les tocara comer a los hombres, pero ya había una fila larga. La comida era una de las principales quejas en Moria, puesto que era terrible y no había suficiente. En el campamento se servía comida hervida y con almidón, como macarrones o patatas. Si llegabas antes de que se acabaran, podía haber guarniciones como una manzana o pan de pita, a veces incluso judías o un poco de carne. No había suficiente para todos, y eso hacía que la gente se pusiera nerviosa. Por regla general, la policía supervisaba la cola, pero el primer día no apareció. Había algunos trabajadores municipales, pero nadie les hacía caso. A empujones y a gritos, la gente discutía si podía guardarles un sitio a sus amigos mientras que los que estaban más atrás silbaban y abucheaban. La fila delante de nosotros era cada vez más larga.

Al final, Omar y yo nos dimos por vencidos y nos hicimos a un lado, junto a uno de los trabajadores, un griego de pelo largo y metalizado. Nos encendió los cigarrillos.

—¿Siempre es así? —le preguntó Omar en inglés mientras observaba el caos.

—A veces.

Los policías aparecieron por fin y empezaron a gritarles a algunos malhechores para que salieran de la cola.

—¿Qué hará la policía si no hacen caso? —inquirió Omar.

—Los golpearán —respondió el encargado con toda la naturalidad del mundo—. Pero no os preocupéis, parecéis pacíficos.

Tener que esperar constantemente en la cola para conseguir algo que necesitas con desesperación y que quizá no consigas puede cambiar a una persona para mal. En el campo de detención australiano de Papúa Nueva Guinea, los solicitantes de asilo se pasaban el día haciendo fila para conseguir comida, baños, visitas al médico, teléfonos, cigarrillos e incluso pastillas para la malaria. «Las colas tienen un poder y establecen que cualquier persona en la prisión que se comporta de manera despreciable y brutal tiene un estilo de vida más cómodo», escribió el autor kurdo iraní Behrouz Boochani[209], que pasó cuatro años allí. «Somos un grupo de seres humanos corrientes a los que han encerrado solo por buscar refugio. En este contexto, el mayor logro de la prisión podría ser la manipulación de los sentimientos de odio entre unos y otros».

La tienda de comida de nuestro campamento tenía una paloma con una rama de olivo; la comida era servida por Mensajeros de la Paz, un grupo español fundado por un sacerdote católico. Una de las cosas más extrañas de Moria en aquella época era que estaba dirigida en gran parte por voluntarios cristianos, muchos de ellos estadounidenses, como las mujeres que habían decidido dónde poner nuestra tienda. Su grupo, EuroRelief[210], era una organización benéfica evangélica de origen griego que fue poco conocida antes de la crisis y que llegó a Lesbos el verano anterior para servir té en la playa. Luego, deseosos de ayudar a los refugiados que veían en la televisión, un torrente de voluntarios extranjeros llegó a las islas griegas. La megaorganización benéfica estadounidense Samaritan's Purse, dirigida por el predicador Franklin Graham, se asoció con EuroRelief, lo que hizo crecer sus filas. «Él tiene un plan, y quizás una pequeña parte de ese plan sea llevar a los musulmanes hacia Él permitiéndoles ver Su amor mediante una taza de chai caliente», escribieron en su blog dos mujeres que se unieron desde Minnesota[211].

Aunque para entonces había unas ochenta ONG trabajando en Lesbos[212], seguían llegando tantos voluntarios que algunos grupos cobraban tasas por trabajar con ellos. Cuando la frontera estaba abierta, las ONG ayudaron a los refugiados a continuar su camino hacia Europa; ahora los ayudaban a que estuvieran en cautiverio. Después de que Moria y los otros campamentos de la isla se convirtieran en centros de detención como resultado del acuerdo entre la Unión Europea y Turquía en marzo, el Acnur y algunas de las otras organizaciones humanitarias, como Médicos Sin Fronteras, se retiraron en señal de protesta[213]. Esto sorprendió al gobierno griego y a la Unión, ya que confiaban en las organizaciones sin ánimo de lucro para prestar servicios básicos como la alimentación y la atención sanitaria. Todo el sistema de *hotspot* podría haberse derrumbado si EuroRelief no hubiera decidido quedarse y hacerse cargo de las funciones vitales del campamento. A los pocos días, Samaritan's Purse y otros grupos volvieron también. Moria se había salvado.

El sistema de *hotspot* de la Unión Europea tenía dos componentes principales. En primer lugar, se registraba a los inmigrantes que llegaban y se les tomaban las huellas dactilares, como a Omar y a mí. En segundo lugar, se examinaba a los inmigrantes que solicitaban asilo dentro de los campamentos. La única forma legal de llegar a Atenas era pasar la entrevista preliminar; entonces, se les permitiría entrar en el continente para la evaluación final. Los que suspendían y procedían de un país que tenía un «acuerdo de readmisión» con la Unión, como Pakistán, podían ser expulsados de la isla.

Por las mañanas, una multitud de reclusos se reunía en el recinto vallado, cerca de los aseos, donde se realizaban las entrevistas de asilo. Cuando me uní a la gente que estaba a la espera de que pronunciaran sus nombres para las entrevistas, reconocí, entre los admitidos, a algunos de los sirios de nuestro barco.

Quizás el proceso fuera más rápido de lo que Omar y yo habíamos pensado.

—¿Están llamando hoy a los afganos? —le pregunté al chico afgano que estaba a mi lado.

—¿Cuánto tiempo llevas aquí?

—Acabo de llegar.

Se rio.

—Llevo aquí dos meses y todavía no he ido a la primera entrevista. Acaban de empezar a llamar a los afganos que vinieron hace cuatro meses.

Así que nuestros vecinos del callejón tenían razón en lo de estar atrapados en este lugar. Observé cómo la gente estiraba sus papeles a través de la red de cadenas. Los funcionarios y sus intérpretes del otro lado eran de la agencia de asilo de la Unión Europea que, al igual que Frontex, estaba formada por delegados de varios Estados miembros. Aunque los presos de Moria solicitaban asilo en Grecia, sus casos eran atendidos por funcionarios de la Unión, que, de hecho, controlaban el *hotspot*[214]. El gobierno griego[215], que había estado a punto de ser expulsado de la eurozona por su crisis de deuda, se estaba arriesgando a que lo aislaran del resto de la zona Schengen si no permitía esta excepción extrasoberana en su territorio. «No es obligatorio, pero en la práctica es bastante obligatorio», explicó el ministro de Interior sueco[216].

Los funcionarios europeos tenían a su lado guardias de la multinacional G4S desarmados[217], pero con lo que parecían chalecos a prueba de puñaladas, a cuyos contratistas también vi en Irak y en Afganistán. Los guardias, griegos de clase trabajadora, vestían uniformes sin forma, mientras que los funcionarios llevaban zapatos Oxford y pantalones chinos. Los intérpretes de la Unión Europea vestían como sus compañeros, pero tenían la cara de los que estaban fuera de la valla.

—¿Cuándo saliste de Kabul? —le pregunté al chico afgano.

—Hace un año. —Sonrió con pesar y me mostró las cicatrices que tenía en las muñecas, líneas pálidas en su intenso bronceado—. Nos secuestraron unos ladrones en Irán.

Cuando los funcionarios terminaron de dar los nombres del día, la multitud decepcionada se redujo. Vi una hoja de papel, colocada en la valla, que enumeraba los veintiocho países de los solicitantes de Moria: Afganistán, Argelia, Bangladesh, Burundi, Camerún, Egipto, Eritrea, Gabón, Gambia, Ghana, Guinea, Haití, India, Irak, Irán, Líbano, Libia, Malí, Marruecos, Nepal, Níger, Nigeria, Pakistán, Palestina, República Dominicana, Senegal y Siria.

Algunos de los de nuestro barco abandonaban el campamento más rápido que el resto. Los sirios tenían prioridad para las entrevistas de asilo, así como para el alojamiento en los campamentos familiares. En general, la policía y los cooperantes los trataban con más consideración. Incluso el papa Francisco[218], cuando llevó a los refugiados de Lesbos en su avión de vuelta al Vaticano para que recibieran asilo, solo eligió a los sirios. Los afganos estaban en medio de la jerarquía; las personas de países como Senegal o Pakistán eran consideradas inmigrantes económicos a menos que pudieran demostrar lo contrario. En Moria, los internos tenían que competir por la comida, el alojamiento y la atención médica, pero lo que más deseaban era salir, y este orden jerárquico los dividía aún más. Los sirios se quejaban de que los otros se habían apiñado en Europa cuando se abrió la frontera por su bien. Los afganos estaban resentidos porque los sirios recibían más simpatía cuando su propia guerra había durado más décadas, pero no tardaron en decir que los pakistaníes no eran verdaderos refugiados. Un eritreo me dijo lo mucho que le molestaban los africanos occidentales, quienes no estaban escapando de una dictadura como él. Y los pakistaníes y senegaleses podían replicar que todos se habían ido de Turquía por la misma razón: conseguir una vida mejor en Europa.

Los prejuicios basados en el color o en el credo existían en sus países natales, pero en el campamento estaban impulsados por una nueva lógica, que justificaba cómo era el mundo. Los inmigrantes estaban aprendiendo a verse a sí mismos con ojos occidentales.

15

Seguí a Omar a través de las tiendas de campaña que había en la cima de la colina, bajo los tendederos y por delante de un grupo de pakistaníes que jugaban a las cartas.

—¡Aquí está! —exclamó.

Habíamos encontrado una de las salidas que los reclusos habían cortado en la valla perimetral. Los agujeros no eran un secreto; todo el mundo los conocía, incluida la policía, pero servían como válvulas de escape para el campamento. Se suponía que Omar y yo no debíamos salir de Moria durante nuestros primeros veinticinco días, pero ahí estábamos, metiéndonos bajo la malla dentada y entrando a un bosquecillo de olivos ralos, con cuidado de no pisar las heces. Los agujeros estaban ya tan bien establecidos que había camiones de comida aparcados en la carretera de acceso. Bajamos hasta la puerta principal, donde había más camiones que servían *souvlaki* y café. Había una colección de mesas de plástico equipada con multiplicadores para que la gente pudiera cargar los móviles, ya que los enchufes eran escasos en el interior.

Era un alivio estar fuera de la alambrada, pero seguíamos atrapados en Lesbos, aunque ahora estuviéramos dentro de la supuesta zona Schengen sin fronteras. Los turistas que venían de Fráncfort o de Ámsterdam a dejarse el dinero en las islas griegas no necesitaban pasaporte, como tampoco lo necesitaban los estadounidenses para viajar a Miami. Con un documento de identidad, la arena, el sol y el *ouzo* estaban a tan solo un vuelo de EasyJet. No obstante, a los inmigrantes no se les permitía salir de las islas, no sin haber pasado su primera entrevista de asilo; la policía y Frontex habían bloqueado el aeropuerto y el ferri.

Firouz, el kurdo iraní al que conocimos el primer día en el recinto interior, afirmó que podíamos salir de la isla con un contrabandista. Cuando Omar lo llamó, Firouz dijo que ya se había escapado del campamento y que debíamos reunirnos con él en la ciudad. Omar y yo esperamos en la parada de la puerta principal hasta que llegó un autobús urbano maltrecho; pagamos el billete y nos sentamos. Había un servicio especial que iba en bucle desde Moria hasta el puerto; nos llevó hacia el interior a través de las áridas colinas y pasamos por una base del ejército antes de dirigirnos hacia el sur, hacia la bahía de Gera, donde nos detuvimos en un pequeño campamento para familias en el que subieron varias mujeres con cochecitos. Luego ascendimos a toda velocidad y pasamos por concesionarios de coches abandonados, con la bahía brillando bajo el sol a nuestras espaldas. Fue aquí, en las lagunas poco profundas de Lesbos, donde Aristóteles emprendió el primer estudio sistemático de la vida natural bajo el argumento de que el alma no estaba separada del cuerpo y de que todos estábamos conectados en una «gran cadena del ser».

En la cresta de la colina, entramos en las afueras de Mitilene. Pasamos por farmacias con cruces de neón, talleres mecánicos, salones de apuestas y el ayuntamiento hasta llegar al antiguo puerto pesquero, antaño sede de la Marina otomana[219], ahora con varios barcos de la Guardia Costera Helénica y cúteres de la Fuerza Fronteriza del Reino Unido al lado. En el extremo más alejado, detrás del muelle de la policía al que nos llevaron nuestros salvadores noruegos, estaban los muelles de los enormes transbordadores que iban a Atenas. Nuestra última parada fue la plaza principal, en la que había una estatua de la poeta del amor, Safo, cuya poesía sobrevive en fragmentos:

Alguien nos recordará
lo afirmo
incluso en otra época[220].

La plaza estaba rodeada de cafeterías, y vimos a Firouz sentado fuera de una con sus dos compañeros de viaje: Arash, corpulento y con el pelo blanco, encargado de la cafetería de una empresa petrolera en Teherán, y Reza, veinteañero con el cabello engominado, que había trabajado allí. Los tres intentaban llegar a Alemania.

—¿Os estáis alojando en el campamento? —preguntó Firouz. Hizo una mueca—. Aquello es asqueroso. —Su mujer, que ya estaba en Alemania, lo había puesto en contacto con una nueva contrabandista, una mujer egipcia, que le había conseguido un hotel para el que normalmente se necesitan papeles a cuarenta euros la noche. La contrabandista cobraba lo mismo que Hajji, mil doscientos euros por documentos falsos y un vuelo a Atenas, y afirmaba que sobornaría a un funcionario del aeropuerto para que los dejara pasar. Quería cuatrocientos euros por adelantado, pero eso a Firouz no le preocupaba—. Es mejor que Hajji. Lo consigues ciento por ciento —dijo mientras sacudía la ceniza de su Winston. Él y sus amigos se iban a ir en cuanto la mujer estuviera lista, con suerte para el fin de semana. Prometió presentárnosla—. Mira, si os interesa, intentad encontrar otros clientes en el campamento y os hará un descuento —nos aconsejó.

—¿Qué te parece? —le pregunté a Omar una vez que se fueron.

—Creo que deberíamos esperar y ver qué pasa —respondió.

Miramos alrededor de la plaza y vimos a algunos inmigrantes merodeando. Habíamos oído que la policía no molestaba en la ciudad y a ninguno de los dos nos apetecía volver al campamento, así que caminamos hacia la terminal del ferri, donde alguien había pintado ABAJO LAS FRONTERAS en el largo rompeolas de hormigón. El verano pasado, miles de refugiados acamparon alrededor de la terminal a la espera de que les llegara su turno para subir al ferri[221]. Algunas agencias de viajes cerradas todavía tenían carteles en persa y en árabe que ofrecían billetes de autobús desde Atenas hasta la frontera con Macedonia.

Al otro lado de la valla perimetral encontramos una plataforma de baño de hormigón, pedregosa y manchada de aceite, que tenía unas cabinas de madera para cambiarse y una ducha. Allí, había un par de niños afganos tumbados al sol que nos saludaron. Miré el agua azul y turbia. Tenía la piel llena de mugre del campamento, así que me quité todo menos la ropa interior y me metí. Los dos chicos saltaron detrás de mí. Sin embargo, Omar, que en Afganistán siempre era el primero en tirarse a una piscina o a un lago, se quedó en calzoncillos en el borde del muelle.

—Vamos, ¿qué pasa? —inquirí mientras caminaba por el agua.

—¿Es agua salada?

—Sí. Es el mar.

—Nunca he nadado en agua salada. ¿No me quemará?

Me reí y me puse cómodo, dejando que el agua me pasara por encima de la nariz y de los labios. Al cabo de un minuto, Omar se metió en el agua y salió a la superficie sonriendo. Los cuatro salimos nadando y nos subimos en la plataforma. Si te tumbabas de espaldas y te girabas hacia un lado, veías cómo se asomaba la chimenea roja del ferri. Hacia el otro lado, el cielo y el mar se fundían en una esfera pálida.

Después, nos enjuagamos en la ducha al aire libre y nos tumbamos en el hormigón para secarnos. Se notaba que los chicos llevaban tiempo en la isla por lo delgados y bronceados que estaban sus cuerpos. Ali, de diecisiete años y con las puntas rubias cubiertas de escarcha, dijo que llevaba seis meses aquí. Desembarcó solo unos días después del cierre de las islas, en marzo, y por aquel entonces todavía se podía comprar una tarjeta de asilo falsificada —de esas que te daban una vez que superabas la primera entrevista— y subir al ferri que te llevaba a Atenas.

—Costaban ciento cincuenta euros —nos contó—. Pero me dijeron que tardarían poco en entrevistarnos, así que pensé ¿para qué pagar? Luego los papeles subieron a trescientos cincuenta, luego a seiscientos, después a mil euros, y ahora no sirven para nada.

La policía mantenía el ferri bien vigilado. Si tenías la suerte de que te enviaran a Atenas, la ONU tenía que mandar a alguien al puerto para que te escoltara.

—La policía no te deja entrar en el puerto, pero aquí no molestan —nos dijo Ali. Señaló unas mantas y bolsas escondidas junto a la valla—. Algunos de los chicos duermen aquí.

Subimos a la colina que había detrás de la plataforma mientras el sol nos calentaba la piel. En la cima, sobre un pedestal con bajorrelieves, había una estatua de bronce con una vestimenta clásica, los pechos descubiertos y el brazo derecho sostenía la antorcha de la libertad. Miraba desafiante a la costa turca, visible en un día despejado como el de hoy. Era uno de los varios monumentos que había en la isla en honor al Intercambio de Poblaciones de 1922, cuando las calles de Mitilene se llenaron de refugiados enfermos y sin hogar[222]. Muchos de ellos se asentaron aquí, en la isla, donde sus pueblos aún se denominaban *prosfygika*: ciudades de refugiados[223]. Algunos de los expulsados de Turquía ni siquiera hablaban griego. Bajo el Tratado de Lausana, las personas fueron deportadas a la fuerza únicamente por su religión, lo que formalizó la alquimia que transformó a musulmanes y cristianos otomanos en turcos y griegos. Esta limpieza étnica fue supervisada, en su fase final, por la Sociedad de las Naciones. En la conferencia de Lausana, el explorador polar Fridtjof Nansen, que se había convertido en alto comisionado para los refugiados, propuso un trueque completo que «deshiciera las poblaciones de Oriente Próximo»[224]. Ese año le fue concedido el premio Nobel de la Paz.

Pasamos el resto del día en el puerto y tomamos el último autobús de vuelta a Moria a las diez. Era visible que algunos de los pasajeros estaban borrachos. El alcohol estaba prohibido dentro del campo, aunque se podía meter lo que se quisiera por los agujeros.

—A mí también me vendría bien un trago —le dije a Omar con nostalgia mientras nuestro autobús se acercaba a los focos de la puerta—. Deberíamos haber conseguido un poco.

—Espera aquí un momento, tengo una idea —contestó Omar, y se marchó. Cuando regresó, llevaba una bolsa de papel marrón y me indicó que lo siguiera. Caminamos hacia la carretera en la oscuridad. Me mostró dos latas altas de cerveza Alfa.

—¿De dónde has sacado esto? —le pregunté.

—De los camiones.

Caminamos y encontramos un rincón plano bajo unos olivos, donde abrimos las latas y nos sentamos a mirar las colinas iluminadas por la luna. Detrás de nosotros se oía el traqueteo de los generadores del campamento. ¿Habríamos cometido un gran error al venir a las islas? La situación era mucho peor de lo que había imaginado. Miré a Omar y me pregunté si pensaría que yo estaba loco por quedarme aquí con él.

—Está fría, pero te hace entrar en calor, hermano —comentó Omar, y le dio un sorbo. Resoplé contra mi cerveza. Había empezado a hablar un inglés confuso como parodia de mi acento afgano falso, el que utilizaba con los cooperantes.

—Salud, hermano.

—Salud.

Para salir del campamento, Omar y yo empezamos a abordar el autobús que nos llevaba a la ciudad todas las mañanas, después de desayunar, y nos quedábamos hasta tarde. Si teníamos suerte, conseguíamos que el almuerzo o la cena nos lo proporcionara uno de los grupos de caridad que venían a la plaza de Safo; otros días nos gastábamos unos cuantos dólares en un sándwich de pita. Solo teníamos quinientos euros que me había cosido en los pantalones, y tenían que durarnos. Habíamos previsto que su madre nos enviara dinero desde Estambul, pero en Lesbos no había *hawala*, y ninguno de los dos tenía documentos, así que no podíamos usar la Western Union aquí. Más tarde, a medida que nuestros estómagos se iban encogiendo, se hacía difícil comer toda una comida de restaurante de una sola vez.

A la plataforma de baño del puerto la había reclamado una banda de afganos de nuestro propio callejón. Habían montado una tienda de campaña y algunas mantas bajo un par de árboles, y allí pasamos el tiempo jugando a las cartas e ideando formas de salir de la isla. Los chicos eran un grupo mixto. Si bien era cierto que los inmigrantes afganos solían viajar a través de redes organizadas en función de la ciudad natal y de la etnia, y que a menudo había tensiones entre suníes y chiíes o entre persas y pastunes, cuando se enfrentaban a las violentas rivalidades internacionales del campamento, los afganos se mantenían unidos.

A algunos de los chicos del *kucha* los buscaba la policía por su papel en la revuelta y el posterior incendio, y solo visitaban el campamento por la noche a través de los agujeros.

—Nos superaban en número y nos dieron una paliza, así que tuvimos que vengarnos —nos dijo un chico—. Empapamos algunas bufandas en combustible, les prendimos fuego y las lanzamos sobre las tiendas de los africanos. Ahora saben que no deben meterse con nosotros.

Un hombre, que ocultaba su pelo rapado y con cicatrices bajo un gorro estilo pescador, ya había estado en la cárcel del campamento acusado de haber cometido delitos con arma blanca mientras estaba a la espera de ser trasladado al continente. Cuando comenzó el incendio los guardias huyeron, y él y los demás reclusos rompieron la puerta y escaparon. Venía de los barrios bajos de la zona oeste de Kabul, y en el campamento había encontrado una lucha por la supervivencia similar. Un día, después de que expulsara a algunos pakistaníes a golpes e insultos, le pregunté por qué se metía siempre en peleas.

—Acabas de llegar —se burló—. Si hubieras estado aquí antes, habrías visto la cantidad de palizas que los afganos recibieron por parte de los pakistaníes. Ahora el campamento está tranquilo, ¿eh? Eso es porque nos tienen miedo después del incendio. Pueden hacer cola sin problemas para conseguir comida porque hemos luchado.

Sin embargo, por lo general, los chicos no molestaban a los demás refugiados que venían a bañarse o a pescar con cordeles que tenían masa a modo de cebo. Por acuerdo tácito, al otro extremo de la plataforma lo utilizaban los ancianos del lugar. No había muchos más visitantes, pero un par de veces vi pasar un vehículo blanco de cinco puertas con un brazo pálido en el alféizar de la ventanilla.

—*Ena! Ella!* —gritaban los chicos.

—Ese *mordegow* viene todos los días —dijo el del gorro de pescador.

—¿Por qué? —pregunté.

Nuestro vecino de una sola pierna resopló.

—Dale tu culo y te dará cincuenta euros, ahí tienes el porqué.

—¡Conque es cierto! —exclamó Omar. Algunos de los chicos parecían avergonzados.

Todas las tardes, el ferri partía en un viaje de doce horas hacia El Pireo, el puerto de Atenas. A medida que avanzaba la tarde, los inmigrantes se reunían junto a la valla para contemplar la rampa que tenía en la popa. Aunque para comprar un billete era necesario mostrar documentos de viaje válidos, se podía conseguir uno en el mercado negro a un precio desorbitado, pero la policía esperaba junto a la pasarela y comprobaba tus papeles si sospechaba que eras inmigrante. Los afganos y los sirios, de piel más clara y rasgos más caucásicos, tenían más posibilidades de hacerse pasar por locales o por turistas que los pakistaníes o los marroquíes, que a su vez lo tenían mucho más fácil que los eritreos o los senegaleses. Los chicos seguían animando a Omar a que lo intentara.

—Pareces extranjero —le dijo Ali, el de diecisiete años. Ali era hazara y parecía bastante asiático—. Y hablas bien inglés.

—¿Y yo qué? —pregunté.

Se rio y se estiró las comisuras de los párpados.

—Lo siento, hermano, eres como yo.

Si no se podía pasar, quedaban los camiones.

Gran parte de las cavernosas cubiertas para vehículos del ferri estaban ocupadas por camiones con remolque que transportaban mercancías hacia y desde las islas. Si te sentías temerario, podías arrastrarte por debajo de un remolque y agarrarte por encima del eje, como Odiseo escapando de los cíclopes bajo el vientre de una oveja. Muchos lo intentaron, sobre todo los niños más ágiles como Ali. No obstante, registraban los camiones al subir, y era fácil detectar si había alguien debajo. Era mejor esconderse dentro de la carga, pero la vigilancia del aparcamiento del puerto era demasiado buena. Había que buscar el camión en otro lugar de la isla y entrar. Los astilleros, las canteras y los almacenes de reciclaje eran buenas opciones, ya que los camiones de allí solían dirigirse al continente. Puede que tengas que esperar dentro del remolque uno o dos días antes de que empiece a moverse. Era posible que tuvieras que intentarlo muchas veces antes de que lograras llegar a Atenas, y con cada intento existía el riesgo de acabar aplastado o asfixiado en una caja de acero.

Mientras que en Irán y en Turquía los afganos habían sido «viajeros» pasivos que pertenecían a los contrabandistas, aquí en Lesbos eran jugadores de lo que ellos llamaban «el juego», para lo que utilizaban la palabra inglesa. Hablamos del juego todo el día, sobre dónde encontrar camiones o sobre si era mejor comprar una maleta con ruedas o una mochila para hacerse pasar por europeo. Cuando llegó la noche, los que no jugaban se fueron a la valla a mirar. El embarque comenzó a las seis. Primero aparecieron los revisores del ferri, esos que llevaban tarjetas de identificación al cuello. Comprobaron los billetes. Un policía griego de uniforme se unió a ellos, otro vigiló la puerta y otros recorrieron el perímetro, gritándonos si nos agolpábamos en la valla. El Estado tenía tantos ojos como Argos; un tipo musculoso con un bulto bajo su camisa hawaiana estaba alineado con sus compañeros de viaje. Llegó la furgoneta de la prisión holandesa, de la que salieron numerosos guardias con chalecos reflectantes. Devolvieron a los cautivos a Moria. En último lugar, hicieron su entrada las fuerzas especiales de la Guardia Costera Helénica, «los comandos», como los llamaban los inmigrantes por sus trajes de camuflaje remangados hasta los bíceps y sus botas. Se pusieron guantes de goma y sacaron unas linternas largas de acero.

Un estruendo recorrió la columna de camiones cuando los conductores se movieron despacio hacia la rampa, donde los comandos rastrearon por debajo y tiraron de las puertas de carga. Los pasajeros pasaron junto a los conductores; no había muchos turistas en esta época del año, pero sí muchas ONG y empleados de campamentos. Ya estaba oscureciendo.

Los inmigrantes seguían comentando junto a la valla sobre quién lo intentaría esta noche, quién se había comprado una mochila y se había cortado el pelo, quién llevaba en un camión desde ayer.

—¿Dónde estáis? ¿Dentro? —susurró a su móvil el que estaba a mi lado—. Quédate callado y agárrate a algo, así pasarás.

Animamos a los jugadores. Mañana podríamos ser nosotros.

—Ahí va Jawad —siseó alguien—, lleva pantalones cortos. —Un chico que arrastraba una maleta con ruedas salió de entre las sombras del aparcamiento y, con habilidad, se mezcló con los pasajeros que subían por la rampa.

—Tenía un billete, lo ha consegui…

Dos policías lo agarraron del codo y lo condujeron hasta la pasarela. Ni siquiera a bordo del ferri se estaba seguro, pues un iraní había llegado a la cubierta superior antes de que un policía encubierto lo descubriera.

Otro gemido. Los comandos estaban sacando a dos niños de debajo de un camión. Por lo general, no eran bruscos, tal vez un golpe en la cabeza si eras lento, pero, por lo demás, entrabas en la furgoneta holandesa. Si estaba llena, te decían que te largaras; *fyge malaka*. Siempre que no llevaras documentos falsos, lo peor que te podía pasar era una o dos noches en la cárcel del campamento. Los policías podían atrapar a veinte jugadores o más en una noche. Pero la verdadera pregunta era cuántos lograban pasar. Las luces del ferri que se alejaba brillaron en la húmeda noche mientras daba un largo toque de bocina.

«La isla es una prisión y el mar es los barrotes», escribió Christos Ikonomou[225] en uno de sus cuentos sobre la crisis económica griega.

Una noche escuchamos a Rage Against the Machine en un equipo de música en la plaza de Safo. Unos cientos de personas se habían reunido para una manifestación contra lo que calificaban como «fascismo», los partidos xenófobos de Atenas que estaban ganando popularidad en las islas. El grupo, en su mayoría joven, marchó en un bucle por el centro de la ciudad, pasando por los puestos de helados y de *ouzo*, por las tiendas de gafas de sol, mientras coreaban en griego y en inglés:

«¡Dilo alto, dilo claro, aquí los refugiados son bienvenidos!».

Omar y yo observamos desde la distancia. Después, mi amigo se quedó mirando, atónito, unas pintadas de aquellos que estaban en contra de los manifestantes: QUE LE DEN AL ISLAM.

Por la compasión que habían mostrado hacia los refugiados del verano anterior, habían nominado a los isleños griegos al premio Nobel de la Paz de ese año. «Acogemos a los refugiados porque nosotros también descendemos de refugiados», le explicó una anciana a la prensa[226]. Durante el septiembre anterior, once días después de que Alan Kurdi se ahogara, el alcalde de Lesbos publicó una declaración junto con sus homólogos de las «ciudades de refugio» de París, Barcelona y Lampedusa. «Si seguimos alzando muros, cerrando fronteras y subrogando el trabajo sucio a otros Estados para que sean ellos quienes ejerzan de gendarmes de nuestras fronteras, ¿qué mensaje estamos lanzando al mundo?», escribieron los alcaldes. «Nosotras, ciudades de Europa, queremos dar la bienvenida a los y las refugiadas»[227].

Ese año hubo una gran cantidad de premios por el trabajo realizado en Lesbos: el World Press Photo, el Pulitzer, el Olof Palme, el premio Nansen para los Refugiados del Acnur. El Consejo de Europa le concedió el premio Raoul Wallenberg a un grupo de solidaridad local, Agkalia, «por los logros humanitarios extraordinarios».

«Después de los premios nos han invitado a casi todas partes, Sofía, Viena, lo que se os ocurra», rememoraría más tarde Giorgos Tyrikos-Ergas[228], miembro de Agkalia. «Cada vez que empezamos a hablar de las raíces de las cosas, de la guerra y de cómo el mundo occidental sigue saqueando a otros países, la discusión es: "Tienes mucha razón, pero estas cosas son muy complicadas. Centrémonos en cómo debemos instalar a los refugiados, en las reubicaciones"».

El Nobel se iba a anunciar el 7 de octubre, incluso nos enteramos en Moria. En internet, los favoritos de las casas de apuestas eran los griegos, trece a ocho[229]. Los periódicos publicaron los perfiles de los dos residentes de Lesbos seleccionados como candidatos simbólicos, una abuela y un pescador.

El ganador fue el presidente de Colombia, por haber negociado un tratado de paz con la guerrilla.

Mientras la atención del mundo se desplazaba, los isleños se quedaron ofreciendo campamentos para aquellos a los que Europa no quería. La frontera se había cerrado, pero los barcos seguían llegando. Y el ambiente en las islas estaba cambiando. La gente en sus casas, como escribió hace tiempo John Steinbeck, «sintió lástima al principio y luego repugnancia, y finalmente odio por los emigrantes»[230]. Los actos individuales se contaban contra la cuenta común; se culpaba a los refugiados de los robos, de las espirales de mierda que había junto al puerto, de los abusos sexistas hacia las mujeres policías. Y los isleños también sufrían. Los turistas apenas visitaban ya las islas y Grecia seguía sumida en la crisis económica[231]. Hubo peleas entre locales e inmigrantes; el campamento de Quíos fue bombardeado[232]. En Lesbos, aquel otoño, algunos padres cerraron con cadenas las puertas de una escuela para que no entraran los niños refugiados[233].

Una mañana estábamos sentados en el autobús cuando Omar se puso rígido y me dio un codazo. Una chica árabe, probablemente siria, bajaba con un bebé en un cochecito. Tenía las cejas tenues de Laila y su piel pálida como la crema bajo el velo oscuro.

—Se parece a ella. Es igual que ella —susurró Omar con la voz ronca.

Nos montábamos en ese autobús todos los días, excepto los domingos, que no salía hasta la tarde, por lo que recorríamos a pie los ocho kilómetros que nos separaban de la ciudad. De camino vimos a grupos de inmigrantes africanos, escoltados por cristianos del campamento, que venían de la iglesia arreglados con camisas con cuello y vestidos, las mujeres con unos sombreros como si fueran pájaros tropicales. En el cruce, unas griegas con aspecto de matronas repartían folletos de los Testigos de Jehová en persa, urdu, francés e inglés. A estas alturas, bastaba con una mirada para que sacaran el panfleto adecuado.

Mi folleto en persa tenía llamas en la portada, pero en el interior decía que, como Dios era bueno, nunca torturaría a sus hijos en el infierno.

—Los musulmanes también creen eso —me dijo Omar mientras seguíamos por la carretera—. Creen que nadie se quedará en el infierno para siempre porque Dios es misericordioso.

—Esa es una buena noticia para mí, entonces.

—Pero primero tendrás que pagar por tus pecados. —Se rio—. No te preocupes, hermano, te financiaré para que vayas al cielo.

—Iré por el camino del contrabandista.

—Allí no hay ningún camino de contrabandistas.

—Siempre hay un camino de contrabandistas.

Firouz nos llamó y nos dijo que nos reuniéramos con él en la cafetería de la plaza de Safo. Allí también estaba la egipcia, una mujer bajita con el pelo teñido con henna y los ojos ocultos tras unas gafas de sol de Gucci. Nos lanzó una breve mirada a Omar y a mí mientras Firouz le traducía en árabe, y luego dijo que seríamos los siguientes.

Más tarde, nos encontramos con los tres iraníes en el parque de detrás del teatro. Se habían afeitado y puesto camisas de vestir nuevas, y habían comprado tres maletas con ruedas iguales, las más baratas. Nos enseñaron los papeles que les había dado el contrabandista. Reza, el joven, tenía un pasaporte francés, y el parecido no era muy bueno, lo cual le preocupaba. Cuando le leí el nombre en voz alta, me dio las gracias, pues no sabía cómo pronunciarlo.

—No te preocupes, lo logras seguro —le dijo Firouz—. No te harán ninguna pregunta. Tiene comprado a uno en el aeropuerto.

Firouz y Reza se iban esa misma tarde. El vuelo de Arash era al día siguiente. Estaban nerviosos porque los tribunales griegos a veces dictaban sentencias de seis meses por haber usado documentos falsos, lo que significaba la cárcel en el continente.

De vuelta al campamento, vimos sobrevolar el que debía ser su avión, cuyo fuselaje captaba la última luz.

—Imagínate estar en él —dijo Omar con nostalgia.

Por la mañana llamó a Firouz, que le contó cómo habían ido las cosas. El contrabandista los dejó en el aeropuerto. Entraron juntos y lograron facturar, pero, cuando la guardia de seguridad pasó el pasaporte de Reza por la máquina, frunció el ceño, se marchó y volvió con un policía, que los llevó a una sala trasera. Otro agente llegó y habló con Reza en francés. Reza se encogió de hombros, pero, cuando le pusieron las esposas, empezó a llorar.

—No pasa nada —lo tranquilizó el policía.

Les quitó la documentación falsa, los cacheó y los condujo de vuelta a la plaza de Safo, donde les sacó las esposas y les dijo que se perdieran de su vista. Eso fue todo. Tuvieron suerte, pues el hecho de que los inmigrantes debieran enfrentar cargos parecía depender de cuán ocupados estuvieran los policías y los tribunales ese día.

La egipcia no contestaba al teléfono. Los iraníes se quedaron sin los ochocientos euros, además de los doscientos que habían gastado en el hotel. Firouz estaba tan enfadado que fue a la comisaría a quejarse. Se rieron de él.

Cuando Omar colgó y me contó la historia, me di cuenta de que se lo estaba tomando mal.

—Eso significa que estoy atrapado aquí —dijo—. Podrían ser seis meses.

—No nos vamos a quedar aquí —le aseguré—. Encontraremos una forma de salir.

Sonrió sin decir nada. Los dos sabíamos que podía hacer una llamada telefónica para recuperar mi pasaporte e irme cuando quisiera.

Cada vez que nos encontrábamos en el campamento con nuestros compañeros de barco, nos reconocíamos y nos mirábamos, compartiendo, si bien no el lenguaje, los pensamientos. Estábamos unidos por el paso de agua. Un día, un chico sirio nos enseñó un vídeo que había grabado con su móvil del momento en el que nos rescataron. El fotograma pasa del brillo cegador del cúter noruego a él y a sus amigos, con los ojos muy abiertos y exultantes, el audio áspero por la adrenalina. Yo soy un borrón oscuro en el fondo. «Su poder consistía en haber existido entre ellos como hablante nativo, por así decirlo, y también como escritor secreto», escribió Edward Said[234].

El muro también estaba dentro de nosotros. Cuando el autobús subió por encima de la bahía por la mañana, miré un rostro cansado tras otro hasta que se me llenaron los ojos de lágrimas y tuve que bajar la vista hacia la fila desgastada de zapatillas; me dio la sensación de que era como arrojar luz a un espejo, lo que uno debía sentir al amar a Dios, pero en mi corazón me dije que era solo lástima.

¿Qué más daba lo que yo sintiera? Deseaba ser el ojo de una cámara. No obstante, por la noche me metí en nuestra tienda y me acosté en mi saco, respiré despacio y escuché las distintas capas. Omar a mi lado, la risa de nuestro vecino, el tintineo de las cucharas y el sonido del agua, luego un círculo más lejano, hasta que, si llegaba al perfecto silencio, podía oír a las cinco mil almas de Moria.

16

En su sombrío retrato de la pobreza británica de la década de 1930, *El camino a Wigan Pier*, George Orwell viajó a las minas y a los barrios marginales del norte industrial. «Hay como una obligación de ver y oler estos lugares de vez en cuando, especialmente de olerlos, para no olvidarse de que existen», escribió[235]. Más que a la simpatía de sus lectores, Orwell apelaba a su honestidad intelectual. Quería decirles algo sobre ellos mismos. La mina de carbón, con sus brutales condiciones, era «la contrapartida absolutamente necesaria de nuestro mundo exterior», donde todo, «desde comernos un helado hasta cruzar el Atlántico», dependía de este combustible fósil. Las miserables cabañas que Orwell visitaba estaban unidas por una cadena invisible a los cómodos salones de sus lectores. Orwell era entonces un socialista comprometido, pero sus argumentos eran distintos de cualquier postura política, radical o no. «Si se acepta la civilización que los ha producido, no se los puede excluir a ellos».

El tiempo llevaba soleado desde que llegamos a Lesbos, pero una tarde, durante nuestra segunda semana, se nubló y empezó a lloviznar. Al anochecer cayó un chaparrón que se extendió en oleadas sobre la fina tela de nuestra tienda durante toda la noche, mientras que Omar y yo nos quedábamos despiertos y sentíamos cómo el agua empapaba nuestros sacos de dormir.

Por la mañana, vimos que el campamento se había convertido en una ciénaga. Las tiendas de algunas personas se habían derrumbado por la lluvia, mientras que otras habían acabado en la trayectoria de los torrentes. No me encontraba bien del estómago, así que bajé a los baños, pasando por delante de los internos que ya hacían cola para desayunar. El olor se hacía más fuerte a medida que descendía; basura podrida, cuerpos sin lavar y, sobre todo, mierda con aroma a lentejas y a cebollas de la noche anterior. La parte más baja del campamento estaba inundada hasta los tobillos con charcos asquerosos. Me puse en la cola frente a los baños de hombres y encendí un cigarrillo. Al inhalar, empecé a toser y sentí unos pinchazos en la cabeza. La verdad era que nunca había sido muy fumador, pero en este viaje había adoptado los hábitos de Omar, que podía consumir un par de paquetes en un día. Y los cigarrillos ayudaban a combatir el hedor y el hambre.

Una vez dentro del cuarto de baño, aunque uno respirara por la boca, seguía saboreando el miasma. Una sola bombilla iluminaba los suelos y las paredes cubiertos de mugre. A la izquierda había lavabos y seis espejos, cuatro de ellos destrozados. A la derecha, una hilera de cubículos construidos toscamente con chapa metálica. Mis zapatos se aplastaron contra el hormigón cuando entré en uno de los inodoros turcos. No había papel, pero sí una manguera de goma tirada sobre el barro. Cerré la puerta, me desabroché el pantalón y me metí la tela con cuidado entre las rodillas para que no tocara el suelo al ponerme en cuclillas. Tenía los muslos ya tensos cuando bajé hacia el agujero.

«La protección efectiva de las fronteras no es para los aprensivos», había dicho el mes anterior el ex primer ministro australiano Tony Abbott[236] en una reunión de políticos en el Palacio Lobkowicz de Praga. «Hay que igualar la convicción de aquellos que exigen la entrada con la convicción más grande de que se tiene derecho a decir que no».

Abbott ensalzaba la Solución del Pacífico de su país, según la cual la Marina interceptaba en el mar a los solicitantes de asilo y los trasladaba a unas islas remotas para que los despacharan a otro país, donde esperarían durante años en campamentos, picados por mosquitos portadores de los virus del dengue y del zika[237]. A algunos acababan enviándolos a un tercer país, pero, independientemente de los méritos de su solicitud de asilo, a ninguno se le permitía establecerse en Australia. Popular entre la mayoría de los australianos, la política fue eficaz[238], pues llegaron veinte mil personas en 2013 y cero en 2015. El encarcelamiento masivo fue una respuesta a la migración masiva.

«Los retos de Europa se encuentran en una escala más grande y la geografía es diferente, pero con la voluntad y la organización adecuadas no existen motivos para que no se produzca un éxito similar», dijo Abbott.

Me quedé de pie fuera de los bloques donde estaban los baños, temblando, y encendí otro cigarrillo. La fila ahora era más larga y se abría paso a través de parches secos en el alcantarillado. Conté siete retretes para hombres en el bloque inferior y otros doce en el superior; había un tercer bloque que no funcionaba, y a menudo no había agua en el campamento. Diecinueve aseos junto con algunos orinales para varios miles de hombres. Las mujeres tenían sus propios retretes, pero no eran seguros cuando oscurecía, al igual que los campos fuera de la valla[239].

Volví a subir la colina y mi tos se unió al coro que me rodeaba. Tenía la garganta en carne viva; parecía que me estaba poniendo malo. Alguna clase de enfermedad respiratoria rondaba por ahí, puede que la gripe. Los niños, sobre todo, tenían los ojos y la boca hinchados. Había habido brotes de sarna y de varicela en Moria[240]; teníamos los cuerpos cubiertos de picaduras de insectos y de sarpullido.

«La migración internacional masiva es una respuesta a la extrema desigualdad mundial», escribió el economista Paul Collier[241], que explicó que en el siglo xxi habrá aún más desplazamientos de personas a medida que la tecnología facilite ver cómo son las cosas en otros sitios y viajar allí. «Por ello, los controles migratorios, lejos de ser un vestigio vergonzoso del nacionalismo y del racismo, van a convertirse en herramientas cada vez más importantes de la política social en todas las sociedades de renta alta».

Si las fronteras son la contrapartida necesaria de un mundo desigual, algunos como Collier, que fue nombrado caballero por su trabajo sobre África, creen que es inevitable que esta brecha se cierre gracias al crecimiento generado por el capitalismo global. «Por lo tanto, la migración masiva no es una característica permanente de la globalización. Al contrario, es una respuesta temporal a una fase desagradable en la que la prosperidad aún no se ha globalizado», concluyó Collier.

Naciones como China han ido convergiendo con Occidente[242], pero otras se han quedado atrás, sobre todo en África, que lo más probable es que albergue a una cuarta parte de la población mundial a mediados de siglo. Si consideramos el problema en un sentido absoluto[243], dado que solo una pequeña fracción de la nueva riqueza generada va a parar a los pobres, acabar con la clase de pobreza que impulsa la migración masiva requerirá, a falta de una redistribución radical, que aumentemos muchas veces el tamaño total de la economía mundial y, con ello, nuestro consumo de recursos y la producción de residuos, como los gases de efecto invernadero.

Un planeta que se calienta significa un aumento del nivel del mar. Uno de los primeros países en quedar sumergidos será probablemente Maldivas, un archipiélago de baja altitud situado en el océano Índico. El expresidente, Mohamed Nasheed, explicó que, si las naciones ricas no reducen sus emisiones de carbono de manera drástica, los maldivos tendrán que huir y los occidentales se verán obligados a elegir. «Podéis dejarnos entrar cuando lleguemos a vuestras costas en barcos. O podéis dispararnos cuando lleguemos a vuestras costas en barcos. Vosotros elegís»[244].

Los campos fronterizos del mundo rico ofrecerán una tercera opción.

Durante nuestra estancia en Moria tuvo lugar el festival islámico de la Ashura y, en el bloque de viviendas situado por encima de nuestro callejón, los residentes chiíes celebraron una ceremonia *azadari* en el patio. Todo el mundo era bienvenido, y algunos de los voluntarios cristianos vinieron a ver el ritual, el cual lamenta la masacre del imán Hussein y sus seguidores en la batalla de Karbala en el año 680. Aquella noche me encontraba entre los espectadores mientras unos cien hombres coreaban con un brazo alzado y se golpeaban el pecho con el otro de forma alternada, lo cual hacía que en su piel desnuda aparecieran las huellas rojas de las palmas, inscribiendo así un trauma colectivo.

Moria albergaba los fragmentos de una antigua unión, de patrias y lenguas dejadas atrás, y, a pesar del brutal caos del campo, aquí la gente volvía a unirse. Las familias afganas que vivían en el contenedor de al lado tenían parientes y amigos entre los habitantes de la *kucha*, y a la hora de comer nos entregaban sus raciones extra a través de la valla para que no tuviéramos que hacer cola. Sus hijos solían deambular solos por el callejón, vigilados y sin miedo. Había dos niñas hazara a las que les gustaba jugar en el terraplén que había encima; con su flequillo negro a juego podrían haber sido japonesas. Las oía desde mi tienda:

—*Salaam*, maestro.

—*Salaam*. Todo el mundo tiene diez días de vacaciones por el Eid.

—¿En serio? ¿Yo también tengo vacaciones?

Cientos de refugiados llegaban cada semana a Lesbos. Ya casi no se podía caminar por nuestro callejón de lo abarrotado que estaba. Las tiendas de campaña se deslizaban por la ladera, como los barrios bajos de Kabul. Los barcos desembarcaban por la noche y por la mañana veíamos a los recién llegados en la zona de recepción, sentados donde nosotros nos habíamos sentado, húmedos y agotados. Cuando salían, siempre hacían la misma pregunta:

—¿Cómo llegamos a Atenas?

Omar volvía de desayunar cuando dos jóvenes afganos le pidieron indicaciones para ir al comedor. Zulmay tenía veinte años, era alto y desgarbado; Raja, su primo, tenía once años y el aspecto de un cantante adolescente. Cinco días antes habían subido a una lancha motora en Turquía al amanecer, junto con otras dieciséis personas, y su pequeño casco de madera estaba tan sobrecargado que las bordas apenas se movían entre las olas. Por suerte para ellos, el mar estaba en calma ese día.

Eran originarios de Mazar-e-Sharif, en el norte de Afganistán, y estaban aquí, en Moria, solos. La madre de Raja —tía materna de Zulmay— le confió su hijo a su primo mayor y les encargó que llegaran a Alemania, donde los hermanos mayores de Raja ya habían pedido asilo. Como el niño no estaba con sus padres, los funcionarios del campo querían tratarlo como a un menor no acompañado, lo que significaba que estaría en un dormitorio cerrado dentro del recinto interior. Cuando Zulmay insistió en que era el legítimo tutor de su primo, las autoridades los retuvieron en la zona de recepción durante cuatro días mientras intentaban presionar a Zulmay para que entregara al niño. Una joven trabajadora social se sentó, tomó a Raja de la mano y, en voz baja, lo invitó a ir con ella a la sección de menores. Le dijo que allí había otros niños y que, además, estaban preparándoles nuevos hogares en Atenas. Le prometió que lo enviarían en cuanto estuvieran listos.

—¿Y qué le dijiste? —preguntó Zulmay.

Raja se cruzó de brazos y frunció los labios con brusquedad.

—¡Que no!

Omar y yo nos reímos. Por supuesto, el chico desconocía los intentos de suicidio[245] que habían tenido lugar en la sección de menores, la cual era, en esencia, una prisión; simplemente no quería separarse de su primo. Al final, los funcionarios cedieron y asignaron a Zulmay como tutor del niño. Su tienda de campaña estaba situada más arriba, en un barrio pakistaní, pero los ayudamos a trasladarse a un lugar cercano a nosotros en la *kucha.*

Zulmay y Raja nos pidieron que los dejáramos acompañarnos cuando fuéramos a la ciudad, así que todos subimos al autobús y luego caminamos desde la plaza de Safo hasta la plataforma de baño junto al ferri. El tiempo había vuelto a despejarse y la estatua de Lady Liberty brillaba sobre nosotros. La pandilla del callejón estaba ausente y, por una vez, los griegos superaban en número a los refugiados. Observamos a un grupo de nadadores de edad avanzada mientras se preparaban, se ponían los gorros y las gafas y se lanzaban al agua, donde sus cuerpos giraban con agilidad.

Nosotros también nos metimos, excepto Raja, que no sabía nadar, aunque su familia tenía una casa cerca de la orilla del Amu Darya, en la frontera con Uzbekistán. Su madre había sido demasiado protectora con su hijo menor.

—No te preocupes, yo te enseñaré —se ofreció Omar.

Mientras nos sentábamos para secarnos, llegó un hombre mayor en bicicleta. Saludó a los demás griegos y luego, observando la plataforma casi vacía, se acercó a Zulmay, que estaba escurriendo la camisa que había enjuagado en la ducha.

—¡Esto no es una lavandería! —gritó el hombre en inglés.

Zulmay se sonrojó y tartamudeó:

—Lo siento muchísimo.

—¡Ocupáis todo el espacio y nosotros ni siquiera podemos nadar aquí! Deberíais iros a ese lado.

Zulmay siguió disculpándose y el griego se calmó un poco. Omar acudió a su rescate.

—Lo siento, señor. Solo hemos venido aquí porque no tenemos otro sitio adonde ir.

—Sé que, si yo fuera a vuestro país, no se me permitiría andar así.

—En realidad, señor, en mi país la gente respeta a los extranjeros. No tenemos ningún problema.

—No, no me dejarían porque soy cristiano. Soy un infiel. No me refiero a ti, pero allí tenéis a algunos religiosos que están locos.

Omar se quedó sin palabras.

—Ya no podemos venir a nadar aquí. Tengo miedo. No sé qué intenciones tenéis. Ha habido algunos incidentes y la gente tiene miedo. Usáis mucha agua —dijo mientras señalaba las duchas—. Nosotros pagamos por esto. Pagamos impuestos. Aquí hay una crisis económica. Soy una persona con estudios y llevo seis años en el paro.

El hombre miró por encima del hombro a los otros griegos, que lo observaban.

—No es culpa de vosotros. Hay alguien detrás que está creando estos problemas. —Señaló hacia el este, hacia el otro lado del canal—. Los turcos se están ganando un buen dinero a vuestra costa. Es tráfico de personas, y más ilegal no puede ser.

Suspiró y nos miró a Raja y a mí.

—Diles que no es nada personal. No sé si lo entienden. Solo queremos un poco de respeto. Estamos en la misma situación, en realidad. Todos estamos atrapados en medio de algo que es mucho más grande que nosotros.

Más tarde, cuando me tocó el turno de la ducha, el hombre se acercó y me observó mientras me enjabonaba.

—Aquí no está permitido usar jabón —dijo. Llevaba una camiseta de los Caballeros de Rodas.

Lo miré sin comprender.

—No inglés.

Sacudió la cabeza y se marchó en su bicicleta.

Bajo el sol, caminamos hasta el antiguo castillo que había sobre el puerto, donde un grupo llamado No Border Kitchen solía distribuir comida desde su furgoneta, unos vasos de papel con arroz y garbanzos especiados con comino y clavo. Omar se quedó impresionado en nuestro primer encuentro y se zampó dos raciones de la mezcla de masala.

—Mucho mejor que la comida del campamento —declaró—. A lo mejor mañana tienen pollo.

—Omar, son veganos —dije.

—¿Qué significa eso?

—Solo comen alimentos de origen vegetal.

Sacudió la cabeza y se rio. A partir de entonces, bautizó al grupo como No Border Chicken. Un grupo de activistas tatuados y con rastas, en su mayoría alemanes, eran los únicos que veíamos que cuidaban a los hombres que vivían en el bosque bajo el castillo, pakistaníes y árabes a los que habían rechazado y condenado a la deportación. Unos días antes había habido una refriega entre los dos grupos de la fila, pero esta vez, cuando trajimos a Zulmay y a Raja, todo el mundo estaba tranquilo y había suficiente comida para que repitiera quien quisiera. Omar se comió tres platos.

Era una tarde tranquila, así que decidimos volver a pie al campamento. Bajo la luz tenue de los colores pastel, pasamos por debajo de las murallas del castillo y descendimos hasta el viejo puerto por delante de los turistas que estaban sentados en las tabernas de pescado. Cuando llegamos a la carretera ya era de noche. Enfrente había otros grupos que caminaban de vuelta a Moria, cuyas sombras subían y bajaban con el paso de los faros.

Zulmay explicó que estudiaba Medicina en Mazar, pero que, cuando se abrió la frontera, se marchó a Europa, hacía ya casi un año. Llegó a Turquía e intentó cruzar, pero interceptaron su barco dos veces. Cuando cerraron la frontera, se dio por vencido y regresó a Estambul, donde encontró trabajo en un restaurante. Entonces, Raja y su madre volaron desde Afganistán. Ella fue para recibir un tratamiento para la diabetes y decidió enviar a su hijo pequeño con sus dos hermanos mayores, que ya estaban en Alemania. Su marido trabajaba en la aduana de la frontera uzbeka, un puesto lucrativo, y se ofreció a pagar el viaje de Zulmay si se llevaba a Raja. Así, pues, nuestros nuevos amigos tenían dinero para que un contrabandista los sacara de la isla. Omar les explicó lo difícil que era salir de manera legal.

—Los sirios y los iraquíes son los primeros en la cola para que les concedan asilo, y todos los demás tienen que esperar —les contó Omar—. Aquí no hay justicia. Toda la palabrería europea sobre los derechos humanos es una mierda.

—Ojalá hubiera algún tipo de puente o un túnel para salir de esta isla —dijo Zulmay.

—La única manera es en barco o en avión.

Omar afirmó que no estaba tan loco como para esconderse debajo de un camión, pero que estaba pensando en pagarle a un contrabandista para obtener papeles falsos, a pesar del riesgo de ir a la cárcel.

—Estamos dispuestos a intentar cualquier cosa —aseguró Zulmay—. Raja, ten cuidado, no camines por la carretera.

Le dije al chico que podía caminar a mi lado.

—¿Qué tal? —pregunté.

—No tan mal, pero no creo que un niño mimado pueda soportar la vida del campamento —contestó Raja—. Cuando llegué el primer día y la gente dijo: «Bienvenido a la prisión de Grecia», me entraron ganas de llorar. Pero ahora me estoy acostumbrando.

Me enteré de que a Raja solo le daban miedo tres cosas: los perros, los gatos y las gallinas. Y su madre no lo dejaba bañarse en el Amu Darya. No obstante, había conducido un coche a cien kilómetros por hora en la carretera del norte de Mazar. ¿Cuál era la velocidad más alta que había alcanzado yo?

—Probablemente esa velocidad —le dije.

—¿Qué tipo de coche tenías en Kabul?

—No tenía coche. Omar nos llevaba a todas partes.

El chico se quedó en silencio un momento.

—Cuando lleguemos a Alemania, lo pasaremos bien, ¿verdad? Haremos turismo juntos y cenaremos a lo grande. ¿Allí tienen comida afgana? Podréis conocer a mis hermanos y al resto de mi familia.

Seguimos la carretera hacia el interior del pueblo. A lo lejos podíamos ver las luces del campamento encendidas en la colina. Un pastor alemán joven corrió gruñendo hacia la valla cuando pasamos. Otras casas estaban desiertas, puede que fueran casas de veraneo, aunque algunas de las antiguas mansiones de piedra de la época otomana eran poco más que ruinas.

—Esa casa parece tener *djinns* —dijo Raja—. ¿Entraríais?

—Yo, sí —contestó Omar—. Una vez dormí en un cementerio.

Zulmay puso música en el altavoz de su móvil, canciones de amor de Ahmad Zahir y Nasrat Parsa, y luego un clásico de Farhad Darya que cantamos en voz alta mientras caminábamos:

De este exilio, de este andar errante,
de esta soledad, de esta prisión,
a Kabul jan, a Kabul jan, a Kabul jan, ¡salam![246].

El sábado nos encontramos con algunos activistas en la plaza de Safo que repartían folletos en inglés y en persa que acusaban a la Unión Europea y al gobierno afgano de comprar y vender refugiados. El invierno anterior, mientras Omar y yo todavía estábamos en Kabul, el ministro del Interior alemán hizo una visita y celebró una rueda de prensa televisada con su homólogo afgano, ambos casi ocultos por un montón de rosas, lilas y azafranes esparcidos sobre su mesa. Según Thomas de Maizière, Alemania estaba dispuesta a ayudar a Afganistán, pero los afganos tenían que quedarse en su país, ya que muchos venían a Europa por razones económicas. «Eso es comprensible desde el punto de vista humano, pero no les da derecho a que los protejan», dijo[247]. Ahora, tras muchas presiones, el gobierno del presidente Ghani acabó firmando el Plan de Acción Conjunto[248], el cual se comprometía a acoger a los afganos deportados de Europa.

Esa misma noche, mientras los restaurantes de la plaza se animaban con gente y música, los chicos de No Border aparecieron junto con algunas familias afganas y empezaron a corear consignas contra el nuevo acuerdo:

—¡Abrid la frontera!

—¡Moria es una prisión!

—¡Afganistán no es seguro!

Los cuatro nos quedamos junto a la estatua de Safo y observamos.

—Lo que tenemos que hacer es reunir a todo el campamento y protestar —dijo Zulmay. Pensó durante un minuto y luego suspiró—. No, nunca nos dejarán salir. Esta es la mejor manera de evitar que la gente venga.

La noticia de las pésimas condiciones en las islas ya había hecho que los inmigrantes se desplazaran a otras rutas, como la frontera terrestre entre Grecia y Turquía, pero para nosotros era demasiado tarde. Caminamos hasta el parque que había detrás del teatro, donde se reunían los inmigrantes, y por tres euros compramos un litro y medio de vino en un quiosco, además de una Coca-Cola para Raja. Mientras nos pasábamos la botella, Omar, que últimamente estaba cabizbajo, se animó y empezó a contar sus hazañas en Kabul, los grandes sueldos que había ganado tiempo atrás en USAID, las veces que había estado sin blanca y la chica por la que daría la vuelta al mundo.

—La vida son dos días, hermanos —dijo, y resopló—. El día que naces y el día que mueres.

Un eritreo se acercó tambaleándose con una cerveza en la mano.

—¿Qué clase de hombre es vuestro presidente? —gritó en inglés—. ¡Os está vendiendo!

—¡Tienes razón! —Omar se levantó de un salto y le estrechó la mano.

Todos se turnaron para maldecir al presidente Ghani, quien había declarado a la BBC que no sentía «ninguna simpatía» [249] por los emigrantes que querían «marcharse ante la menor presión».

—*Be namus!*

—Sus hijos viven en Estados Unidos y él quiere que volvamos a Afganistán —se quejó Zulmay.

Una vez que terminamos la primera botella, empezamos con otra. El líquido bajaba con facilidad. Subimos al último autobús de vuelta al campamento, donde empecé a hablar en francés con un camerunés sorprendido y a explicarle lo que había aprendido de los soldados en Kabul. Zulmay estaba apoyado en un cinturón, observándome. Era el único que me había cuestionado mi historia a la cara. Estábamos caminando juntos a solas cuando me preguntó, disculpándose, por qué mi acento sonaba un poco como el de un extranjero. Cubrí la mentira con otra que había preparado. Le conté que me había criado en Malasia, donde mi padre afgano encontró trabajo, pero, cuando murió, nos deportaron a Kabul. Le dije que no quería que los otros inmigrantes lo supieran. Tenía más detalles preparados, pero a Zulmay le bastó con eso.

—Claro, ahora tiene sentido —contestó, y sonó aliviado. Tal vez haya sentido que, de alguna manera, estaba siendo sincero con él.

Una noticia nos levantó el ánimo. Nuestro amigo Yousef había escapado. Era un sirio agradable con una sonrisa torcida que intentaba reunirse con su prometida, refugiada en Suecia. Cuando Omar y yo nos reunimos con él en el puerto, Yousef acababa de fracasar en su cuarto intento de fuga. Primero intentó colarse en el ferri; luego los atraparon a él y a un amigo en un camión; a continuación, trató de falsificar los documentos de asilo; y, por último, lo detuvieron en el aeropuerto con una identificación búlgara. Por suerte para él, la policía suele dejar marchar a los sirios.

Entonces, un día recibí un mensaje de Yousef. Estaba en Atenas. No hablaba mucho inglés, pero me envió una serie de *emojis* que describían cómo había llegado hasta allí. Había comprado un billete de ferri y había vuelto a conseguir papeles falsos, pero, cuando llegó el momento de embarcar, empezó a llover a cántaros y los policías ni siquiera se molestaron en salir.

Mientras tanto, Omar estuvo buscando una salida por todas partes. Había mucha gente con dinero en el campamento, pero los contrabandistas tenían problemas para sacarlos de la isla. Los chicos del callejón tenían un plan para esconderse en una furgoneta y luego tomar el ferri; cuando eso fracasó, se habló de un contrabandista con un barco privado. Pero eso tampoco llegó a ninguna parte. Los iraníes, desmoralizados por su fracaso con los egipcios, no habían encontrado nada. Había una opción que no habíamos intentado: Hajji, el contrabandista de Estambul que nos metió en este lío. En nuestra tercera semana en el campamento, Omar decidió darle una oportunidad a regañadientes.

—Estaba esperando tu llamada —dijo Hajji. Se disculpó por el pequeño malentendido en la playa y nos dijo que conocía a un contrabandista de Atenas que por mil doscientos euros cada uno podía sacarnos con documentos falsos. Para que le mereciera la pena, Hajji quería que juntáramos al menos cuatro clientes.

—Somos cuatro —contestó Zulmay una vez que Omar se lo explicó.

Omar y yo intercambiamos una mirada. Yo ya había decidido que usar papeles falsos era una línea legal que no debía cruzar. Nuestro plan era que yo llamaría a una amiga mía para que me trajera mi propio pasaporte, el que había dejado en Trieste sin quemar, y así poder utilizarlo para salir de la isla. Una vez que Omar llegara a Atenas, yo lo seguiría como Matthieu, y entonces podríamos volver juntos a la clandestinidad. Todavía quedaba un largo camino hasta Italia.

—Habib no viene —informó Omar.

Zulmay y Raja parecían tan decepcionados por mí que me sentí mal.

—Todavía no tengo el dinero —me excusé—, pero espero conseguirlo pronto y, entonces, os seguiré.

Una mañana nos despertamos y nos encontramos, por primera vez, a unos obreros haciendo mejoras en el campamento. Estaban instalando soportes en la valla que separaba nuestro callejón del recinto familiar, para que pudiera sostener rollos de alambre de espino.

Corrían rumores por Moria de que iban a sellar los agujeros del perímetro y a cerrar el campamento. Supuestamente, ahora que podían deportar a los afganos gracias al nuevo acuerdo, todos sus casos serían tramitados en diez días; dejarían que unos pocos afortunados se fueran a Atenas, pero el resto sería devuelto a Afganistán. Uno de los chicos del puerto afirmó haber visto cómo llegaban unos autobuses misteriosos en mitad de la noche cargados de refugiados a los que subieron al ferri que iba a Kavala, en el norte de Grecia.

Al acercarse el invierno, la gente se estaba empezando a desesperar por escapar del campamento. Algunos pagaban a contrabandistas para que los llevaran de vuelta a Turquía, y había lanchas motoras que, tras dejar a sus clientes, recogían a otros en la isla. Un día, varios jóvenes del Acnur entraron en nuestro callejón con portapapeles y dijeron que estaban realizando un censo. Parecía que nadie sabía el número exacto de personas que vivían en Moria. Unos cuantos de nosotros nos reunimos en torno a una mujer danesa de origen iraní que hablaba persa.

—¿Por qué estáis haciendo esto? —preguntó Omar—. ¿Estáis enviando a la gente a Atenas?

—Bueno, se acerca el invierno —respondió la mujer—, así que queremos daros cosas buenas.

—¿Cómo qué?

—Puede que algunas tiendas más cálidas, mantas y cosas así.

Cuando se fue, Omar se dirigió a los demás y se rio.

—Solíamos hacer promesas como esa cuando era intérprete de la OTAN.

La ONU y el gobierno pusieron en marcha un programa de hibernación para los campamentos de Grecia. «Ya no hay refugiados ni inmigrantes que pasen frío», proclamaría el ministro

Ioannis Mouzalas el próximo enero[250]. Ese mismo mes, una inusual nevada llegó a Lesbos y cubrió las pequeñas tiendas de campaña. Tres hombres morirían asfixiados por el humo de la basura que habían quemado para mantenerse calientes[251].

Nadie parecía responsable de Moria en general. La policía, la ONU, las agencias de ayuda, los voluntarios y Frontex pertenecían a jerarquías distintas. «Si se investigara esta cadena, lo más probable es que se llegara a otros miles de jefes. Todos ellos repitiendo lo mismo: "El jefe ha dado órdenes"», escribió Boochani[252] sobre la asamblea en su campamento australiano. Según concluyó, si nadie era responsable, «con todo su sentimiento de desesperanza, lo único que puede hacer un prisionero es estampar el puño contra la pared de un contenedor». Una violencia que se convirtió «en una maravillosa ansia de sangre, un maravilloso anhelo de autolesión».

Médicos Sin Fronteras anunciaría una «emergencia de salud mental»[253] en las islas y diría que entre seis y siete inmigrantes acudían a su clínica de Lesbos cada semana por crisis como intentos de suicidio, autolesiones y psicosis. Como era obvio, la gente ya llegaba aquí traumatizada por la guerra y los contrabandistas, pero me parecía que también había algo político en esos actos, como las peticiones de visibilidad que se oían en las noticias, las cuales se repetían desde el cierre de la frontera.

—¿Por qué no nos matan y ya está? —preguntó una mujer[254].

—¡Tan solo matadme! —le gritó un padre a la policía—. ¡Disparadme!

HAJJI LLAMÓ MIENTRAS ESTÁBAMOS EN LA CIUDAD y dijo que su chico ya había llegado desde Atenas y que se reuniría con nosotros en una hora. No obstante, había un problema: a Omar y a Zulmay los iba a enviar esa tarde, pero Raja tendría que esperar un par de días para poder viajar con una familia iraní, haciéndose pasar por su hijo. Zulmay se opuso, pero Hajji dijo que era demasiado arriesgado que los dos fueran juntos, ya que alguien podría preguntar por los padres del niño.

Zulmay parecía afectado.

—No puedo dejar a Raja aquí solo —dijo. Se quedó perplejo un momento y luego me miró—. Habib, puedo confiar en ti para que cuides de él, ¿verdad?

Mierda, pensé, pero contesté:

—Claro.

¿Cómo iba a negarme si supuestamente estaba atrapado allí sin dinero para pagar a un contrabandista? Además, de todos modos, Moria no era lugar para que un niño estuviera solo. Zulmay llamó a la madre de Raja, que estaba de vuelta en Afganistán, y le explicó la situación, que Habib, un buen musulmán y compañero afgano, cuidaría de su hijo durante los dos días que estarían separados. Zulmay escuchó durante un minuto y luego me pasó el teléfono.

—Quiere hablar contigo.

La voz de la madre de Raja, con un tono grave a causa de la mala conexión, llegó a través del altavoz.

—¿Hola? Señor Habib, ¿es usted? —Intercambiamos saludos—. ¿Está seguro de que puede cuidar de mi querido Raja? Estoy muy preocupada por él.

—Claro, *khanom*.

—Que Dios te bendiga, eres como un hijo para mí. Prométeme que cuidarás de él.

—Lo prometo.

Le devolví el teléfono a Zulmay.

—Conque está resuelto —dijo—. Raja se quedará con Habib hasta que se vaya con la familia iraní a Atenas. No vas a causarle problemas a Habib, ¿verdad, Raja?

Raja negó con la cabeza.

Pasadas un par de horas, el contrabandista de Atenas llamó, y yo fui con Omar a reunirme con él en una cafetería cercana, haciéndome pasar por un posible cliente. El contrabandista estaba sentado en el patio con una chaqueta de cuero y la cabeza afeitada. Nos dijo que era originario de Herāt, pero llevaba una década viviendo en Grecia y ahora tenía la residencia legal. Se nos unió otro cliente de Hajji, un joven afgano demacrado con un flequillo que le caía por encima de la frente. Llevaba cinco meses atrapado con su familia en Lesbos y le había pagado cuatro mil quinientos euros a Hajji para que lo enviara por su cuenta a Alemania, donde luego haría que mandaran a su mujer y a sus hijos.

El contrabandista pidió una ronda de capuchinos con hielo y coqueteó con la camarera en griego. Pasó un paquete de Camels.

—Os daré los billetes de avión y los documentos dentro de un rato —dijo.

—¿Vamos a volar? —inquirió Omar—. ¿Y el ferri?

Negó con la cabeza.

—Hay demasiada policía. El aeropuerto es mejor que el ferri.

La camarera nos trajo las bebidas. Cuando se fue, el contrabandista les explicó la disposición del aeropuerto y cómo la seguridad revisaría sus maletas y documentos. Cuando Omar y los demás llegaran a Atenas, tenían que llamarlo, y entonces él enviaría a alguien que los recogería en el aeropuerto y los llevaría al piso franco. Omar y un cuarto cliente, un iraní que no estaba presente, volarían a las siete. Zulmay y el padre joven y demacrado irían en el segundo vuelo, que salía a las diez.

El contrabandista pagó nuestras bebidas con un fajo de billetes de cincuenta y nos dijo que nos fuéramos al parque a esperar. Media hora después, volvió y le entregó a Omar un sobre con las tarjetas de embarque y los documentos. Hajji les había pedido previamente a Omar y a Zulmay que le enviaran fotos sobre un fondo blanco para el pasaporte, y las falsificaciones parecían de buena calidad. Había un pasaporte austríaco para el afgano que iba a Alemania, un carné de identidad húngaro para el iraní, uno español para Zulmay, y, con el careto de Omar, un documento de Lituania.

—¿Lituania? —Omar me miró.

Uno de los lugares con más rubios de Europa, pensé, pero me mordí la lengua.

Tenían el resto del día para prepararse. Ya habíamos ido a una de las tiendas chinas que vendían ropa barata, la cual se reconocía por los farolillos de papel colgados en el exterior. Entre percheros, Omar y Zulmay debatieron sobre qué ropa sería la menos probable que llevara un inmigrante. Un hombre fornido, de mediana edad y con un corte de pelo militar, nos siguió; un policía vestido de paisano. ¿Buscaba a ladrones o sospechaba que planeábamos escapar? Nos fuimos a otra tienda. Allí, Omar se decidió por una camiseta negra ajustada y un par de vaqueros negros, y despilfarró en una bonita maleta con ruedas. Zulmay se compró una sudadera con capucha y decidió seguir con su mochila. Para completar su aspecto, se engominaron el pelo y se afeitaron.

Se cambiaron de ropa en el parque. Omar se pasó la tarde memorizando los datos de su carné de identidad.

—Vygaudas, ¿de dónde eres? —le pregunté en inglés.

—Soy de Wilnius.

—Es Vilnius.

—Wilnius.

—Vilnius.

—Wilnius.

—¡Vilnius!

—Soy de... Wwwilnius.

—Sí, está bien. No te pasará nada.

Los dos estábamos nerviosos. En unas horas podría estar en Atenas o en la cárcel.

Cuando llegó el momento, lo acompañé a la parada de taxis. Pasamos por delante de una tienda con un estante de libros usados y compré una traducción al inglés de *Carta al Greco*, de Nikos Kazantzakis.

—Toma —le dije mientras se lo tendía.

Nos detuvimos ante el puesto y nos abrazamos.

—Nos vemos en Atenas, ¿vale?

Sonrió y se puso en marcha con su ajustado traje negro, arrastrando la maleta con ruedas. Volví al parque y me reuní con Zulmay y con Raja. Nos sentamos en el banco y esperamos. Después de media hora, supuse que debía de haber pasado por el control de seguridad. Mi móvil sonó. Era un mensaje de Omar.

Nos han atrapado.

El trayecto hasta el aeropuerto por la carretera de la costa, cuyas luces vimos la noche que salimos en nuestra balsa desde Turquía, duró solo unos minutos. En la entrada, Omar pagó al conductor y empujó la maleta a través de las puertas automáticas. El aeropuerto de Lesbos era minúsculo; durante el verano, estaba lleno de vuelos chárter de toda Europa, pero ahora era temporada baja. Omar vio al chico iraní que iba delante de él y establecieron un furtivo contacto visual. Todavía era temprano, así que Omar salió a fumar. Luego pasó por el control de seguridad; una mujer comprobó su tarjeta de embarque y su documento de identidad y se los devolvió. Entró en la sala de embarque y se sentó, pensando que lo había conseguido. No obstante, al cabo de un minuto, vio cómo el iraní entraba con dos policías uniformados. Se dirigían hacia él, y fue entonces cuando me mandó el mensaje:

Nos han atrapado.

Sin embargo, siguieron de largo con el chico y entraron en un despacho. Omar se quedó ahí sentado, con el libro de bolsillo sin abrir sobre el regazo. Los minutos pasaron. Los pasajeros estaban embarcando. Se levantó y siguió a los demás viajeros hasta el autobús que se dirigía al avión a través de la pista. Encontró su asiento. Entonces, vio cómo se subía el chico iraní con uno de los policías detrás y volvió a darle un vuelco el corazón. No obstante, el iraní se sentó cerca de la parte delantera del avión, el policía se bajó y no tardaron en rodar hacia la pista. El chico se dio la vuelta, lo vio y le mostró una sonrisa y un pulgar hacia arriba. Confundido, Omar fingió no darse cuenta. Mientras bajaban por la pista, escribió un segundo mensaje.

Estoy en el avión, lo hemos conseguido.

Me fijé en el segundo mensaje de Omar. ¿De verdad era él o era la policía que estaba haciendo algún tipo de jugada? Una hora más tarde, llamó desde el aeropuerto de Atenas diciendo que estaba a punto de subirse al tren.

—¡Está en Atenas! —grité al tiempo que saltaba del banco del parque.

Zulmay sonrió.

—Entonces tengo una oportunidad —afirmó.

Pronto llegó la hora de que Zulmay saliera para tomar su vuelo, y nos dejó a Raja y a mí en el banco del parque. Ahora yo era responsable del niño. Era una situación incómoda, pero esperaba que él y Zulmay se reunieran pronto en Atenas para así poder seguir a Omar. Mi amiga mensajera ya estaba en un ferri hacia la isla con mi pasaporte.

—No te preocupes, Raja, si te quedas conmigo, pagaré un rescate por ti para que vuelvas con tu familia y luego nos iremos los dos a Atenas —le dije. Sonrió.

Una joven griega pasó en bicicleta, sin manos, y miró de reojo a Raja.

—¿Puedes hacer un caballito? —me preguntó.

—Sí.

Mi móvil vibró. Era Zulmay.

Me han pillado, por Dios.

Me quedé sentado un momento, aturdido. No obstante, me dije que tal vez ocurriría lo mismo que con Omar, y que Zulmay, de alguna manera, acabaría consiguiéndolo. De todas formas, Raja y yo teníamos que alcanzar el último autobús de vuelta al campamento.

Paramos en una tienda de giroscopios en el camino y compré una pita de pollo para Raja y una cerveza grande para mí. No tenía hambre. Miré cómo seleccionaba las patatas fritas, preguntándome en qué me había metido. Cuando el chico terminó con su pita, le conté lo que su primo me había escrito.

—No te preocupes, Raja, estoy seguro de que estará bien. Y no te dejaré hasta que vuelva.

Asintió con la cabeza y miró al otro lado del puerto, hacia el espacio oscuro donde el ferri estaba amarrado durante el día.

Cuando llegamos al campamento, vi a un grupo de policías en la entrada, así que subimos la colina y nos colamos por los agujeros. Me preocupaba que, si las autoridades se enteraban de que habían arrestado al tutor de Raja, intentaran encerrarlo en la zona de los niños para su protección. No obstante, mientras yo estuviera cerca, nadie iba a tocar a este niño. Moria parecía más nerviosa que de costumbre; había grupos de hombres en los espacios oscuros entre los focos. De vuelta a la *kucha*, nos enteramos de las manifestaciones que se habían producido durante el día y de los enfrentamientos con la policía después de que se anunciara que las entrevistas para obtener asilo se habían aplazado dos meses más. Habían detenido a algunos eritreos.

Acosté a Raja en su tienda de campaña y luego me metí en la mía; parecía extrañamente espaciosa ahora que estaba solo. Me pregunté cómo estaría Omar en Atenas, pero tenía el móvil apagado. ¿Y qué habría sido de Zulmay? Un ataque de tos se apoderó de mí; mi resfriado parecía estar empeorando.

Nos levantamos temprano y tomamos el autobús a la ciudad. Me llevé la mochila conmigo por si no volvíamos esa noche. No había noticias y supuse que Zulmay estaba en la cárcel. Lo más probable era que se enfrentara a una condena de seis meses. Me moría de ganas de llegar a Atenas, pero no podía dejar a Raja solo. Estaba básicamente a la fuga con un niño, pero le había prometido a su madre que cuidaría de él. De todos modos, parecía que Hajji todavía planeaba enviar a Raja con la familia iraní a Atenas.

El niño se estaba tomando las cosas con calma. Nos sentamos en el parque mientras atendía las llamadas de su madre y de Hajji.

—Quiere verte —dijo Raja, y luego giró la cámara del móvil hacia mí. Saludé con la mano e intenté sonreír de forma tranquilizadora.

Hajji seguía mandándole mensajes de voz incoherentes a Raja por Viber.

—No te preocupes, no tengas miedo, te sacaré. Fue un error de Zulmay lo que hizo que lo atraparan, ahí van todos mis gastos, pero no importa, irás a Atenas y supongo que allí estarás por tu cuenta. —Hajji soltó una risita—. Pero no te asustes. Desde allí podemos enviarte a Alemania si es adonde quieres ir.

Raja alzó el móvil y respondió.

—Sin problema, Hajji, lo entiendo, lo que tú digas, tú lo sabes mejor que yo. Por favor, llama a mi madre y explícaselo.

Para matar el tiempo, dimos un paseo por los muelles y observamos los viejos petroleros que estaban amarrados junto al puerto de contenedores. Más adelante había una feria ambulante con atracciones, y junto a ella un campamento romaní con tiendas de campaña que parecían las de Moria y un par de sedanes habitados. Junto a nosotros una niña llevaba a un bebé, mientras una anciana removía una olla que olía a judías y a cebollas.

Nos sentamos en un banco. Una de las pequeñas dificultades de este viaje fue tener que renunciar al material de lectura en inglés, ya que no iba con el personaje. Sin embargo, como Omar y Zulmay se habían ido, decidí comprarme una novela en la ciudad: *Los días del abandono*, de Elena Ferrante.

Iba más o menos por la mitad cuando alcé la vista y vi a Raja dando patadas en el banco y con la mirada perdida. El pobre chaval estaba aburrido. Pero ¿qué podíamos hacer juntos? Se me ocurrió una idea.

Antes había visto un cartel de un cibercafé cerca de la plaza de Safo. Dentro encontramos una cueva iluminada de color púrpura con hileras de ordenadores. Detrás del mostrador, una chica con una camiseta de un anime charlaba con tres tipos. Nos miró con escepticismo cuando entramos.

—¿Tienen algún juego de ordenador? —le pregunté en inglés.

Frunció el ceño y agitó el cigarro que estaba fumando.

—Tenemos más de quinientos.

Hacía tiempo que no jugaba. Parecía que ya no había discos compactos. Todo estaba en la nube. Alquilé dos ordenadores uno al lado del otro e hicimos nuestras selecciones. Raja corría desbocado por Los Ángeles en un Lamborghini robado con una bocazas parecida a Lindsay Lohan en el asiento del copiloto, mientras que yo le disparaba a los talibanes con un SCAR calibre 7.62 mm OTAN.

Así pasaron las horas. El humo del aire me quemaba los pulmones inflamados. Estaba sudando, aunque tenía escalofríos. Se hacía tarde y Hajji había dejado de responder a los mensajes de Raja. No me sentía seguro llevándolo de vuelta a Moria. Revisé mi móvil. Mi amiga había llegado a la isla con mi pasaporte. No quería sorprenderla con Raja, pero tampoco podía llevar al chico a un hotel por mi cuenta. No obstante, necesitaba descansar; sentía que la cabeza se me estaba a punto de caer. Me estaba preguntando qué hacer cuando Zulmay me envió un mensaje de texto. Había salido de la cárcel.

Los contrabandistas tenían la costumbre de enviar a sus clientes en grupos. Supongo que se debía a que algunos refugiados tenían problemas para orientarse en el aeropuerto, así que era mejor asegurarse de que al menos una persona hablara inglés y supiera qué hacer. Pero el resultado era que, si pillaban a uno, lo normal era que pillaran a los demás también.

Zulmay había pasado el control de seguridad y creía estar libre cuando oyó un grito a sus espaldas. Un policía se acercó y lo esposó allí mismo, en la sala de embarque. Lo llevó a una habitación y se fue, cerrando la puerta tras de sí. Allí estaba sentado el otro afgano, el padre joven del flequillo.

—¿Me has vendido? —preguntó Zulmay.

—Juro por Dios que no he dicho nada.

Un policía vestido de paisano entró y le preguntó a Zulmay de dónde era, en inglés.

—España —dijo Zulmay.

El hombre se rio.

—He pillado a mil personas como tú.

Se puso a hablar con Zulmay en español.

Los metieron en un calabozo hasta la tarde siguiente y luego los llevaron al juzgado. El otro afgano, que había trabajado para ONG extranjeras en Kabul y hablaba bien inglés, le preguntó al policía que los escoltaba qué iba a pasar.

—Depende del juez, pero lo más probable es que os caigan seis meses.

—¿Qué? —El afgano empezó a suplicar—. ¡Prometiste que me ayudarías!

El policía se encogió de hombros.

—Díselo al juez.

Así que era un chivato, pensó Zulmay, furioso.

Los condujeron a la sala todavía esposados. El juez tenía una intérprete, una mujer cuyo inglés le resultó difícil de comprender a Zulmay. Delante de ellos había un joven africano y una mujer griega a los que habían capturado en el ferri la noche anterior. Tras escuchar los detalles del caso, el juez condenó al hombre a seis meses y a la mujer a un año por contrabando. Salieron llorando.

El juez le dijo a Zulmay que se explicara. Él respondió que solo quería sacar a su primo de las horribles condiciones del campo de refugiados para que pudieran reunirse con su familia en Alemania. Le pidió al juez que no lo encarcelara por el bien de Raja. El juez lo reprendió. ¿Cómo había podido dejar atrás a un niño de esa manera?

Zulmay agachó la cabeza, como lo había hecho ante el Caballero de Rodas.

A través del intérprete, el juez anunció que tenía en cuenta que era el primer delito de ambos y que venían de un país en guerra. Les impuso una condena de seis meses y una multa de mil quinientos euros a cada uno, y si los volvían a atrapar les caería un año de cárcel.

Zulmay sintió que la habitación daba vueltas. ¿Qué pasaría con Raja?

El otro afgano empezó a llorar.

—¡No pueden hacerme esto! Por favor, soy un activista de la sociedad civil.

Ante ese arrebato, el juez pareció confundido y consultó con el intérprete. Avergonzada, aclaró que les habían suspendido la pena. No irían a la cárcel a menos que los volvieran a detener.

Esa noche, los policías los llevaron de vuelta al campamento y los dejaron ir. Zulmay nos estuvo buscando en la *kucha*. Le dije por teléfono que saliera y esperara en la parada de autobús junto a la puerta, que iba a enviarle a Raja; era un viaje corto y directo.

Bajé con el chico hasta la plaza de Safo y esperamos el autobús. Cuando llegó, Raja empezó a subir las escaleras y luego se volvió hacia donde yo estaba.

—¿No vienes? —preguntó, confundido.

—Ahora mismo, no —contestó—. Saluda a Zulmay de mi parte.

—Nos vemos pronto —dijo, y sonrió somnoliento. Me dio un abrazo y subió. Me estremecí; las luces de la calle parecían parpadear. Esperé allí hasta que el autobús se perdió de vista, llevándose consigo al niño de vuelta a Moria.

Parte IV

La ciudad

17

«Antes de que llegaras, las cosas eran lo que eran», escribió el poeta Faiz Ahmed Faiz. «La carretera era justo una carretera, el horizonte fijo era el límite de lo que se podía ver, un vaso de vino no era más que un vaso de vino»[255].

Omar miró el agua que había muy por debajo de él, cuyas cicatrices blancas se iban desvaneciendo en el crepúsculo. Era la primera vez que sobrevolaba el mar. Laila nunca había volado, pero se prometió a sí mismo que un día la subiría a un avión hacia Europa y la alejaría de la guerra. El vuelo de Omar cruzó el Egeo en menos de una hora. Se le apretó el estómago al sentir que el avión descendía. Había escapado de la isla, pero temía que hubiera controles policiales en el aeropuerto de Atenas. Si descubrían que había estado en Moria, lo enviarían de vuelta. Buscó en su bolsillo el carné de plástico. Era un lituano llamado Vygaudas.

Con la mirada fija en el frente, Omar siguió a los demás pasajeros fuera del aeropuerto a través de las puertas correderas, aspiró el aire fresco y vio que se había hecho de noche. Me llamó para decirme que había llegado a Atenas y luego empezó a buscar el tren. Necesitaba alejarse del aeropuerto. Le sonó el móvil. Era el contrabandista. Omar tenía que ir al piso franco del hombre de Atenas, ya que querían que les devolviera el documento de identidad lituano. Pero ¿por qué iba a devolverlo? El contrabandista afirmó que pertenecía a otra persona, pero eso no tenía sentido, ya que el carné tenía la foto de Omar. Y él lo había pagado. Lo más probable era que solo quisieran que volviera a comprar los documentos para salir de Grecia. Sin embargo, en Atenas necesitaba el carné. Ignoró la llamada.

Los carteles lo condujeron por una escalera mecánica y por un puente peatonal. Compró un billete en la máquina y, cuando llegó el tren, encontró un asiento entre los viajeros y el equipaje. Nadie le prestó atención. El contrabandista siguió llamando hasta que el tren entró en el centro de la ciudad y se metió bajo tierra. Hizo un transbordo y, cuando escuchó «Victoria», su parada, se bajó.

La plaza Victoria era el centro neurálgico de los inmigrantes afganos en Atenas. Omar subió las escaleras de la estación y vio un parque rectangular, de dos por cuatro manzanas, con una enorme escultura de bronce en el centro sobre un zócalo con grafitis, un centauro raptando a una mujer desnuda que luchaba, ahora manchada de caca de paloma. Había grupos de hombres sentados en los bancos de madera que la rodeaban, conversando en persa. Omar preguntó por ahí y no tardó en encontrar lo que estaba buscando, un *khobgah*.

Los bloques de apartamentos de los alrededores de Victoria estaban llenos de albergues para inmigrantes en los que con cinco euros la noche conseguías un hueco en el sofá o en el suelo. Nadie te preguntaba si tenías documentos. El que encontró Omar tenía una pila de chanclas y zapatillas de deporte en la puerta, la alfombra manchada y desnuda, además de una estufa y una maraña de teléfonos junto a una regleta y un televisor borroso en la esquina, y el cuarto de baño estaba lleno de depósitos humanos; el aire era espeso debido al humo de los cigarros, y se oían conversaciones lánguidas sobre contrabandistas y la madre patria.

Los ocupantes eran afganos; dos familias en los dormitorios del fondo y ocho hombres en el salón, quienes ya se encontraban alineados bajo mantas de lana en la oscuridad cuando él llegó, algunas caras iluminadas por la luz del teléfono. Cuando se acostó, sonó su Samsung. Esta vez, contestó.

—¿Qué ha pasado? ¿Dónde estás?

Era el contrabandista al que había conocido en Lesbos, el de la cabeza rapada.

—He ido a casa de un amigo en Atenas. Lo siento.

—Necesitamos que nos devuelvas el carné.

—Cuando iba en el avión me dio miedo que la policía me pillara —respondió Omar—, así que lo tiré a la basura del baño.

—No me digas. No te creo. ¿Por qué no vienes aquí?

—Puede que mañana —contestó Omar, tras lo que colgó. Entonces, vio un mensaje de Hajji.

Será mejor que devuelvas el carné o no acabarás bien.

Que te den, pensó, y apagó el móvil.

CUANDO SE DESPERTÓ, OMAR ABANDONÓ el mohoso apartamento, bajó a la plaza y vio el barrio a la luz del día, los mugrientos edificios y las aceras agrietadas que apestaban a orina. Había un restaurante afgano en la esquina y varias tiendas chinas con artículos de plástico en el escaparate. *Conque esta es la famosa Victoria*, pensó Omar. Era conocida por los inmigrantes afganos como una clave que, al igual que Zeytinburnu en Estambul, descifraba una ciudad extranjera. Me llamó y se enteró de que habían detenido a Zulmay y de que yo estaba atrapado con Raja en Lesbos. Le dije que tendría que esperarme. Omar se sentó en uno de los bancos del parque junto a un anciano griego. *Conque Zulmay ha sido el desafortunado*, pensó. Las probabilidades eran del cincuenta por ciento.

Llamó a Maryam para informarle que había llegado sano y salvo a Atenas, luego exploró la plaza, fumó, se sentó en varios bancos, se comió un sándwich, deambuló y fumó un poco más. Al final de la tarde, se aburría lo suficiente como para preguntarle a otro afgano si había un parque o algo parecido cerca, un lugar donde pudiera relajarse y divertirse.

—¿Te refieres a Alexander Park? —inquirió el hombre. Señaló hacia el este—. Sigue caminando en esa dirección.

Omar cruzó una concurrida intersección y vio, al borde de un extenso espacio verde, otra estatua ecuestre gigantesca, esta del rey Constantino I, que los afganos suponían que era Alejandro Magno. *A lo mejor hay atracciones en el parque, como en Irán*, pensó Omar. Al otro lado de la estatua vio tiendas de campaña colocadas entre los árboles. ¿Habrán acampado aquí algunos turistas? Al acercarse, observó que la gente que estaba allí, desaliñada y mal vestida, fumaba polvo en papel de aluminio. Había un hombre alto de pie en el camino, y Omar vio que estaba vendiendo algo.

—¿Qué vende aquí? —le preguntó en inglés.

—Heroína y *shisha* —respondió el hombre con un acento muy marcado. La *shisha* era metanfetamina.

—¿Quién se la compra?

—Todo el mundo —contestó el traficante, y luego evaluó la amplia figura de Omar—. ¿Qué eres, policía?

—¿Por qué iba a hablar en inglés si fuera policía?

Desconcertado, el hombre lo miró fijamente antes de gruñir:

—Si quieres comprar, compra; si no, vete, no hagas preguntas.

Omar continuó por el camino, observando los montones de basura que había entre la descuidada vegetación. Se acercó a un grupo de jóvenes que hablaban pastún e intercambiaron saludos. Los hombres le explicaron que llevaban atrapados en Grecia desde que habían cerrado la frontera con Macedonia hacía ocho meses.

—Pero ¿qué ha pasado? —inquirió Omar al ver sus rostros demacrados—. ¿Cómo os hicisteis adictos?

Se miraron y sonrieron.

—Se nos acabó el dinero, no tenemos nada que hacer.

—Tenemos problemas mentales, hermano.

—Entonces, ¿cómo podéis pagaros las drogas? —replicó. Parecían avergonzados.

—Dios provee —respondió uno.

—Encontramos dinero de alguna manera. Algunos chicos roban.

Señalaron a un joven afgano que estaba cerca.

—Es un *kuni*. Vende su culo.

—Eres nuevo aquí, ya lo verás.

Omar se despidió y se adentró en el parque. Era vergonzoso ver a sus compatriotas así. ¿Cómo podía estar pasando esto en Europa? Sabía que Grecia estaba atravesando una crisis económica, pero no había imaginado que Atenas estuviera tan deteriorada. Estambul parecía muy moderna en comparación. No era de extrañar que los inmigrantes no quisieran quedarse aquí.

Se sentó en un banco agrietado. Los arbustos eran más espesos en esta parte del parque. Había algunos otros hombres cerca, solos o en parejas, y algunos lo miraban. *Al menos aquí hay calma*, pensó Omar mientras le daba una calada a un Winston.

Una joven trans —ya había conocido a otras en Pakistán, donde la *hijra*, aquella persona que se identificada con un tercer género, formaba parte de la cultura tradicional— se acercó montada en sus tacones y le pidió un cigarrillo en inglés.

—¿Quieres sexo? —preguntó después de que se lo encendiera.

—No, gracias —respondió él con desgana.

Se estaba haciendo de noche y, aunque no había muchas farolas, cada vez había más gente en esa zona. Algunas de las parejas de hombres se adentraban en los arbustos y otras ocupaban su lugar en los bancos. Un griego regordete se sentó a su lado.

—Hola. ¿De dónde eres? —inquirió.

—De Lituania —contestó Omar.

El hombre pareció desconcertado.

—¿Y qué te gusta? ¿Te gusta el sexo?

—Pues claro que me gusta el sexo.

—Puedo chupártela si quieres.

Omar se rio.

—No, me refería a con una mujer.

El hombre se fue a toda prisa. Ya estaba bastante oscuro y Omar decidió marcharse. Volvió a la plaza Victoria, maravillado por algunas de las parejas con las que se cruzó por la calle, formadas por mujeres jóvenes con hombres decrépitos. Vio a una chica sentada en la acera con las piernas en alto.

—Hola —le dijo, pero ella se limitó a mirar al frente con aire ausente.

Era temprano, pero se sentía cansado. Volvió a su pensión de mala muerte.

Cuando el autobús que llevaba a Raja de vuelta a Moria dobló la esquina, llamé a la amiga que me había traído el pasaporte a Lesbos. Era demasiado tarde para ir a Atenas esa noche, así que nos encontró un sitio en el que quedarnos en la ciudad con alguien que conocía. Fuera cual fuere el bicho que había pescado en el campamento, era malo. Me acosté con escalofríos y ataques de tos, y me desperté en mitad de la noche con el cráneo como un globo inflado. Los dos días siguientes transcurrieron en un delirio que no recuerdo bien, aparte de las dolorosas visiones de figuras geométricas imposibles y la mano de mi amiga sobre mi frente, su voz anunciando mi temperatura y diciendo que un par de grados más y tendríamos que ir al hospital, pero al final la fiebre desapareció.

En cuanto pude caminar, me moría de ganas por llegar a Atenas. Mi amiga estaba preocupada por mí, pero pensé que igual podría meterla en problemas si viajábamos juntos, así que fui al aeropuerto solo, pálido y bien afeitado, evitando el contacto visual con un policía que reconocí del campamento. Con el pasaporte y el billete en la mano, embarqué en mi vuelo.

En la plaza Victoria, Omar y yo nos abrazamos, saboreando por un momento nuestra huida de la isla. Sin embargo, ahora teníamos que decidir qué hacer a continuación. Miré alrededor de la plaza, a quienes deambulaban a la caza de contrabandistas. Las calles de Atenas no eran especialmente seguras. Si la policía detenía a Omar y descubría que se había escapado de Moria, podrían devolverlo o encarcelarlo en el continente. Y aún no le había advertido sobre los justicieros fascistas que rondaban la ciudad. A diez minutos de nosotros estaba la iglesia de San Pantaleón, donde los de Amanecer Dorado, que marchaban con camisas negras bajo una bandera parecida a una esvástica, habían protagonizado un motín contra los inmigrantes después de que unos afganos mataran a un lugareño durante un robo[256]. Lo mejor era que continuáramos en la clandestinidad, pero primero tendríamos que averiguar cómo. El camino hasta Italia a través de los Balcanes era largo, y yo estaba agotado por la enfermedad. Necesitábamos descansar y reflexionar.

—Todavía tengo el carné —dijo Omar—. A lo mejor podemos usarlo para conseguir un hotel.

—¿Qué carné?

Escuché consternado mientras me explicaba cómo se había fugado de los contrabandistas. Los *khobgah* no eran de fiar, por no hablar de lo antihigiénicos que eran. Ahora teníamos que preocuparnos por Hajji y sus matones. Ir a un hotel no era buena idea por culpa de la policía, pero se me había ocurrido otra cosa.

Hacía casi dos años de la primera vez que vine a Atenas, para las elecciones nacionales de enero de 2015. Después de que los griegos hubieran votado a favor de la dura austeridad impuesta tras la crisis de la deuda, Syriza, un partido socialista radical, obtuvo una sorprendente victoria. Fue un momento de euforia para la izquierda griega, de gran esperanza, y durante las celebraciones conocí a algunos activistas locales de No Borders que eran justo el tipo de personas que simpatizarían con nuestra situación actual. Así, pues, llamé a mi amigo Nasim, un afgano que se había instalado como refugiado en Grecia, y le dije que acababa de llegar a la ciudad y que necesitaba verlo para algo importante. Me dijo que fuera a Exarchia.

El barrio era un bastión anarquista a solo quince minutos a pie, pero, para llegar allí, teníamos que cruzar el frente de batalla. En el Museo Arqueológico había un grupo de policías antidisturbios fornidos que montaban guardia junto a su autobús mientras nosotros pasábamos a la zona autónoma. Algunos residentes la llamaban *Elefthera Exarchia*, «Exarchia Libre». El barrio estuvo asociado durante mucho tiempo a la política radical y se convirtió en una zona prohibida para la policía en 2008 después de que esta le disparara a un chico de quince años, Alexis Grigoropoulos. La ciudad estalló en continuas protestas[257] que se intensificaron al año siguiente, cuando la crisis financiera mundial sumió a Grecia en una depresión peor que la de la década de 1930.

Los edificios estaban cubiertos de grafitis y carteles, una maraña que se hacía más densa a medida que nos acercábamos a la plaza central. Las paredes eran un tablón de anuncios del barrio, en el que se promocionaban festivales de música punk y recaudaciones de fondos para los activistas encarcelados; en algunos muros había retratos de antifascistas muertos que luchaban contra el ISIS junto con los kurdos, mientras que en otros habían pintado con espray lemas en griego y en inglés, como TODOS LOS POLIS SON UNOS CABRONES y NADIE ES ILEGAL. Por fin llegamos a la plaza de Exarchia, la cual era en realidad un triángulo con árboles desaliñados. En la antigüedad, la palabra griega *plateia* denotaba un lugar amplio en el que se llevaban a cabo reuniones, plazas como Tahrir o Maidán, Tiananmén o Zuccotti. Una pancarta en una esquina anunciaba en inglés: QUIENES APOYÁIS LOS AIRBNB VOLVED A CASA, AQUÍ HAY LUCHA DE CLASES.

Estábamos más seguros en Exarchia. Los justicieros de Amanecer Dorado sabían que no debían venir aquí, e incluso los policías solo podían entrar en multitud, en el caso de que estuvieran preparados para pelearse con jóvenes que empuñaban cócteles molotov y que defendían las calles, que eran como las de una *casba* medieval, suficientemente estrechas en algunas zonas como para saltar de tejado en tejado. Los anarquistas vivían aquí[258], y el barrio estaba lleno de locales ocupados, cafeterías colectivas y casas con okupas; incluso había un parque autogestionado, Navarinou, donde la gente había establecido un aparcamiento y había plantado árboles. *Sous les pavés, la plage.*

Nos reunimos con Nasim en Steki Metanaston, un centro social para grupos de izquierda, incluido el suyo propio, Diktyo[259], una red de activistas de la inmigración que se desplegaba por toda Grecia y que llevaba décadas trabajando. Steki ocupaba una casa adosada de tres plantas justo al lado de la plaza, y se llegaba ascendiendo por un callejón empinado y peatonal. Omar y yo subimos la escalera hasta el piso principal, donde había unas cuantas personas fumando sentadas en mesas maltrechas junto a una barra, cuyo mueble dejaba ver una colección desajustada de tazas, jarras y garrafas de cristal para el *raki*, la omnipresente bebida alcohólica griega. Las alacenas y las paredes estaban cubiertas de pegatinas y de carteles, algunos de grupos de ska y de sindicalistas extranjeros que habían pasado por allí y otros del *kinema allilengyis*[260], el movimiento de solidaridad griego, un florecimiento de clínicas de voluntarios, bancos de alimentos, escuelas gratuitas y otras respuestas básicas a la crisis económica. Cuando las pateras llegaron a tierra el año anterior, muchos grupos solidarios empezaron a ayudar a los refugiados en sintonía con organizaciones como Diktyo, y se fusionaron en algo que los activistas llamaron simplemente «el Movimiento».

En la sala de atrás, bajo un mural de colores pastel pintado por un grupo zapatista visitante, se estaba celebrando una reunión, y entre las cabezas divisé el tupé negro y tieso de Nasim. Al verme, se escabulló y tomó tres botellas de Alfa de la barra. Nos sentamos y chocamos nuestras cervezas mientras nos sonreíamos. Para ser sincero, algunos de los activistas atenienses me resultaban un poco intimidantes, con ese desprecio mordaz por la burguesía, pero Nasim y yo nos llevábamos bien. Él era de Jaghori, un distrito hazara del centro de Afganistán que produjo una diáspora extraordinariamente amplia y talentosa, pero llevaba sin ver su tierra natal desde que era niño. Creció como refugiado en Irán y huyó a Turquía cuando era adolescente. Hacía unos diez años, remó hasta Lesbos en una balsa de goma con tres amigos. A estas alturas estaba totalmente helenizado y radicalizado, bebía *raki* de manera asidua, fumaba un cigarro tras otro, hablaba griego e inglés con fluidez y era uno de los portavoces más visibles de Diktyo. Esa década de activismo callejero y mala vida le había pasado factura. Tenía treinta y tantos años, pero parecía más viejo, y mostraba su habitual expresión sombría mientras escuchaba nuestra historia. Sin embargo, cuando le conté cómo nos habíamos subido al barco desde Turquía y habíamos acabado en Moria, su sonrisa infantil volvió a brillar.

—Estás loco —dijo al tiempo que se reía. Acababa de volver de las islas por un trabajo temporal en el que traducía para un grupo de derechos humanos que documentaba las terribles condiciones de los campos—. Moria es lo peor —coincidió.

Le dije a Nasim que necesitábamos un refugio mientras pensábamos en nuestro siguiente paso. ¿Podrían acogernos? Durante la primavera anterior, tras cortar los candados, Diktyo y otros grupos ocuparon un hotel vacío cerca de Victoria[261], adonde trasladaron a los refugiados de los campamentos y de la calle. Ahora había unas cuatrocientas personas viviendo allí como okupas, una mezcla de activistas e inmigrantes.

Nasim miró con el ceño fruncido su Marlboro y se frotó la frente; sus ojos estaban enrojecidos por el cansancio.

—El problema es que hay una lista de espera larga —dijo.

Las familias tenían prioridad. No obstante, también tenían habitaciones para los voluntarios extranjeros que visitaban Atenas. Podía usar eso para colarnos, pero tendríamos que trabajar, ayudar en la cocina, ese tipo de cosas.

—Venid mañana por la tarde. Os registraré —nos aseguró Nasim. Vació su Alfa y volvió a la reunión.

El hotel estaba a cinco minutos a pie de la plaza Victoria y era un sólido edificio de hormigón de ocho plantas con un mosaico de ropa que colgaba de los balcones. Un cartel sobre la acera decía:

H
O
T
E
L

C
I
T
Y

P
L
A
Z
A

La luna de miel entre el gobierno izquierdista de Syriza y el Movimiento no duró mucho. A los siete meses de las elecciones, los acreedores de Grecia, liderados por Alemania, acabaron con la resistencia de Syriza a la austeridad con la amenaza de expulsarla del euro[262]. Luego llegó la crisis de los refugiados en Europa, y Syriza, que había prometido acabar con el encarcelamiento masivo de inmigrantes[263], se vio obligada a convertir a Lesbos y a las demás islas en prisiones. Diktyo y el resto de los activistas que habían apoyado a Syriza estaban horrorizados. En el invierno anterior, cuando se cerraron las fronteras en los Balcanes, unos cincuenta mil refugiados quedaron atrapados en la Grecia continental[264], y muchos vivieron en la calle o en campamentos improvisados como el del aeropuerto clausurado de Ellinikon, donde las familias dormían bajo carteles analógicos en los que aún se anunciaban los vuelos a Londres y a Fráncfort. Durante la crisis económica, Atenas estuvo llena de edificios abandonados, y, ante la crisis humanitaria que se vivía en las calles de la ciudad, los activistas desafiaron al gobierno y ayudaron a los refugiados a que los ocuparan. A estas alturas había unos dos mil inmigrantes viviendo como okupas en unas cuantas docenas de casas en Exarchia y sus alrededores[265].

El City Plaza era el hotel más grande y el único que conocía en el que convivían activistas y refugiados. Hasta ahora el gobierno los había dejado en paz[266], a pesar de las protestas del propietario, un actor cuyo padre había fundado el hotel, ahora en quiebra, en 1974. Los medios de comunicación griegos eran otra historia. Si los inmigrantes atentan contra la nación, los okupas violan algo incluso más sagrado, la propiedad privada, por lo que el inmigrante okupa era el villano de confianza para la prensa conservadora de Atenas, en gran parte propiedad de los oligarcas del país. Al leer los periódicos griegos[267], uno podría pensar que ocurría algo siniestro dentro del hotel okupado al que Omar y yo nos acercamos.

La entrada estaba en una calle lateral. Les dijimos a los activistas que atendían el mostrador de seguridad que veníamos a ver a Nasim, y subimos al vestíbulo decorado con grabados abstractos y una fuente de mármol. Detrás del mostrador, Nasim y varios griegos vestidos de negro fumaban cigarrillos liados a mano y conversaban con una pareja siria que quería más pañales. Al vernos, sacó una llave del estante y lo seguimos al piso de arriba, trayecto durante el cual pasamos por el comedor, que olía a cebollas y a arroz al vapor, y luego por la escalera principal. Nasim nos explicó que la casa okupada era un colectivo democrático gestionado por consenso y en el que todo el mundo tenía que trabajar, aunque no había jefes, lo cual era difícil de entender para algunos. Las reglas importantes que había que recordar eran nada de violencia ni de alcohol, en parte por respeto a los residentes musulmanes y también para evitar problemas.

Seguimos subiendo. Había dos ascensores, pero Nasim dijo que los habían desactivado porque los niños no paraban de jugar con ellos. Había casi un centenar de niños refugiados viviendo allí, y muchos se habían vuelto salvajes durante el año que se habían pasado siguiendo a sus padres a las guaridas de los contrabandistas y al otro lado del agua. Los niños, a quienes les gustaba jugar en el hueco de la escalera, corrían por delante de nosotros en grupos, gritando en darí y en árabe, y sus chillidos resonaban contra las superficies cubiertas de azulejos.

Nos ardían las piernas cuando llegamos a la sexta y penúltima planta, donde vivían la mayoría de los voluntarios. Nasim abrió nuestra habitación, nos dio la llave y dijo que nos explicaría más tarde cómo funcionaban los turnos.

Omar y yo entramos, y soltamos las mochilas. La habitación estaba pintada de color crema, estaba adornada con madera clara y tenía su propio baño. Una mesita de noche separaba dos camas individuales. Había una puerta corredera de cristal que daba a un pequeño balcón, y salimos a contemplar las calles por las que habíamos estado vagando un momento antes. Nos sonreímos. Puede que los anteriores ocupantes lo hubieran dejado desordenado, pero este era el lugar más bonito en el que nos habíamos alojado desde que dejamos Kabul.

—Voy a pedir una escoba —dijo Omar.

Después de pasar un par de noches en la cama del hotel, me sentía mejor. Hajji y sus secuaces habían dejado de llamar, y Omar tenía la suficiente confianza como para bajar a la plaza Victoria y preguntar por el camino que teníamos por delante. Yo me quedé descansando en la habitación, disfrutando de la soledad. El viaje a través de los Balcanes seguramente iba a ser despiadado; sería agradable quedarse un tiempo en la casa okupada, si el invierno no estuviera tan cerca.

Se oyó un golpe seco en la puerta. Me puse en pie de un salto y le abrí a un hombre afgano de unos cuarenta años, con la barba negra y cuidada de un capitán de barco, vestido con una chaqueta vaquera y unos pantalones de camuflaje.

—Fatiha —anunció con brusquedad, y pasó a la siguiente habitación.

La Sura al-Fatiha, el primer capítulo del Corán, era una abreviatura afgana del servicio de oración que se celebraba tras la muerte de alguien. El hombre había asumido que yo también era un refugiado. Omar y yo éramos una pareja ambigua en el Plaza. Nasim era el único que conocía el secreto de nuestra huida de Lesbos, y siempre que la gente preguntaba me presentaba como un periodista canadiense llamado Matthieu, pues algunos de los activistas ya me conocían. No obstante, la mayoría de los demás refugiados, al oír que Omar y yo hablábamos en darí entre nosotros, supusieron que acabábamos de llegar del barco. Menos mal, porque fuera de la casa okupada tenía que seguir siendo Habib para preparar nuestro regreso a la clandestinidad.

Me puse los zapatos y bajé los seis tramos de escaleras hasta la entreplanta, el principal espacio común que albergaba el comedor, el bar y la cocina. Las paredes estaban cubiertas de arte infantil, horarios dibujados a mano y una cuadrícula de retratos hechos por fotógrafos visitantes, un bricolaje que recordaba a una escuela primaria de moda. Seguí el sonido de la recitación coránica hasta la sala de conferencias, donde las cincuenta sillas que se alineaban en las paredes estaban ocupadas por hombres y niños —había una ceremonia separada para las mujeres—, que me saludaron con un *As-salamu alaykum* cuando me uní. Nos sentamos y escuchamos el canto clásico árabe que salía de un radiocasete. «Alabado sea Dios, Señor de los mundos». Miré de un lado a otro. Árabes, afganos, kurdos y pakistaníes, desconocidos hasta hacía seis meses y ahora reunidos para llorar a un hombre de Herāt llamado Waleed, el cual se había ahogado el día anterior en las afueras de Atenas.

Hamid, un joven afgano de complexión delgada y cejas pobladas, se acercó con una caja de dátiles y tazas de té humeante y azucarado. Más tarde me hablaría de su amigo Waleed, que había venido desde Afganistán con su hija y su esposa con la esperanza de reunirse con su familia, la cual ya residía de forma legal en Suiza. Al igual que el resto de ellos, Waleed lidió con la desesperación cuando cerraron la frontera, lo que lo dejó atrapado en Grecia. Dos días antes había ido a la playa por la noche, solo; era un gran nadador. La policía encontró su cuerpo por la mañana.

Hamid apagó el equipo de música y repasamos varias veces la oración con las manos levantadas, las cuales nos pasábamos por el rostro al unísono cada vez que las pronunciábamos.

«Ciertamente, de Dios somos y a Él hemos de volver».

Después, el cuñado de Waleed, que había volado desde Suiza para la ocasión, nos dio las gracias a todos. La familia había hablado de enterrar a Waleed aquí, en Grecia, pero al final encontraron el dinero para llevarlo en avión a su Herāt natal, donde yacería entre las flores silvestres que conoció de niño.

Salimos arrastrando los pies y vi a Nasim, abatido y pensativo. Más tarde me dijo que era difícil entender cómo alguien podía sobrevivir a décadas de guerra, atravesar esas montañas, cruzar el mar en una balsa, para luego perder la vida así en Europa.

—Hay un dicho en griego —dijo Nasim—. «El que nace para ahogarse no morirá de otra manera».

Después de una semana de cielos azules, las nubes oscuras se amontonaron sobre las crestas y se abrieron con estruendo antes de llover «patas de silla», como decían los atenienses, hasta que los canalones se desbordaron. Omar y yo nos alegramos de tener un techo sobre nuestras cabezas esta vez. Entonces, un par de horas después de que empezara el aguacero, un chorro de agua atravesó el techo abatible de la entreplanta; de alguna manera, la fuga rodeó los seis pisos superiores y bañó a los residentes que estaban haciendo cola para comer. Nosotros estábamos trabajando en la cocina y nos pidieron ollas y sartenes para recoger el agua.

Omar y yo, que aún no habíamos decidido cuál iba a ser nuestro siguiente paso, nos habíamos metido en la vida agitada de la casa okupada, donde ayudábamos en los turnos de seguridad y mantenimiento en la medida en que podíamos, traducíamos para la clínica atendida por médicos voluntarios, y nuestras actividades eran coordinadas por el equipo de la recepción, que se ocupaba de las crisis diarias en una babel de lenguas y una mezcla mediterránea de manierismos, como el interrogativo lastimero con las puntas de los dedos hacia arriba, «por qué»; la negación silenciosa con la barbilla, «no»; y el vocativo omnipresente: «¡Filemou, *habibi*, amigo mío!».

La tarea más importante era llevar la cocina, pues la marcha de un ejército dependía del contenido de los estómagos de sus soldados. Debido a las continuas disputas legales, el hotel en bancarrota todavía tenía todo su equipo. Rodeado de calderas y con un horno de tamaño industrial, tres hornillas de gas y una bañera para cocinar con manivela que parecía un arma de asedio medieval, uno de los tres chefs que iban rotando —un árabe, un kurdo y un grecochileno— apretaba puñados de comino y de pimentón y blandía una batidora de mano tan larga como un bate de béisbol. Mientras, una docena de subordinados picábamos bolsas de dieciocho kilos de cebollas y patatas que habíamos sacado de la maltrecha furgoneta de la casa okupada, y también montones de tomates y lechugas para elaborar guisos de lentejas y alubias con arroz o pan de pita; el menú dependía de lo que fuera barato en el mercado de agricultores o de las donaciones. Una vez recibimos media tonelada de pepinos y nos apresuramos a consumirlos antes de que se llenaran de moho, por lo que los comíamos en ensaladas, yogures o solos. Los niños pequeños se paseaban por los pasillos royendo calabazas del tamaño de sus brazos, y durante semanas seguíamos encontrando pepinos escondidos detrás de los muebles. A veces la comida estaba poco hecha o chamuscada, pero en ocasiones, amigo mío, era sublime. Albóndigas al horno con arroz en salsa de tomate con ajo. Ensalada *fattoush* con picatostes caseros y una emulsión de zumo de limón y aceite de oliva local. La cocinera siria, a la que todos llamaban «mamá», hizo arroz al estilo levantino-persa, cocinado con un poco de aceite en el agua para que la capa inferior quedara dorada y crujiente, y a Omar se le pusieron los ojos como platos al ver cómo, al final, sacó unos discos de *tahdig* del tamaño de una bandeja y se los dio a sus ayudantes para que comieran.

La hora de la comida atrajo a una multitud hambrienta y clamorosa al gran salón. Algunos residentes llenaban los recipientes y se subían a sus habitaciones, mientras otros se sentaban juntos en las mesas redondas. Cuando llevábamos dos tercios de comida repartidos, tuvimos que recoger los platos y pasarlos por el lavavajillas para poder reutilizarlos. En ese momento era cuando la gente empezaba a escabullirse del turno de cocina. La limpieza se dejaba a manos del cocinero y de quien se quedara por allí; siempre había un par de almas serias raspando las calderas.

Al día siguiente de la tormenta Nasim entró en el bar, como lo llamaba todo el mundo, aunque solo servía brebajes de Nescafé, y nos preguntó a los voluntarios si podíamos subir al tejado para dar con la gotera. «Y de paso limpiar el suelo», añadió. Junto a los activistas de grupos como Diktyo, en su mayoría griegos, y los refugiados, los voluntarios formaban la tercera pata del trípode del Plaza. Se trataba de un grupo variopinto de gente más o menos normal, la mayoría de ellos jóvenes, procedentes de toda Europa y de otros lugares que ayudaban en la casa okupada, a menudo a cambio de alojamiento gratuito. Los voluntarios acababan aquí por el boca a boca, las redes sociales y las noticias, ya que el Plaza contaba con un equipo de prensa inteligente y recibía una cobertura admirable de los medios de comunicación extranjeros, si bien no de los griegos. La revista *Time* describió la casa okupada como «un paraíso virtual en comparación con las sombrías condiciones de los campos gestionados por el gobierno que albergan a la mayoría de los inmigrantes»[268].

Según nuestro acuerdo con Nasim, Omar y yo nos habíamos alistado entre los voluntarios y, como ambos hablábamos inglés, asumieron que, al igual que ellos, éramos visitantes legales de Atenas. No era algo inusual que los voluntarios procedieran de los mismos países que los refugiados, como Zied, que venía de Túnez. Otros, como Carles, el catalán que fue a Brasil y volvió, estaban casi tan arruinados como los demás. La línea que nos separaba estaba marcada por nuestros documentos.

Por petición de Nasim, algunos de nosotros fuimos al piso de arriba con unos cuantos adolescentes afganos y sirios a los que también había reclutado. Al llegar, Mar, que era de Valencia, abrió la puerta y salimos al patio de la azotea, una extensión sembrada de muebles de jardín rotos. En los rincones, la suciedad barrida por el viento se amontonaba lo suficiente como para que brotaran las malas hierbas. El menú seguía en pie junto a la barra; seis años atrás, los clientes bebieron Campari y mordisquearon tostadas aquí. Mar y los adolescentes empezaron a barrer y desenterraron condones y botellas de cerveza de entre los restos del edificio. Acompañado de Henrique, un mochilero portugués corpulento que iba de camino a Sídney, intenté encontrar la gotera. La otra mitad del tejado albergaba los sistemas de aire acondicionado y ventilación, además de dos motores de ascensor enormes fabricados en Alemania. Enviamos a alguien a la planta baja con un *walkie-talkie* y regamos el ascensor y los conductos de los cables con una manguera en un intento por determinar si eran la causa, pero no encontramos nada.

Después, los adolescentes se fueron a dormir y los voluntarios subieron a la azotea de terracota, donde compartimos un porro, cuyo humo se enroscaba y captaba la luz. El hotel era el edificio más alto del barrio y teníamos una vista panorámica. Al sureste se veían las laderas boscosas del monte Licabeto, con la cúpula de la capilla de San Jorge en lo alto. Más al sur, podíamos ver las columnas de mármol blanco del Partenón. El lejano puerto quedaba oculto por la bruma; hacia el interior, el horizonte estaba delimitado por montañas desnudas. Los bloques de apartamentos se extendían en todas las direcciones, envueltos en toldos y balcones y con antenas parabólicas y depósitos de agua.

El sol nos calentaba las extremidades desnudas mientras los voluntarios hablábamos distraídamente de dónde veníamos y a dónde íbamos. Algunos habían llegado a Atenas para participar en el City Plaza, mientras que otros simplemente habían tropezado con él cuando estaban de vacaciones. Lo extraño de ser yo mismo entre los voluntarios era que encubría el hecho de que estaba aquí en Grecia de forma ilegal. A veces tenía que mostrarme tímido porque siempre se hacían preguntas los unos a los otros, sobre todo biográficas, aunque también se cuestionaban cosas más importantes, como por qué nos importaban los refugiados y cuál era la solución a la crisis migratoria. ¿Qué debíamos hacer en un mundo de extraños que se ahogaban? Nos faltaban las certezas de los activistas. El proyecto City Plaza pedía la apertura de las fronteras, pero era complicado ver cómo iba a funcionar eso. Palabras como *democracia* y *justicia* sonaban bien, pero te llevaban a ir en círculos cuando las elevabas a la escala del planeta, cuyos mandamientos formaban vallas alrededor del Estado nación. Los voluntarios buscaban la verdad, pero en el Plaza habían encontrado el amor.

Ahora que estábamos fuera del campamento y menos preocupados por sobrevivir, Omar pensaba en Laila más a menudo. Llevaba sin hablar con ella desde que se fue de Kabul, y lo atormentaba imaginársela rodeada de pretendientes, como Penélope. Se sentía impotente frente a ellos. Para aliviar su mente, yo intentaba que saliera con nosotros las noches en las que un grupo mixto de griegos, voluntarios y refugiados bajábamos a Exarchia. Pasamos por delante de grandes casas en ruinas, con sus patios llenos de buganvillas, el hierro forjado oxidado y el mármol partido, pero con unos «buenos huesos», como decían los promotores. A pesar de que la crisis había reducido los ingresos de los griegos en un 40 %[269], en el centro de Atenas el valor de las propiedades y los alquileres estaban subiendo, ya que los inversores extranjeros compraban apartamentos y los alquilaban a los turistas en Airbnb.

Como incentivo adicional, Grecia tenía el visado de oro más barato de la Unión Europea, la residencia a cambio de la compra de un cuarto de millón de euros en bienes inmuebles, y a menudo se veían grupos de compradores chinos que recorrían la ciudad en autobuses turísticos.

Nuestro grupo pasó bajo la mirada de la policía antidisturbios y entró en la zona autónoma. En aquella época, la plaza estaba siempre muy concurrida, sobre todo los fines de semana, cuando los chicos venían de los alrededores de Atenas para beber la cerveza barata de los quioscos o para participar en una de las fiestas tecno que los anarquistas organizaban para recaudar fondos. A estos se les unían los jóvenes inmigrantes de las casas okupadas de todo el barrio, algunas como la de la calle Notara, que recibía un amplio respaldo por parte de los locales, si bien había otras que eran un espacio lúgubre construido en edificios destruidos. La multitud se mezclaba con armonía, pero, bajo la superficie, Exarchia Libre se estaba desmoronando ante la presión exterior y el peso de sus propias contradicciones. Durante años, el barrio había sido asediado por bandas de narcotraficantes[270] que querían venderles a quienes asistían a las fiestas y a los que, según los anarquistas, la policía alentaba en secreto. El problema era que ahora las bandas sacaban a sus reclutas de entre los inmigrantes que se alojaban en las casas okupadas. Ese mismo año, un traficante egipcio apuñaló a unos anarquistas enfrente de su propia cafetería, que ya había sido tiroteada una vez. Después, unos escuadrones de anarquistas con bastones despejaron la plaza y golpearon a cualquiera que fuera sospechoso de traficar; más tarde, organizaron una marcha armada por el barrio. Cuando el mismo traficante regresó de forma imprudente, le dispararon en la cabeza cerca de la plaza.

«Asumimos la responsabilidad de la ejecución del mafioso Habibi»,[271] anunciaron las hasta entonces desconocidas Milicias Armadas. «Esta escoria, que se hace pasar por Escobar y que no tiene miedo, no es más que un montón de vulgares soplones y socios de la policía».

No obstante, nada de esta violencia resultaba evidente en las suaves noches de otoño, no cuando la plaza se llenaba de música y zumbido de voces. Los del City Plaza bebíamos en las mesas situadas fuera de la tienda de tatuajes que regentaba el Club Antifa, el grupo de exvándalos radicalizados que se encargaba de la seguridad en el Plaza. Tenían un club de lucha, por lo que había oído, y algunos entrenaban con un cinturón negro de kung-fu afgano que le había roto el brazo a un fascista en Victoria. «Migrantifa», lo llamó Nasim. Terminamos la noche al lado, en el Steki, el club de izquierdas en el que, sin importar cómo transcurriera la noche, el DJ estaba obligado a poner ciertas melodías; brindamos con *Bella Ciao*, el himno de los partisanos, y luego con Manu Chao: «Mi vida va prohibida, dice la autoridad» [272].

La gente de la casa okupada seguía llegando: el chef Shero y su equipo kurdo, el australiano Ned, que podía bailar haciendo el pino, e incluso Omar, que bebía una Alfa y sonreía a las mujeres mientras pensaba en Laila. Con tanta gente joven viviendo cerca, el romance se respiraba en el aire del Plaza. Solo eran humanos, y la piel era solo piel, la última frontera entre dos corazones. Algunas de las voluntarias —aunque no a la inversa— se juntaron con refugiados varones, lo que podría haber sido un escándalo en una ONG, pero no en una casa okupada en la que todos debían ser iguales. Y, algunas noches en Steki, parecía que lo éramos.

—Mira, ¿ves a esa niña de la foto? —preguntó Hamid, quien sirvió los dulces en la ceremonia de duelo. Estábamos de pie en la entreplanta, bajo los retratos en blanco y negro hechos por los visitantes. Señaló a una niña con rizos y una sonrisa radiante—.

Toda su familia había llegado a Suecia en el primer intento. Seis personas.

Pagaron más de diez mil euros por unos documentos falsos y volaron a Estocolmo; ganaron el gordo en el juego al que jugaba la mitad de los okupas. Los refugiados se maquillaron para parecer más europeos y desaparecieron, se fueron con los contrabandistas. La siguiente vez que se los vio fue en Facebook, en Alemania. O bien volverían a la casa okupada unos días más tarde, arrestados y avergonzados por su nuevo corte de pelo. O irían a la cárcel.

En las democracias liberales, la frontera tiene un poder único para transmutar las necesidades ordinarias en deseos criminales. Los griegos se comprometieron a la larga y optaron por no saber nada sobre esas conspiraciones de contrabando, pero algunos voluntarios se dejaron llevar. El motivo no era que hubieran descubierto una nueva realidad, sino que la crisis de los refugiados se había convertido en una crisis de amigos y amantes. Su problema era una línea, y la solución era cruzarla. Así, pues, algunos voluntarios les entregaron sus propios documentos a refugiados que se parecían a ellos; algunas parejas mixtas salieron juntas de Grecia haciéndose pasar por turistas. Estos fueron algunos de los «crímenes de solidaridad»[273] que se cometieron aquel año en toda Europa. En Italia y en Grecia, los voluntarios encargados de rescatar las embarcaciones fueron procesados como contrabandistas. Multaron a una mujer danesa de setenta años por haber llevado en el coche a los inmigrantes que caminaban por la autopista. En Francia, condenaron a un agricultor por haber ayudado a centenares de personas a cruzar la frontera montañosa con Italia, en lo que los periódicos llamaron «una vía férrea clandestina francesa»[274]; le anularon la sentencia anulada tras ser apelada en virtud del principio constitucional de *fraternité*. Ese otoño, detuvieron a una activista de Barcelona[275] en el aeropuerto de Atenas por haber intentado llevarse con ella a un adolescente kurdo en el avión. Le había dado al chico la documentación de su propio hijo.

Una noche, la viuda de Waleed, el hombre ahogado, me vio en la entreplanta. Llevaba a su hija pequeña y me preguntó si había alguna mochila infantil entre los artículos donados. Había un horario regular para la distribución de ropa, pero la necesitaba esa misma noche. No pregunté por qué. Abrimos el almacén y rebuscamos por ahí. Esa fue la última vez que la vi, pero más tarde supe que ella y su hija habían llegado a Suiza.

18

Cada vez que salía del Plaza, tenía que recordarme a mí mismo que era Habib. En la plaza Victoria, Omar y yo nos cruzábamos con refugiados a los que conocíamos de Lesbos, quienes habían escapado o se les había concedido una entrevista para solicitar asilo en la capital, como Yousef, el sirio amable que se coló en el ferri en su quinto intento. Los árabes solían quedarse en la plaza Syntagma, en el centro de la ciudad, pero Yousef se pasaba por Victoria para charlar con los contrabandistas afganos y pakistaníes que hacían cruzar a la gente por la frontera con Macedonia. Yousef nos dijo que estaba pensando en ir por tierra a través de los Balcanes hasta poder reunirse con su prometida en Suecia.

Pocos días después de que llegáramos a Atenas, Omar me llamó por teléfono mientras estaba solo en nuestra habitación y me pidió que fuera a Victoria.

—Tengo una sorpresa para ti —me dijo, e insistió en que me diera prisa. Cuando llegué, vi una figura canosa y de hombros caídos junto a Omar. Era Firouz, nuestro amigo kurdo iraní de Moria que había tenido mala suerte con el contrabandista egipcio.

—¡*Salaam*, Habib! —saludó mientras nos abrazábamos.

Firouz acababa de llegar a Atenas. Nos explicó que simplemente había comprado un billete de ferri y que pasó de largo por delante del policía, que no se molestó en comprobar su identificación. Parecía bastante griego con sus cejas plateadas y esponjosas.

Al día siguiente, Firouz nos pidió a Omar y a mí que nos reuniéramos con él en un restaurante persa cercano cuyo cartel tenía un *faravahar* alado, símbolo del zoroastrianismo. Lo vimos en el patio con otras tres personas: su hijo adulto, Shahin; y otro padre e hijo iraníes, el mayor calvo y con ojeras, y el menor con una larga barba y los antebrazos tatuados. Los tres llevaban ya varios meses atrapados aquí y vivían en el campamento improvisado situado en el antiguo aeropuerto de las afueras de Atenas. Todos querían llegar a Alemania y estaban intentando encontrar una forma de salir de Grecia.

Pedimos té y hablamos de lo que sabíamos. El tiempo en la ruta de los Balcanes empeoraba cada día y los precios de los contrabandistas aumentaban. Había al menos cinco fronteras entre Grecia y Alemania, y pasarlas significaba colarse por los bosques y las montañas. Otra opción era ir a Italia por mar, si estabas dispuesto a probar los camiones del puerto griego de Patras. Volar desde Atenas costaba miles de euros y, como siempre, podías ir a la cárcel si te pillaban con papeles falsos en la frontera.

—Antes de pensar en salir, tenemos que resolver otro problema —dijo Firouz—. No tenemos documentos para estar en Atenas. Si nos atrapan intentando salir, podrían devolvernos a Moria. Necesitamos un «trébol». —Ese era el apodo persa para la tarjeta de asilo plegable, un trozo de cartón fácil de falsificar con una foto granulada impresa.

—Hay un sitio en el que es posible conseguir documentos falsos —afirmó Shahin—. El bazar pakistaní.

Se ofreció a llevarnos. Firouz dijo que le dolía la pierna y nos pidió a Omar y a mí que echáramos un vistazo de su parte. Mientras íbamos en el metro hacia el centro, Shahin, de pelo oscuro y nariz aguileña, nos explicó con una mirada de preocupación que había desembarcado con su hermano en las islas griegas a principios de año. Para entonces, la frontera macedonia estaba cerrada para todo el mundo excepto para los sirios, los iraquíes y los afganos. Los dos hermanos intentaron hacerse pasar por kurdos iraquíes durante el control de nacionalidad. Shahin superó la entrevista, pero a su hermano lo descubrieron, por lo que decidió quedarse con él, sin ser consciente de lo difícil que iba a ser salir de Grecia una vez que la frontera se cerrara por completo.

—¿Dónde está ahora tu hermano? —preguntó Omar.

—Ni lo menciones —respondió Shahin—. Está vendiendo drogas y móviles robados en el campamento. Nos ha deshonrado.

Nos bajamos en Omonia y subimos por las escaleras mecánicas hasta la plaza, con su nudo de tráfico y bocinas. Caminamos hacia el sur y pasamos por el ayuntamiento, el cual daba a una amplia plaza con estatuas de Teseo y de Pericles. En el otro extremo había un yacimiento arqueológico vallado, donde habían excavado hasta llegar a un antiguo cementerio y habían exhumado los cuerpos, entre ellos el de un niño que había sido enterrado con su lira de carey hacía unos veinticinco siglos[276]. Estábamos justo fuera de las murallas de la antigua Atenas. Desde aquí, el camino principal había conducido hacia el sur hasta el Ágora, centro de un imperio que trajo a inmigrantes como el filósofo Diógenes, que vino del mar Negro y vivió como un vagabundo en una cisterna de terracota[277] como las que albergaron a los refugiados durante la guerra del Peloponeso; «el Cínico» había confundido a los atenienses al anunciar que era un *kosmopolitis*, un ciudadano del mundo. En su apogeo, la Atenas Clásica contaba con más de un cuarto de millón de habitantes. Platón y Aristóteles, que creían en que la historia era cíclica, no se habrían sorprendido al ver cómo Atenas se reducía a una ciudad de quince mil habitantes[278], un remanso de espléndidas ruinas, en la época de la guerra de independencia de Grecia contra los otomanos en 1821, pero los aldeanos ortodoxos tenían fe en otra ciudad venidera, la Nueva Jerusalén. Sus mecenas, las Grandes Potencias, les enviaron como rey a un bávaro llamado Otón, que construyó la plaza que estábamos atravesando en ese momento y la bautizó con el nombre de su tío Ludwig. En 1977 fue rebautizada como Plaza de la Resistencia Nacional en honor a la lucha contra los nazis, aunque los atenienses seguían llamándola Plaza Kotzia[279], por el alcalde que demolió el antiguo Teatro Municipal que había ahí después de que fuera ocupado por antiguos refugiados otomanos durante el intercambio de poblaciones de 1922, gente que quemó el mobiliario del teatro para calentarse, que hablaba en dialectos y lenguas extranjeras, que nombró a barrios atenienses como Nea Smirni, por las ciudades asiáticas que había perdido, y cuya música plañidera, el *rebetiko*, se tocaba hoy día para los turistas en las tabernas situadas sobre el Ágora excavada.

Al entrar en los estrechos barrios del centro de Atenas, Omar y yo seguimos a los tres iraníes por una callejuela en la que los hombres permanecían en grupos vigilantes o esperaban solos, con artículos robados colocados en lonas extendidas sobre la acera, móviles en su mayoría, y el aire penetrante impregnado con el masala y el betel de los carros que vendían garbanzos y *paan*. La calle Sófocles, con su larga hilera de tienda, —Soulehria Brothers, Raja Jee Fast Food, New Hong Er Da Import-Export, Dubai Shopping Center y Shalimar Computers—, con los carteles en griego, árabe, inglés y mandarín, estaba más concurrida. Shahin habló brevemente con un tendero bangladesí, que negó con la cabeza. Nos adentramos en el bullicio hasta que sonó una radio y Shahin se quedó paralizado.

—Mirad, esos perros están aquí —siseó.

En el cruce, dos policías en motocicleta interrogaban a un hombre mayor de piel oscura, quien tenía los papeles en la mano. La multitud se alejaba despacio.

—Supongo que no es el momento adecuado —dijo Shahin, y nos condujo a la esquina. En ese instante, sin embargo, se topó con otro iraní, el cual nos arrastró a una arcada cubierta. El hombre sacó una tarjeta de asilo y se la entregó a Omar. Miré por encima de su hombro; la tarjeta, sucia y hecha jirones, tenía la foto de un paquistaní regordete. El tipo quería cien euros por ella.

Omar negó con la cabeza.

RESULTÓ QUE FIROUZ ya había estado en Atenas hacía más de veinte años. Llegó a Grecia en los años noventa con la primera oleada de refugiados kurdos y se pasó un verano trabajando en la recolección de fruta antes de dirigirse a Alemania, donde todavía vivían su mujer y su hija. Por razones que no detalló, regresó a Irán, una decisión de la que acabó arrepintiéndose.

—Vamos a ver las luces —nos propuso Firouz a Omar y a mí un día que estábamos en la plaza Victoria.

—¿Las luces?

—Ya lo verás.

Lo seguimos hasta una calle cercana, en la que los edificios tenían faroles de cristal en el exterior que se dejaban encendidos durante el día y se mantenían así hasta tarde. Firouz se detuvo frente a una puerta morada.

—Adelante —me dijo—. Entra.

—¿Por qué? —inquirí—. ¿Qué hay ahí?

—¿Tienes miedo?

Abrí la puerta y, seguido por Omar, bajé a una habitación con el techo bajo y con un sofá en un extremo y una cortina de cuentas que tapaba el otro. El aire era húmedo y perfumado, y una luz de discoteca proyectaba una vertiginosa red rosa a nuestro alrededor.

—*Kalispera* —llamó una voz melosa, y una mujer mayor con una permanente elegante entró. Su expresión se torció al vernos a Omar y a mí—. ¡Nada de sexo! Solo griegos —chilló en inglés, y se giró sobre los talones. Nos quedamos mirándonos durante un momento, atónitos—. ¡Fuera! —gritó la *madame* desde detrás de la cortina.

—Solo griegos, ¿eh? —dijo Firouz, mientras volvíamos a la luz del sol—. No solía ser así.

Me enteré de que las calles que rodeaban la plaza Victoria formaban parte de un barrio rojo informal[280] que se extendía por el centro de la ciudad y que se iba volviendo más barato hasta que llegabas a Metaxourgeio, donde los clientes inmigrantes eran bienvenidos y las mujeres ejercían la prostitución, o las obligaban a ello, por tan solo diez euros. La prostitución era legal en Grecia, pero rara vez se concedían licencias oficiales y las personas en sí todavía eran ilegales, muchas de ellas procedentes de países africanos o exsoviéticos. Los prostitutos[281] utilizaban los parques Victoria y Alexander y abundaban desde que, el año anterior, los jóvenes inmigrantes empezaron a intercambiar mamadas por cinco euros. Los hombres griegos me solían hacer proposiciones. «¿Afganistán?», preguntaban esperanzados. Había un individuo llamativo que recorría Victoria por las tardes, con su enorme barriga precediéndolo como la proa de un rompehielos, y que encontraba a un joven y desaparecía; luego volvía una hora más tarde, aparentemente insaciable, para mirarte de arriba abajo de forma seductora.

Afganistán destacaba por el número de menores, casi todos varones, que llegaron a Europa sin sus padres[282]. A algunos los habían separado de sus compañeros mayores por el camino, pero muchos partieron solos o en grupos formados por niños, en general con el consentimiento y el apoyo financiero de sus familias. Los hijos formaban parte de una estrategia de supervivencia diversificada: uno para la granja, otro para el gobierno, otro para los talibanes y otro para Europa. En algunos pueblos, se entendía que, una vez cumplidos los seis años, era el momento de ponerse en marcha, ya que, si llegabas a Europa antes de cumplir los dieciocho, te trataban con mucha más compasión. Algunos países, como Suecia[283], incluso permitían que se te unieran tus padres, si lograbas llegar hasta allí.

Cuando se cerró la frontera, miles de niños no acompañados quedaron atrapados en Grecia, y algunos vivieron en la calle, donde se juntaron con los traficantes de drogas y los puteros. Conocí a un chico de dieciséis años que vivía solo en el aeropuerto abandonado. Me contó que un día otro joven afgano lo había invitado a cenar a casa de un lugareño. Tenía hambre y no tenía dinero, así que fue. Después, le dio las gracias a su anfitrión por la comida, y el viejo griego le dijo que no era necesario, pero que, si de verdad estaba agradecido, podía darle un beso. El hombre tenía un vaso con la foto de un adolescente afgano impresa en él; mantuvo a ese chico durante seis meses antes de darle dinero para que se fuera a Alemania. El joven de dieciséis años huyó.

Estos chicos sin hogar les plantearon un dilema a los activistas del Plaza. Según la ley, se suponía que los niños debían permanecer en centros gestionados por el Estado y las ONG; en realidad, el sistema estaba tan desbordado que retenían a los niños en las cárceles[284]. De todos modos, los chicos solían escaparse de los centros con el fin de encontrar a un contrabandista. La mayoría quería intentar lo de los camiones en el puerto de Patras, puesto que era barato y los menores no tenían que preocuparse de que les tomaran las huellas dactilares en Italia. Al final, como medida de emergencia, la casa okupada acogió a un grupo de adolescentes en el séptimo piso, una familia al azar en la que todos jugaban y se peleaban, y a la que vigilaba el resto de los residentes. Zied, el voluntario de Túnez, tenía unos guantes y espinilleras y les enseñaba kickboxing. Vi una sesión; a los chicos les encantaba.

—¿Queréis ir a Alemania? —gritó Zied mientras golpeaba a su compañero de combate—. ¡Allí hay nazis! ¡Luchad! ¡Luchad!

Eran chicos que habían cruzado el desierto con las mejillas regordetas propias de los niños pequeños, chicos que habían sobrevivido a sus hermanos mayores. Uno de los más grandes había sido aprendiz de un tatuador en Irán, y su tinta se extendía por la piel de los residentes; una mariposa para Jamila, un lobo para Mustafá. Otro, llamado Ezat, un chico pálido y serio que ceceaba, aprendió el suficiente inglés como para ayudar a los demás residentes durante sus visitas al hospital. Ezat nació como refugiado en Irán y, aunque tuvo que trabajar en una fábrica de ladrillos desde los doce años, encontró tiempo para leer los viernes y desarrolló una obsesión por las historias de París. Le gustaba encontrar una franja de hierba en la que sentarse y no despegar la mirada de su libro, fingiendo que, si alzaba la cabeza, vería la Torre Eiffel. Leía sin parar durante todo el tiempo que podía, para mantener la ilusión.

Cuando Omar y yo llegamos al Plaza, la séptima planta se estaba vaciando. Algunos de los chicos se reunieron con familiares en otros lugares de Europa a través de un proceso de reagrupación legal; otros entraron en el sistema griego una vez que se abrieron plazas adecuadas.

El resto se escabulló a los camiones de Patras.

A FINALES DE OCTUBRE, oímos que la policía antidisturbios francesa estaba desalojando el campamento de Calais. «La Jungla», como llamaban al poblado de chabolas de diez mil personas, se encontraba a orillas del Canal de la Mancha, en el extremo de la clandestinidad de los refugiados de Europa, en las antípodas de Atenas. Por la noche, los inmigrantes trataban de colarse en los camiones que se dirigían a Inglaterra; los afganos llamaban *andakht* a este procedimiento, haciendo uso de un verbo que puede significar «disparar» o «lanzar» pero que aquí podría traducirse como «intentar». El año anterior, en la Jungla, un joven músico llamado Abdullah compuso esta canción con una melodía tradicional:

Toda la Jungla parece vacía
y extraño al querido Ibrahim.
Toda la Jungla parece vacía
y extraño al querido Ibrahim.
Qasim se esfuerza mucho,
conoce todos los caminos,
No duerme en una tienda.
Está Bola Jan,
enferma por dormir demasiado,
y extraño mucho al querido Ibrahim.
Toda la Jungla parece vacía
y extraño al querido Ibrahim[285].

En toda Europa, lo que se conocía como el «largo verano de la inmigración»[286] estaba llegando a su fin. Un millón de personas habían atravesado el continente, pero ahora a las redes que se habían extendido hacia el norte las estaban cerrando la ley y el frío. Aquellos que intentaban traspasar las vallas se enfrentaban a una dura violencia[287]. Omar, horrorizado, me enseñó un vídeo de Facebook en el que aparecían unos afganos en la frontera húngara que lloraban mientras contaban que los guardias los golpeaban y los obligaban a arrastrarse por el alambre de púas.

Dejamos de ver a nuestro amigo sirio Yousef por la plaza, y nos preguntamos si habría llegado hasta su amada en Suecia. Entonces, Omar recibió un día una serie de mensajes de voz por WhatsApp, y le pedimos a un árabe residente en la plaza que nos los tradujera. Según dijo, Yousef estaba en Serbia. Él y otro sirio habían ido al norte de Grecia y le habían pagado dos mil euros cada uno a un contrabandista pakistaní para que los llevara a través de los Balcanes, pero el hombre los abandonó en las montañas de Macedonia. Estaban perdidos y llovía. Yousef dijo que vieron pasar un par de noches en el monte, con una temperatura cercana a la congelación, y que podrían haber muerto si una patrulla policial no los hubiera encontrado. Estuvieron encerrados dos semanas en una celda mugrienta y luego los policías macedonios los llevaron a un tramo desierto de la frontera serbia y les dijeron que cruzaran. Ahora Yousef estaba atrapado en Belgrado, sin dinero y sin hogar. Nos advirtió que la ciudad estaba llena de refugiados que no tenían cómo salir de allí y que cada vez hacía más frío. El camino hacia Hungría estaba cerrado; era demasiado peligroso cruzar. Le pedimos a nuestro traductor de árabe que le enviara un mensaje de texto ofreciéndole ayuda.

Por lo que más queráis, no vengáis por aquí.

Eso fue lo que respondió Yousef un par de días después. No volvimos a saber nada de él.

19

Nos fuimos del Plaza sin despedirnos, tal como lo habían hecho los demás antes que nosotros. Omar y yo llevábamos ya dos semanas allí, más de lo que habíamos previsto. Acosado por la perspectiva de que Laila se casara en su ausencia, Omar estaba deseando llegar a Italia. Nos pusimos los abrigos de segunda mano que habíamos conseguido, nos colgamos las mochilas y salimos a primera hora de la mañana, mientras el resto de la casa okupada seguía durmiendo. Habían estado trabajando hasta tarde para preparar una celebración conmemorativa del sexto mes de existencia del Plaza, y me dio un poco de pena perdernos la fiesta, aunque dejamos la llave de nuestra habitación con un amigo, por si teníamos que volver.

Tomamos un autobús interurbano hacia el oeste con destino a Patras. Después de lo ocurrido con Yousef, Omar había renunciado a ir por tierra a través de los Balcanes. Los transbordadores que cruzaban el mar Adriático hacia puertos italianos como Venecia y Trieste le ofrecían a Omar la posibilidad de ir directamente a su destino final. Había que pagarle a uno de los contrabandistas que tenían monopolizado el acceso a los camiones, pero solo costaba unos cientos de euros. Por otra parte, meterse debajo de un camión era peligroso. Le dije a Omar que, si estaba dispuesto a hacerlo, me quedaría con él, pero seguía indeciso. Había oído hablar de otra opción más cara llamada «carga nocturna», que consistía en que los contrabandistas te metían en un contenedor fuera del puerto, normalmente con la connivencia del conductor. Omar decidió que debíamos ir a Patras y preguntar por los complejos abandonados en los que vivían los inmigrantes, las fábricas Wood y Panjshiri, como se las conocía. Estas estaban controladas por bandas de contrabandistas rivales que se enfrentaban con frecuencia; solo unas semanas antes habían apuñalado a un afgano hasta la muerte en la fábrica Wood y la policía le echó el cierre a todo, pero se decía que el juego en Patras había vuelto a la normalidad.

El viaje en autobús duró tres horas. Cruzamos el Peloponeso y luego seguimos por el golfo de Corinto. Patras, la tercera ciudad más grande de Grecia, celebraba un famoso carnaval cada año antes de la Cuaresma. Luego, durante el verano, los turistas llegaban en masa a bordo de los transbordadores, donde bebían vino sobre mantas extendidas bajo las estrellas. No obstante, cuando Omar y yo bajamos a la estación de autobuses, vimos que las agencias de viajes cercanas estaban cerradas durante la temporada, y el paseo marítimo parecía desierto. La antigua terminal de transbordadores estaba aquí, en el centro de la ciudad, junto a la base naval, donde el almirante de la flota jónica[288] miraba por la ventana y veía cómo los inmigrantes trepaban por las amarras. Por aquel entonces había un barrio de chabolas[289] a las afueras de Patras en el que vivían casi mil personas, la mayoría afganas, pero la policía lo había derribado hacía siete años. Cuando abrieron una nueva terminal de ferri más al sur, los inmigrantes se trasladaron a las fábricas abandonadas de los alrededores.

Con las mochilas al hombro, Omar y yo caminamos por la carretera hacia los grandes barcos que se veían a lo lejos. Al cabo de unos kilómetros, llegamos a un complejo de ladrillos rojos situado frente al puerto de transbordadores y cuyo tejado de tablillas se estaba desmoronando. Había una hilera de hombres descansando junto a la puerta con la cara y la ropa manchadas de grasa, mientras otros se agazapaban tras la valla del puerto, a nuestro lado de la carretera. Omar y yo nos unimos a ellos y miramos a través de los barrotes. Dos hombres, uno de ellos con un tablón de madera, se arrastraban por la hierba, acechando una fila de camiones a unos noventa metros de distancia.

—¿Los viajeros de quién sois, hermanos? —preguntó un hombre fornido en darí.

Le faltaba el ojo derecho.

—Acabamos de llegar de Atenas, todavía no tenemos contrabandista —respondió Omar.

En aquel momento, los dos inmigrantes volvieron corriendo hacia nosotros, perseguidos por un guardia en una moto. Todos nos apresuramos a cruzar la carretera hasta una línea de árboles. La pareja saltó la valla y la moto volvió a la fila de camiones. Cuando uno de los saltadores de vallas, un hombre mayor, llegó a nuestro lado, se encorvó y jadeó.

—¿Veis esos camiones? —dijo el contrabandista tuerto—. Si te metes debajo, pasas directamente al barco. —Señaló el enorme ferri.

—¿No es peligroso? —inquirió Omar.

—No.

Un hombre enorme vestido con un chándal se acercó y nos apretó las manos.

—¿Los viajeros de quién sois, amigos?

Omar le explicó que éramos nuevos.

—¿Esto es la fábrica Wood?

—No, es la fábrica Panjshiri —contestó el tuerto—. La fábrica Wood está ahí abajo. Ahí es donde están nuestros queridos compatriotas, los hazaras —dijo con sorna.

—¿Y qué pasa si la policía te atrapa? —preguntó Omar.

—¿Debajo del camión? Nada. Te dicen que te vayas. Si estás dentro del camión, te meten en la cárcel.

—Pero ¿no te pegan?

—No te ponen ni un dedo encima.

Un chico más joven con una mancha negra en la mejilla intervino:

—Esos *padar nalat* me dieron en las pelotas. Estaba debajo de un camión y se pusieron a hurgar con un palo para ver si había alguien. Me pincharon en los huevos y grité.

El viejo que saltó seguía jadeando, pero su guía se acercó y le tocó el hombro.

—Venga, vamos. Se han ido.

Los dos cruzaron la carretera corriendo y saltaron la valla; el contrabandista, con un movimiento fluido, y su viajero, con cierta dificultad. No obstante, se retiraron casi al instante. Esta vez, un guardia corrió tras ellos hasta la valla y metió su móvil a través de ella para grabarnos. Nos dimos la vuelta y nos agachamos detrás de los árboles.

—Lo va a colgar en Facebook —dijo el chico engrasado entre risas.

El griego recogió el tablón que habían dejado caer y empezó a darle patadas, aunque no llegó a romperlo, lo que provocó más risas burlonas.

El gigante en chándal nos pidió que no nos quedáramos en la carretera con las mochilas y nos invitó a entrar, pero le dimos las gracias y dijimos que volveríamos. Nos dirigimos a la carretera, con curiosidad por ver la fábrica Wood.

A ochocientos metros, tras pasar por delante de un supermercado, vimos otro complejo con un edificio de oficinas de cuatro plantas y un almacén con el tejado rojo que tenía la palabra ABEX en letras griegas. Caminamos a lo largo de la valla de madera hasta que llegamos a un punto en el que las tablas estaban arrancadas y la cruzamos.

A través de un conjunto de maleza vimos a gente de pie en un patio del tamaño de un campo de fútbol. Los arbustos y la hierba se abrían paso a través del pavimento agrietado. El almacén abierto rodeaba el patio. A la derecha había un hangar de tres pisos de altura, con las ventanas y los paneles de chapa ondulada rotos, de modo que podíamos ver el interior de sus sombrías profundidades. A la izquierda había un muelle de carga elevado con tres tiendas montadas. Unos cuantos inmigrantes estaban sentados en muebles que habían rebuscado por ahí, mientras que otros estaban de pie en el patio conversando con un grupo de hombres y mujeres jóvenes vestidos con jerséis y vaqueros, que parecían voluntarios.

Nos acercamos al muelle de carga, donde había una hoguera rodeada de tarugos carbonizados de cedro y latas de metal con hollín. Un hombre de mediana edad se levantó de su silla plegable y nos saludó con cordialidad. Se presentó como Haider, de Kabul.

—Aquí tienes que encontrar a un buen contrabandista. Nosotros no estamos contentos con el nuestro, Abu Fazl —dijo, y movió la barbilla en dirección a un joven alto y con barba—. No paguéis en efectivo, utilizad a un cambista, así no os quedaréis con un solo contrabandista.

—¿Quién es el mejor? —preguntó Omar.

—Jawad Fence es bastante bueno. Es ese de ahí. —Señaló a un hombre con unos pantalones cortos grises y un gorro de punto que estaba cruzando el patio.

—¿Y Rambo? —Omar había oído su nombre en Atenas; se suponía que era el mejor.

—Rambo y Uncle no están ahora aquí. Vendrán mañana.

Al parecer, Omar y Haider habían trabajado en Kabul para el mismo contratista de USAID. Mientras intercambiaban impresiones, se me acercó un hombre más joven que llevaba un pantalón de chándal roto y sucio. Nos miramos. La nariz se le estrechaba hasta acabar en una punta respingona y tenía las mejillas sonrojadas.

—*Salaam* —dijo—. ¿De dónde eres?

—De Kabul.

—¿De qué parte de Kabul?

—Shahr-e Nau.

—¿De qué parte de Shahr-e Nau?

—Qala-e Fatullah.

—¿De qué parte de Qala-e Fatullah?

—De la calle Wazirabad.

—¿En serio? —inquirió—. Yo soy de Wazirabad y conozco a todos los que viven allí. ¿Cómo es que nunca te he visto?

Me puse nervioso, pero Omar acudió a mi rescate y acribilló al chico con preguntas. Se batieron en duelo sobre los nombres de los jefes de policía del barrio y de los directores del instituto durante un rato hasta que el chico, satisfecho con nuestra procedencia, extendió la mano.

—Soy Sharif. Llevo tres meses en Patras, y no te preocupes, te enseñaré cómo funciona todo.

Los voluntarios se acercaron. Eran de Praksis, una organización médica benéfica griega. La coordinadora local, una joven llamada Maria, estaba enseñándoles el sitio a unos compañeros belgas que estaban de visita. Nos saludó a través de su intérprete, un afgano que llevaba una camisa abotonada y gafas cuadradas. Praksis dirigía un hogar para menores no acompañados en Patras, pero nos explicó que también tenían un centro de acogida donde los adultos podían desayunar y ducharse.

—Estuve en el mejor hogar para menores de Atenas, y lo dirigía Praksis —exclamó un chico iraní en chándal.

Oí un chirrido, me giré y vi a un hombre, desnudo salvo por unos calzoncillos grises y unas zapatillas, que empujaba un carrito de la compra con una bolsa del Lidl llena de ropa. Nadie más le prestó atención mientras cruzaba el patio.

Sharif estaba mirando fijamente a Maria con un rubor cada vez mayor.

—Pregúntale si hay algo que puedan hacer por un corazón roto —le dijo al intérprete.

Maria sonrió, pero no contestó.

—Hace quince años teníamos quince años, así que a lo mejor puedes conseguirnos un sitio en el hogar de menores —bromeó Omar en inglés. Los belgas se rieron. Omar empezó a hablarles de su trabajo con las fuerzas de la coalición en Afganistán.

Me adentré en el almacén y quedé maravillado ante los desvanes de varios pisos conectados por escaleras de diversos tipos. Aunque todas las superficies del edificio estaban oxidadas o astilladas, sus vigas de cedro y de acero y sus losas de hormigón parecían capaces de resistir un siglo. Entré en un segundo patio situado frente al edificio de oficinas de cuatro plantas. Los fragmentos de los marcos de las ventanas captaban el sol poniente y, cuando miré más allá de las filas de ropa colgada en el piso superior, vi una silueta que subía por una escalera hacia la torre del tejado.

Cuando volví, Maria y su equipo se habían ido, y Omar estaba dándole patadas a un balón de fútbol con Jawad Fence, Sharif y otro niño afgano. Omar le preguntó al contrabandista sobre la posibilidad de usar la opción de «carga nocturna» como alternativa a intentar meternos debajo un camión.

—Antes lo hacía, pero ya no —contestó Fence con un marcado acento hazaragi. Tenía un rostro agradable y curtido, totalmente desprovisto de pelo—. Es caro. Además, ahora mismo tengo demasiados viajeros. ¿Por qué no lo intentas? —Sonrió ante la duda de Omar y se volvió hacia los demás—. Cuando la gente viene de Atenas, al principio siempre tiene miedo.

—Yo también tenía miedo, pero se ha vuelto algo natural —intervino el chico—. Me he aprendido todos los sitios que hay debajo del camión. —Había tres lugares en los que esconderse: la caja de herramientas, las ruedas de repuesto y los ejes, los cuales te ocultaban mejor, si bien eran los más peligrosos, ya que podías quedarte atrapado en la suspensión o en el eje de transmisión—. Llevaos una tabla de madera para ponerla atravesada —continuó. Y teníamos que acordarnos de arrastrarnos entre las dos ruedas traseras para que el camión no nos aplastara en el caso de que empezara a moverse.

Fence nos dio la mano, que apretaba como una garra de hierro, antes de dirigirse hacia el edificio de oficinas.

—¿Y tú, Sharif? —inquirí—. ¿Cómo es que llevas tanto tiempo aquí? ¿No quieres intentarlo?

Se rio a carcajadas.

—Trato de hacerlo en lugares tan peligrosos que nadie más se atreve —respondió—. Pero siempre me pilla la policía. Ahora estoy esperando a un amigo que va a salir pronto de la cárcel para que nos podamos ir juntos. Por ahora solo ayudo a los contrabandistas.

El hombre con el carrito de la compra, que había estado bañándose y lavando la ropa en un grifo, volvía chillando en calzoncillos hacia nosotros.

—¿Quién es ese? —le pregunté a Sharif.

—¿El negro? No sé cómo se llama.

—¿De dónde es?

—Dice que es de Portugal.

—Hola —dije en inglés cuando pasó.

Se detuvo y sonrió. Era bajito y parecía de mediana edad, aunque no tenía ni un rastro de grasa en su fornido cuerpo. Unas rastas largas le colgaban sobre sus sienes afeitadas. Nos dijo que sí, que era de Portugal. Le pregunté cómo había acabado en este lugar. ¿Acaso no tenía permitido subir al ferri y volver a casa?

Nos contó que aquí conoció a unas personas, se emborrachó con ellas y se despertó en un callejón sin ninguna de sus pertenencias, incluido su pasaporte. Llevaba ocho meses en Patras y, aunque había ido a la embajada portuguesa, por alguna razón no le habían dado otro pasaporte. Me costó seguir la historia, ya que sus palabras se iban volviendo más confusas y apresuradas a medida que hablaba.

—Aquí todo es una oportunidad —dijo mientras miraba a su alrededor con recelo—. Viene mucha gente, se va, afganos, sirios, duermen aquí y luego se van. Pero yo me quedo. —Agarró las asas del carro y se volvió hacia mí—. Voy a la ciudad en mi mente, ¿sabes a lo que me refiero? Necesito experimentar cosas.

Llevó el carro al muelle de carga y pasó por delante de las tiendas de campaña en dirección a unas escaleras que conducían a un altillo. Un par de niños afganos lo ayudaron a subir el carro. No había ninguna pared exterior, así que se le podía ver en sección transversal, como en una casa de muñecas, mientras colgaba la ropa.

Estaba oscureciendo. Haider tenía el fuego encendido y estaba cortando una bolsa de hígados de pollo crudos mientras su móvil reproducía una triste melodía de Naghma. Dos gatos, uno tricolor y otro rayado como una caballa, revolvían entre la basura. Otro afgano que viajaba con Haider, calvo y con gafas redondas de catedrático, se levantó para hacer sus abluciones, lo que nos recordó que no debíamos perdernos nuestras oraciones.

—Hemos llegado al límite al venir aquí —dijo Haider—. No estoy preocupado por mí. Es por el niño.

Estaba aquí con su hijo de diez años. Llevaban ocho meses tratando de escapar de Grecia. Dos veces habían intentado cruzar el Adriático en pateras con la ayuda de contrabandistas, pero los habían interceptado.

El hijo de Haider se acercó y miró el reluciente hígado con el rostro serio bajo un corte de pelo con la forma de un tazón. Parecía pequeño para su edad. Una mujer joven se puso detrás de él; llevaba un jersey holgado y el pelo castaño al descubierto. Nos observó en silencio a la luz del fuego mientras Haider le acariciaba la cabeza a su hijo.

—Nos vamos a Londres, si Dios quiere. Tengo familia allí. Conseguí unos carnés de identidad franceses para nosotros en Atenas. Te los enseñaría, pero están cosidos a su jersey. —Con la mano, golpeó entre los omóplatos del chico—. Los usaremos cuando lleguemos a Italia. Con un carné de identidad puedes comprar billetes de tren y alojarte en hoteles.

—¿Por qué no lo usas para comprar un billete de ferri? —inquirió Omar.

Haider negó con la cabeza.

—No funcionaría. Te atraparían en el puerto de Italia y te tomarían las huellas dactilares.

—¿De dónde sois? —preguntó la mujer con acento iraní.

—Kabul —respondió Omar—. Acabamos de llegar.

—Tenemos suerte. —Tenía un tono de voz alto e infantil.

—¿Eh? ¿Por qué tenemos suerte?

—Tenemos suerte de estar aquí.

Omar resopló.

—Ah, ¿sí?

—Tenemos suerte de estar aquí porque vamos a conseguirlo.

—¿Cómo estás tan segura?

—Porque Dios es grande.

Se llevó al hijo de Haider lejos mientras murmuraba con su tono cantarín.

—Ayer me contó toda su historia —dijo Haider. Había conocido a la mujer aquí, en la fábrica Wood. Creció en Irán; sus padres habían fallecido. Sacudió la cabeza—. La pobre está sola. Le dije que la ayudaríamos a llegar a Europa.

Haider se levantó para buscar un poco de aceite para cocinar en su tienda. Omar y yo observamos a la iraní caminando de la mano del niño. Era la primera vez en nuestro viaje que veíamos a una joven sola.

—Vino aquí con un novio afgano, pero la dejó y se fue a Italia —continuó Sharif.

—Ese calvo le dio trescientos euros —intervino un adolescente iraní de pelo rizado que se había unido a nosotros. Se refería al compañero de viaje de Haider, el hombre de las gafas—. Apuesto a que se la están follando.

Haider regresó y empezó a freír el hígado con cebolla sobre el fuego. Hambrientos, Omar y yo fuimos al supermercado que había más arriba y, sintiendo que llamábamos la atención bajo las brillantes luces fluorescentes, compramos huevos, tomates, cebollas, pitas y tres latas grandes de Heineken. Volvimos corriendo y nos escabullimos por la valla, dos formas oscuras que se deslizaban por un agujero.

Una vez que Haider hubo terminado, Omar volvió a poner la sartén en el fuego, el cual avivé con trozos de cedro. Cocinó las verduras cortadas en dados hasta que se ablandaron y luego colocó los huevos entre ellas. Cuando las claras cuajaron, comimos trozos de pan tostado e invitamos al niño iraní a que se uniera a nosotros.

Después fumamos un poco, saciados y con los dedos relucientes de grasa de hígado. Sharif había ido a ver a los contrabandistas y, cuando volvió, Omar le enseñó las tres Heineken; las había dejado escondidas en la bolsa por respeto a la sensibilidad religiosa de los demás.

—Vamos al parque —propuso Sharif, y soltó una risita—. Allí puedes ver a la gente besándose.

Nos pusimos en marcha por la carretera.

—Oye, ¿vienes? —gritó Sharif a una figura solitaria y encorvada que había contra la valla del puerto, al otro lado de la carretera, la cual nos hizo un gesto para que nos fuéramos.

—¿Lo está intentando? —inquirió Omar.

—No, solo es un drogadicto.

Mientras caminábamos junto a la valla, Sharif nos explicó cómo los contrabandistas habían dividido el puerto en territorios. Rambo y Uncle se habían apostado junto a una estación de pesaje frente a la fábrica Wood, donde los camiones tenían que parar antes de entrar en la terminal.

—Conocerás a Rambo mañana —dijo Sharif. En darí, la pronunciación sonaba como «Rimbaud».

—Con un nombre así debe ser peligroso —contesté.

—¿Rambo? Es el tío más simpático. Cuando hablas con él, tienes la sensación de que lo conoces de toda la vida.

En la fábrica Panjshiri ya no había inmigrantes junto a la valla, pero podíamos ver la gran silueta del contrabandista al que habíamos conocido aquel día de pie junto a la puerta. Sharif se puso la capucha para ocultar la cara.

—Estoy enfrentado con ellos —susurró—. Están en contra de nosotros. La vez que apuñalaron a ese tío, fueron ellos los que lo hicieron.

El contrabandista nos saludó con la cabeza cuando pasamos por delante. Al llegar al extremo norte del puerto, vimos un complejo de paredes blancas detrás de la valla.

—Esa es la cárcel de los comandos —dijo Sharif—. Te retienen durante veinticuatro horas. Te dan un sándwich y una botella de agua.

Abrimos las cervezas mientras caminábamos. Todavía había un ferri en el puerto; era rojo y tenía la palabra GRIMALDI en un lateral.

—Ese sale a última hora de la noche —nos informó Sharif.

De repente, se metió la cerveza en el bolsillo.

—Esconded la bebida.

Más adelante, vimos a Haider y a sus acompañantes, quienes también estaban dándose un paseo.

—¿Estáis listos para iros esta noche? —les preguntó Sharif cuando nos acercamos. Señaló el barco—. ¿Queréis subiros a ese?

—Claro que sí —respondió Haider.

—Son cincuenta y tres horas. ¿Crees que podrá soportarlo?

—¿El chico? —Haider se rio—. Caminó cuarenta horas por el desierto y dieciocho por las montañas. Estar sentado en un contenedor no es nada. Está curtido. Se ha convertido en un hombre. —Le dio una palmada al hombro del pequeño, que sonrió con timidez.

—Lo único que nos preocupa es qué hacer con el tema del baño —intervino el calvo de las gafas.

Los dejamos y seguimos hasta un parque situado junto al mar, en el que había un grupo de chicos afganos sentados en círculo al lado de los columpios. Eran residentes del hogar para menores de Praksis. Uno de ellos dio un grito de alegría y saltó hacia nosotros. Era Ali, el chico con las puntas rubias al que conocimos nadando en nuestra primera visita al puerto de Lesbos.

—Soy un *khod andaz* —me susurró al oído mientras nos abrazábamos. Un autocontrabandista. Estaba intentando hacer lo de los camiones por su cuenta con la esperanza de que Rambo y los demás no lo atraparan. Se llevaría una paliza si lo hacían; los contrabandistas eran implacables con su monopolio—. Tienes que ir una vez que haya oscurecido. Hay una forma de rodear la valla por el agua, puedo enseñártela. Anoche casi lo conseguimos, pero la policía nos descubrió.

Nos terminamos las cervezas en el parque y volvimos a la fábrica Wood. El contrabandista Abu Fazl estaba allí y les estaba diciendo a Haider y a los demás que prepararan sus cosas. Recogieron sus bolsas.

—Rezad una oración por nosotros —pidió Haider.

—No recéis, no os despidáis, tan solo vivid *qalandari* —replicó Sharif, como un místico errante. De todos modos, nos estrecharon la mano.

Omar y yo solo habíamos traído sacos de dormir, pero Sharif dijo que en la oficina, sobre unos pilotes situados en la parte trasera del hangar, había una tienda de campaña que podíamos utilizar. Subimos por una escalera; era como una casa en el árbol, cuidadosamente acabada en cedro. Había gente durmiendo en el suelo y varias tiendas de campaña con cúpula. Omar y yo encontramos una vacía y nos metimos dentro.

—¿Qué te parece? —le pregunté mientras nos tumbábamos uno al lado del otro en la oscuridad. Me respondió en inglés.

—Creo que es peligroso de cojones, hermano.

Por la mañana, encontramos a Haider y a su grupo sentados alrededor de las cenizas de la hoguera con un aspecto sombrío. Abu Fazl los había metido en un contenedor, pero estaba lleno de chatarra y no había lugar para esconderse entre la carga. Los policías los descubrieron en el muelle de inspección, donde se abrían y registraban los remolques. No obstante, los dejaron ir sin detenerlos, probablemente por la mujer y el niño.

—Una vez estuve en un contenedor lleno de licor, pero no había ningún sitio en el que esconderse, así que me agaché —dijo el niño iraní de pelo rizado. Era cuestión de suerte. Podías acabar en un contenedor apestoso con basura para reciclar o en un cargamento de pistachos tostados.

Después de un rápido desayuno Omar y yo fuimos a la estación de pesaje, al otro lado de la carretera. Una docena de inmigrantes estaban alineados junto a la valla, agazapados tras su base de hormigón. Al otro lado, a unos once metros de distancia, había dos carriles de camiones esperando su turno para que los pesaran.

—¿Dónde están Uncle y Rambo? —les preguntó Omar.

—Allí —respondió un chico afgano al tiempo que señalaba a dos hombres rechonchos vestidos con pantalones de deporte y sudaderas con capucha.

Los contrabandistas llevaban a dos o tres clientes a la vez hasta el otro lado de la valla, donde se tumbaban sobre la hierba, protegidos por una ligera elevación, y esperaban hasta que un camión se detenía en la escala. En ese momento, corrían hacia él e intentaban colar a sus viajeros antes de que se marchara, dentro si el contenedor estaba abierto, debajo si estaba cerrado. Todo eso ocurría delante de los conductores que venían detrás, quienes a veces hacían sonar sus bocinas en señal de alarma. Rara vez se bajaban a desalojar a los inmigrantes, ya que preferían dejarles esa tarea a los guardias de los muelles de inspección.

Oí exclamar algo a Omar y, al girarme, vi a dos de los adolescentes del Plaza: Reza y Ezat, el chico que soñaba con París. Acababan de llegar en el autobús desde Atenas. Y me conocían como Matthieu, no como Habib. Mientras nos abrazábamos, intenté pensar en cómo advertirles antes de que echaran a perder mi tapadera delante de los contrabandistas, pero, justo en ese momento, Rambo les gritó que se acercaran.

Los chicos saltaron la valla mientras se aproximaba un camión. Corrieron hacia él, y Uncle y Rambo agarraron un asa del contenedor cada uno y abrieron las puertas de un tirón. Al hacerlo, el camión se puso en marcha y trotaron junto a él mientras los chicos se metían dentro. Los contrabandistas cerraron las puertas de un golpe y el camión se dirigió a los muelles de inspección.

—¡*Khar kos* con suerte! —exclamó uno de los inmigrantes—. No llevan ni una hora aquí y ya han conseguido uno bueno.

Observé cómo el remolque se alejaba hacia los muelles de inspección con los chicos dentro; me sentía preocupado por ellos, pero a la vez aliviado de que mi secreto estuviera a salvo. Rambo y los demás podrían no reaccionar bien si se enteraban de que era periodista. Los camiones empezaron a venir con menos frecuencia. Los contrabandistas consiguieron meter a un cliente más dentro de la caja de herramientas cromada de un camión antes de que un policía llegara chillando en un BMW negro y todos saliéramos corriendo.

En la fábrica Wood, Rambo y Uncle estaban tumbados al sol liándose unos cigarros. Bajo una gorra de béisbol desteñida, el rostro tosco y arrugado de Rambo estaba bien afeitado, lo que dejaba al descubierto una larga cicatriz en el labio superior. Uncle parecía un poco mayor, de unos cuarenta años tal vez, y era de baja estatura, pero tenía el mismo apretón de manos firme que Jawad Fence.

Le pregunté a Rambo en qué clase de contenedor habían ido Ezat y Reza.

—Los pusimos en un camión que llevaba flores —respondió—. Yo no pongo a mis viajeros dentro de un cargamento malo. Al fin y al cabo, son menores de edad.

Los dos contrabandistas llevaban más de una década trabajando en Patras. Cuando la terminal de transbordadores se encontraba en la ciudad, estaba monopolizada por bandas kurdas. No obstante, empezaron a aparecer cada vez más afganos, lo que provocó que se desatara una guerra entre los dos grupos[290], en la que los afganos estaban liderados por un *badmash* legendario llamado Patras Khan. Al final, los kurdos se rindieron y se fueron a Igumenitsa, otro puerto del norte.

Rambo y Uncle se retiraron al edificio de oficinas; no habría más camiones hasta más avanzada la tarde. Omar escuchaba cómo Sharif se desahogaba sobre una mujer a la que había conocido en los campamentos.

—Sharif, si amas a una chica, no la dejes ir —dijo Omar.

Me recosté sobre el cálido pavimento y pensé en los dos chicos ocultos en la oscuridad, entre las flores. Una vez dentro de la caja de acero estabas atrapado hasta que alguien te abría. El miedo a la asfixia tenía que ser intenso, sobre todo la primera vez. Tal vez ya estuvieran navegando hacia Italia, los pasajeros de arriba ajenos a los niños de abajo. ¿Los chicos habrán sentido terror o euforia? Intentaban llegar a Alemania. Ezat cuidaría de Reza hasta que llegaran, eso lo sabía. Era un chico serio y centrado. Se había pasado muchas horas en un taller que visité en Exarchia, una pequeña tienda de una sola habitación con un cartel pintado a mano que rezaba ATELIER MOHAJIR. En su interior había tres máquinas de coser muy resistentes, suficientemente fuertes como para coser a través de telas gruesas. A veces iba allí para escapar del caos de la casa okupada y me sentaba con Ruby, la egipcia alemana que dirigía el taller. No aparentaba los treinta años que tenía, sino menos, pero se mostraba maternal con los adolescentes del Plaza y amable conmigo hasta que mencioné a los hombres a los que había visto recogiendo niños en Victoria. En ese momento, sus ojos verdes y dorados brillaron.

—Me gustaría apuñalar a uno de ellos —dijo con los dientes apretados.

Cuando Ruby todavía estudiaba moda en Berlín, estando de vacaciones en Marruecos se enamoró de uno de allí; el hecho de que ella pudiera visitarlo, y no a la inversa, pareció ser fundamentalmente injusto. Se involucró en el Movimiento y en el activismo de No Borders y, durante una visita a Lesbos varios años atrás, conoció a un grupo de chicos afganos que habían aterrizado solos en Europa. Le impresionó su situación y se dio cuenta de que, aunque los chicos aceptaran comida y refugio de las ONG en Grecia, al final volverían a la clandestinidad, con todos los peligros que eso conllevaba, con el fin de continuar su viaje. Lo que más necesitaban los chicos era el dinero para llegar a su país de destino, situado en el norte, donde estarían a salvo. Ruby quería hacer algo para mantenerlos alejados de los puteros y de los traficantes que rondaban las calles de Atenas. Sabía que muchos de los chicos habían trabajado en talleres clandestinos en Irán y en Turquía y que eran sastres hábiles; en Alemania eran populares los bolsos hechos con lonas de camión recicladas, y se le ocurrió que podía reutilizar los botes que llenaban los vertederos de las islas. Recaudó dinero para cubrir sus propios gastos, de manera que el precio de cada artículo que vendía en festivales y ferias callejeras en Alemania —mochilas de lona, bandoleras y bolsas de tabaco de diez a sesenta euros— iba directamente al refugiado que lo había fabricado. No era la jefa de nadie, sino que daba a cada uno de los sastres una llave del taller para que pudiera entrar y salir a su antojo. Pegaba un trozo de cinta adhesiva con su nombre en cada prenda para saber a quién pagarle, y sus clientes a menudo le pedían que no lo quitara. A veces querían que le diera un mensaje o una foto al niño.

Según me dijo Ruby, hacía unos años, no mucha gente de Alemania era consciente de que los refugiados cruzaban el mar en unas embarcaciones tan endebles; ahora, algunos veían que la elección del material era horrorosa. «¿Y si alguien hubiera muerto en ese barco?», preguntaban. Ella les respondía que era poco probable, ya que el barco había llegado a tierra, pero sí, era posible. La gente se ahogaba intentando llegar a Europa. ¿Habían reflexionado alguna vez sobre las historias que se escondían tras el móvil que llevaban en el bolsillo o en los vaqueros?

Al principio, como el trauma de la travesía seguía fresco, manipular la lona fue algo emotivo para algunos de los sastres. No obstante, la costumbre hizo que el material se volviera inerte, ya que la reelaboraban según su propio diseño. El sótano del taller estaba lleno de botes desinflados sacados de Lesbos. Una vez bajé y rebusqué en el montón mientras palpaba los distintos pesos, las diversas resistencias de las costuras, hasta que encontré una pieza del mismo verde y gris que el barco que nos había llevado a Omar y a mí.

Al anochecer, Ezat y Reza volvieron a la fábrica Wood cubiertos de barro. Intentaron esconderse entre las cajas de flores, pero, justo antes del muelle de inspección, los de Panjshiri abrieron el contenedor e introdujeron a uno de sus clientes. Dentro del puerto, los comandos quitaron las lonas y encontraron a Ezat y a Reza. Sospechaban que había un inmigrante más, pero no fueron capaces de encontrarlo, ya que se había metido en el fondo de las cajas y no querían descargar todo el cargamento. Así, pues, consiguió meterse en el ferri. Los agentes dejaron ir a los chicos, ya que eran menores de edad.

Aliviado por el hecho de que todavía no había echado a perder mi tapadera, aparté a Ezat.

—La gente de aquí me conoce como Habib, de Afganistán, ¿vale?

—Vale.

Asintió con una expresión seria. Era un chico inteligente. No me preguntó qué estaba haciendo allí, al igual que yo no iba a convencerlo de que dejara de intentarlo. ¿Qué podía hacer, amenazar con llamar a la policía? Ezat estaba aquí por el juego y seguiría jugando hasta lograrlo. Ya se estaba volviendo insensible ante el peligro. Los niños, ágiles y valientes, se adaptaban bien a Patras. Eran los adultos los que se desanimaban. No creía que Omar fuera a intentarlo.

Cuando se hizo de noche, fuimos a buscar restos de madera para el fuego. Habían quitado las tablas de las paredes y del suelo, pero trabajando en conjunto arrastramos una viga de cedro y metimos un extremo en el fuego. Para iluminar usamos unos cuantos fajos gordos de facturas de la oficina, unas copias amarillas y blancas en papel carbón, y de cada página emanó una ráfaga de luz antes de convertirse en humo. *Deben de haber pasado bosques enteros por aquí*, pensé al tiempo que miraba las cifras que aparecían en las dracmas.

Mientras nos calentábamos las manos, Omar y los demás hablaban de la buena vida que los esperaba en Europa, de los trabajos y las casas que harían que el precio que habían pagado mereciera la pena, si tan solo pudieran ir *pesh*, hacia adelante.

«Grecia está tan arruinada como esta fábrica», dijo Haider, que señaló las fauces del hangar, donde montones de basura y ropa descansaban como bancos de nieve oscuros, capas dejadas por los que se fueron antes que nosotros y que estaban a la espera de los que vendrían, la gente que ahora caminaba por desiertos y montañas, por túneles y medianas de carreteras, huyendo de la guerra y de la pobreza y creyendo, al igual que mis compañeros, en el progreso, en avanzar hacia el lugar en el que yo me encontraba, infiel. No obstante, fue por ellos que la historia había sido una «catástrofe que sigue amontonando escombros sobre escombros», como escribió hace tiempo Walter Benjamin[291], otro refugiado.

A la mañana siguiente, Omar me dijo que quería volver a Atenas. Se le había ocurrido otra idea, mejor que la de meterse debajo de un camión, pero primero teníamos que volver al Plaza. Me pareció bien. Tomamos nuestras mochilas y nos despedimos alrededor de la hoguera. El chico iraní malhablado me sorprendió con un gran abrazo ciego, como si fuera un hermano mayor.

Justo cuando estábamos a punto de irnos, oí un chirrido y me giré. Apareció Maria al frente de un grupo de empleados y estudiantes voluntarios de Praksis, que empujaban un carro con neumáticos de goma.

—Hemos venido a jugar —anunció en inglés con una brillante sonrisa. Estaban haciendo una labor de divulgación dirigida a los menores no acompañados, y, mientras sacaban los objetos del carrito, vi que era el tipo de cosas que uno llevaría a la fiesta de cumpleaños de un niño, es decir, paneles con ruedas giratorias, un mapa, una pizarra y una almohadilla magnética sobre la que se ensamblaban formas de animales.

No obstante, eran los adultos los que parecían estar más interesados en jugar con Maria y sus jóvenes voluntarios. Sharif se alisó el pelo y se quitó el pantalón de chándal, lo que dejó ver unos vaqueros más limpios debajo. Él y otros, incluido Omar, formaron un círculo con Maria, que empezó con un juego de nombres. Me quedé mirando un rato y luego me fijé en Ezat, que estaba de pie a un lado.

—¿No te gustan los juegos? —le pregunté. Se mordió el labio.

—Me cabrea. Vienen aquí y dicen «Qué horror, pobrecitos», y hacen fotos y luego se las enseñan a su jefe, y este les dice «Buen trabajo, aquí tienes tu sueldo» —dijo Ezat—. Sé que Praksis también presta ayuda real, y se lo agradezco. Es solo que no me gusta esta gente que viene muriéndose de pena por nosotros.

Los jugadores estaban haciendo una carrera de relevos, pero la mirada de Ezat se desviaba hacia la distancia, como si estuviera viendo su propio camino por delante; sus doce intentos; el contenedor de pañales en el que llegaría al ferri; las cuarenta y ocho horas que pasaría atrapado dentro; la iglesia de Italia en la que se refugiaría de la policía; el viaje en tren sin billete hasta Francia; las callejuelas heladas de París; el Campo de Marte en el cual se quedaría temblando de éxtasis; Hamburgo, donde le darían asilo y donde, después de dos años, aprendería suficiente alemán como para ir a la universidad; su pasado tan inescrutable para sus compañeros de clase como su futuro para su familia en Irán, viviendo solo en cuerpo y mente; el frío del río Elba en invierno calándole los huesos.

En Atenas, nadie del Plaza había notado nuestra ausencia. Omar y yo subimos a nuestra habitación y hablamos acerca de su plan. Ambos habíamos dejado nuestros documentos en la casa okupada cuando nos fuimos a Patras, por si acaso acabábamos en un camión hacia Italia. Había olvidado que mi amigo tenía un as en la manga: Vygaudas. En teoría, el carné lituano le permitía viajar fuera de Grecia; mientras se mantuviera dentro de la zona Schengen, no necesitaba pasaporte. No obstante, en el aeropuerto había policías en busca de inmigrantes que se habían fugado y, si lo paraban, tendría que hacerse pasar por Vygaudas. La visita a Patras le había dado la idea de abordar el ferri desde allí hasta Italia como pasajero; lo más seguro era que nadie en el puerto hablara lituano.

Omar compró un billete a Trieste y volvió a ponerse su traje negro, el que le había dado suerte en Lesbos. Iba a dejarlo ir solo y, si lo conseguía, lo seguiría con mi pasaporte. Era un crucero de veintiséis horas por el Adriático y, una vez que Omar pisara suelo italiano, podría entregarse y pedir asilo. Nuestro viaje terminaría por fin.

El ferri partió por la tarde. Omar subió al autobús de vuelta a Patras y luego a un taxi en la estación, el cual lo llevó por la carretera, por delante de la fábrica Panjshiri y de los inmigrantes apostados en la línea de la valla. Su barco estaba al lado, empequeñeciendo la terminal. El empleado de la agencia de viajes le había dicho que estuviera allí dos horas antes de la salida, pero el embarque todavía no había comenzado. Omar se sentó en la sala; era uno de los pocos pasajeros en esa época del año. Los guardias lo estaban observando, por lo que sacó *Carta al Greco* y lo abrió sobre su regazo.

Sin biometría, atrapar a alguien con documentos falsos o robados puede requerir habilidades anticuadas. Los guardias fronterizos solo tienen un tiempo limitado para dedicarle a cada pasajero; en unos pocos segundos, hacen una evaluación de tu aspecto, de tu lenguaje corporal y de la forma en la que respondes a una pregunta. Se puede determinar una vida según un latido del corazón. «Si la mano del afgano no hubiera temblado, Hamid estaría viviendo ahora en Noruega y no en Canadá», escribió Shahram Khosravi[292] sobre un compañero refugiado al que habían detenido en Delhi. «Al fin y al cabo, cruzar la frontera es cuestión de interpretar».

Llegó la hora de embarcar. El guardia tomó el billete y el documento de identidad de Omar, le miró a la cara y luego sus documentos. Le dijo que esperara. Un policía se acercó.

—Sígame, por favor.

Omar se dirigió con el hombre a una sala lateral y se dijo que no debía entrar en pánico. Más tarde, llegó un agente mayor y empezó a hablarle en un idioma extranjero que no entendía. Omar se quedó con la mirada perdida.

—¿Qué? ¿No aprendiste ruso en la escuela? —inquirió el policía en inglés.

Hicieron que se pusiera de pie y sintió el frío chasquido del metal alrededor de sus muñecas. Rebuscaron en su bolsa y lo llevaron a una sala de espera, donde vio a Reza, de la fábrica, desplomado en una silla.

—¿Qué ha pasado? —preguntó Omar en darí, dejando de lado cualquier pretensión de ser lituano.

—Me atraparon encima de un camión —respondió Reza—. Creo que Ezat ha conseguido pasar.

En la habitación también había una mujer afgana embarazada que lloraba en silencio.

—¿Por qué lloras? —dijo Omar.

—Porque se nos ha acabado el dinero —contestó la mujer. A ella y a su marido ya los habían detenido en el aeropuerto. Se habían gastado los últimos ahorros en billetes de ferri y documentos falsos antes de separarse con el pensamiento de que así tendrían más posibilidades. Ella fue primero. Una policía se acercó y le preguntó a Omar, en inglés, qué pasaba.

—Está asustada.

—Dile que no se preocupe, que la soltaremos esta noche —aseguró la agente—. Somos buena gente, no vamos a hacerle daño.

—Amiga mía, ¿dónde estabas el año pasado? —bromeó su compañero—. Las fronteras estaban abiertas por aquel entonces.

A Reza y a la mujer embarazada los pusieron en libertad sin cargos, pero a Omar lo trasladaron a la cárcel para enfrentarse al juez por la mañana. *Conque esto es todo*, pensó. Incluso si no lo condenaban a prisión, podían descubrir que había escapado de Moria y enviarlo de vuelta a la isla.

Su celda tenía dos literas y un baño al aire libre. Un chico rubio de unos veinte años ya estaba allí cuando Omar llegó. Era de Georgia, en el Cáucaso, y le contó que había venido a Grecia con su madre y su hermana hacía varios años a raíz de un trabajo en la isla de Santorini, en un restaurante de lujo donde algunas botellas de vino costaban sesenta euros.

Omar soltó un silbido bajo.

—Parece que tenías un buen trabajo —comentó—. ¿Por qué te fuiste?

—Quería ver Londres —respondió el chico. Intentó embarcar en el ferri, pero su visado había caducado. Tenía miedo de lo que pudiera pasar a continuación—. Si salimos, ven a Santorini, te encontraré un trabajo allí.

Por la mañana, los llevaron ante el tribunal, donde dos mujeres rubias saludaron desde el público; la madre y la hermana del georgiano.

El juez griego era más joven de lo que Omar esperaba, de unos treinta años quizá. Omar fue el primero. Fingiendo ignorancia, mediante el intérprete le dijo al juez que había sido engañado por el contrabandista y que pensaba que el documento de identidad le permitía viajar de manera legal.

—Has infringido la ley —dijo el juez.

—Lo siento. No somos criminales, pero no tenemos otra opción. Estamos huyendo de la guerra de nuestros países. La gente de Afganistán, Irak y Siria no ha venido a Grecia a hacer turismo. —Omar miró al juez—. Si estuviera en mi lugar, haría lo mismo.

—Puede ser, no lo sé —contestó el hombre, que parecía que se estaba divirtiendo—. ¿Por qué no te quedas en Grecia?

—No hay trabajo. Usted es juez y tiene un buen trabajo, pero mucha de la gente de su país está en paro. ¿Cómo voy a encontrar trabajo yo?

El juez le dijo a Omar que lo dejaba libre con una advertencia, pero que, si lo volvían a pillar, iría a la cárcel.

Los policías condujeron a Omar por un pasillo y abrieron una puerta. Salió a la luz del sol.

20

Me desperté con un sobresalto y tuve el corazón acelerado hasta que me incorporé y vi el marco de madera de la cama del hotel. En Moria, levantarse de una pesadilla significaba despertarse a algo peor. Miré a la izquierda y vi que el colchón que había a mi lado estaba vacío. Omar debía de haber ido a desayunar. Giré la cabeza hacia la derecha; en el exterior había mucha luz. Había dormido hasta tarde. Cuando me recosté, me invadió una vaga sensación de temor. Sentía como si se me estuviera olvidando algo.

La noche en la que detuvieron a Omar me la pasé esperando en nuestra habitación, con el móvil en la mano. Estaba listo para llamar a un abogado al día siguiente, pero volvió a Atenas, libre y abatido. Habíamos estado tan cerca de terminar el viaje. Era difícil creer que había pasado un año desde que había volado de vuelta a Kabul con el pensamiento de que estábamos a punto de partir hacia Europa.

Podía oír a los niños jugando en el pasillo. Al menos Omar estaba a salvo aquí en el Plaza. No me importaba pasar tiempo en la casa okupada con todas sus distracciones. La celebración por los seis meses iba a dar comienzo mañana. Varios grupos de trabajo habían estado planificando una conferencia de tres días con paneles y talleres sobre el movimiento No Borders, la cual culminaría con una cena y un concierto, todo ello abierto al público. Hoy se suponía que la casa se iba a movilizar para hacer una limpieza a fondo. Íbamos a fregar la nevera y los almacenes, a cambiar los sofás para sacar pepinos mohosos y botellas de cerveza de contrabando. Los preparativos eran tan exhaustivos que había corrido el rumor entre los residentes de que alguien famoso iba a visitar el Plaza, aunque nadie sabía exactamente quién.

Me senté. 9 de noviembre; ¿no eran hoy las elecciones en Estados Unidos? Intenté calcular la diferencia horaria. ¿Aquí eran siete u ocho horas más que en Nueva York? En Europa, las urnas no se abrirían hasta última hora de la tarde, por lo que los resultados se conocerían a primera hora de la mañana. No había televisores en la casa okupada, y apenas había prestado atención a las noticias. La última vez que les eché un vistazo, *The New York Times* había afirmado que Hillary Clinton tenía un 85 % de posibilidades de ganar. Quizás habrían actualizado su pronóstico. Busqué el móvil.

Mientras dormía, Donald Trump había sido elegido presidente.

«¿Esa es la persona famosa?», preguntaban los afganos de mi mesa cada vez que un probable extranjero hablaba ante la multitud que saturaba el comedor del Plaza.

Las sesiones de la conferencia se celebraban en griego y en inglés, pero había mesas con intérpretes de árabe y de persa, y yo me había ofrecido como voluntario para el segundo. El último ponente por el que preguntaban mis compañeros de mesa era moreno y con gafas gruesas; Sandro Mezzadra, profesor de la Universidad de Bolonia, cuyas investigaciones describían cómo las fronteras se habían vuelto «móviles, permeables y discontinuas»[293], unas líneas entretejidas en la sociedad que nos atravesaban a todos. Lo más seguro era que no se tratara de quien mi mesa tenía en mente. Pero ¿cómo íbamos a reconocer a alguien famoso cuando lo viéramos?

Durante tres días, los visitantes de toda Europa pasaron bajo la atenta mirada del Club Antifa y se adentraron en la entreplanta, donde ojearon los retratos y carteles y se quedaron embobados con los niños que, por una vez, enmudecieron ante la afluencia de tantos extraños. En su corta vida, la casa okupada se había hecho famosa entre la izquierda europea, y la conferencia había atraído tanto a comprometidos como a curiosos.

«¡Nunca había visto un espacio como este!», le exclamó un hombre con boina a su compañero.

Si todas las sillas estaban ocupadas y la gente se sentaba a lo largo de los armarios que había en la parte de atrás, cabía al menos un centenar de personas en el comedor, nuestro espacio para reunirnos, *la plaza*.

Los activistas que vivían aquí querían conectar la casa okupada con el panorama general, pero las noticias que traían los panelistas eran malas. Al igual que en Estados Unidos, el populismo antiinmigrante estaba en alza en toda Europa, una reacción al millón de personas que habían entrado durante «el Largo Verano». El sueño en el que las fronteras están abiertas es una pesadilla para muchos. Sin embargo, los activistas también querían acabar con la inmigración masiva, pero no con muros, sino poniendo fin a la guerra y a la desposesión. Eso significaba que el sistema mundial basado en el nacionalismo y en el capitalismo tendría que cambiar[294]; no obstante, parecía más fuerte que nunca.

Zied, el voluntario de Túnez, hizo una presentación sobre cómo la crisis fronteriza de Europa se había trasladado al Mediterráneo central. En la ruta entre Italia y el norte de África, un paso mucho más peligroso que el Egeo, se ahogaron más de cinco mil personas en 2016[295], en su mayoría africanas, una cifra de muertes récord, hecho que apenas provocó la protesta del año pasado.

—ENTONCES, ¿POR QUÉ GANÓ TRUMP, si Hillary obtuvo millones de votos más? —me preguntó Kalliroi.

Estaba trabajando en el turno de seguridad nocturno con ella y su amiga, ambas de un grupo estudiantil de izquierdas que apoyaba al Plaza. Los turnos consistían en estar en una mesa junto a la entrada y en llenar las horas con cigarros y conversaciones banales, si bien tenías que mantenerte alerta por si venían los fascistas y lanzaban un cóctel molotov por la ventana, como habían hecho un par de meses antes en la casa okupada de Notara, donde vivían familias de refugiados. En un rincón, detrás de la mesa, había un puñado de mangos de madera a los que se les habían atado unas tiras de tela roja, negra y morada para que sirvieran de banderas en las manifestaciones; rojo marxista, negro anarquista y morado *queer*, este último por insistencia de los estudiantes.

Intenté explicarles la peculiar institución del colegio electoral y por qué los Padres Fundadores estaban tan preocupados por la regla de la mayoría. Kalliroi sacudió la cabeza con desprecio.

—De todos modos, equipo rojo, equipo azul, es la misma clase dirigente.

Nasim entró e interrumpió.

—Por favor, decidles a los residentes que tengan mucho cuidado cuando salgan a la calle —dijo, con un aspecto aún más cansado que de costumbre—. Las calles estarán llenas de policías. La gente debe llevar su documentación encima.

El hombre más famoso del mundo estaba llegando a Atenas, y la cosa se iba a complicar. La última gira de Obama por el extranjero como presidente coincidió con el aniversario del levantamiento estudiantil de 1973 en Grecia contra la dictadura militar. Era la manifestación más importante del año para la izquierda griega, que nunca perdonó que Estados Unidos hubiera apoyado a la junta, y, cada 17 de noviembre, una multitud gigantesca se reunía en la Universidad Politécnica y marchaba hacia la embajada de Estados Unidos. La visita de Obama, la primera de un presidente estadounidense en diecisiete años, echaría más leña al fuego.

Durante los días que giraban en torno al aniversario, el campus universitario acogió una feria callejera y, una tarde, los activistas del Plaza reunieron a todos los refugiados y voluntarios que pudieron encontrar. Unos cuarenta de nosotros nos acercamos a presentar nuestros respetos, con Omar y conmigo en la retaguardia.

—¡Lo han arruinado! —jadeó un niño afgano cuando entramos en el campus con los ojos muy abiertos ante el denso revoltijo de grafitis y pancartas rotas que cubrían los edificios. Su madre lo hizo callar, y Nasim se rio.

El patio estaba lleno de mesas y carteles cuya logorrea de siglas hacía referencias a partidos y grupos estudiantiles que se remontaban al Partido Comunista de Grecia original, el KKE, fundado en 1918. Las mesas estaban repletas de revistas y folletos materialistas. Reconocí un libro de bolsillo fino, *El manifiesto comunista*; al lado había una traducción del libro de Naomi Klein sobre el calentamiento global, *Esto lo cambia todo*.

Una década atrás, el partido de izquierda que actualmente estaba gobernando estuvo disperso entre estas facciones marginales; el nombre Syriza significaba Coalición de la Izquierda Radical. En las elecciones de 2007, Syriza solo obtuvo el 5 % de los votos. Por aquel entonces, Grecia seguía dominada por dos partidos cada vez más parecidos, liderados por los vástagos de dinastías políticas. A las puertas de la crisis de la deuda, en 2009, el candidato de centroizquierda, cuyos padre y abuelo habían sido primeros ministros antes que él, les aseguró a los votantes que «hay dinero de sobra»[296]. No obstante, el viejo consenso se hizo añicos tras el colapso económico y la austeridad punitiva que Alemania y los demás acreedores impusieron después, lo que endeudó aún más a Grecia[297]. Surgieron nuevas fuerzas, como Amanecer Dorado, cuyas camisetas negras culpaban a los banqueros judíos y el cual se convirtió durante un breve periodo en el tercer partido del Parlamento, y Syriza, liderado por el joven y carismático Alexis Tsipras, que, poco después de ganar el cargo, incumplió la promesa de acabar con la austeridad y la detención masiva de inmigrantes, lo cual enfureció a los activistas que lo habían apoyado.

Incluso los niños adoptaron una expresión sombría cuando llegamos al monumento conmemorativo, con su puerta de metal retorcida, la cual fue aplastada por un tanque el 17 de noviembre de 1973. A su lado yacía la enorme cabeza de bronce de un joven, que descansaba sobre una losa como si estuviera decapitado. Las sillas que nos rodeaban estaban ocupadas por chicos con chaquetas de cuero, activistas del KKE cuyos rostros pálidos me recordaban a las fotografías de los mártires. Por el micrófono, alguien anunció que el espacio solidario y de alojamiento de refugiados City Plaza había venido a presentar sus respetos a la memoria del levantamiento. Olga, una activista de la casa okupada cuyos padres habían participado en la lucha, repartió claveles, que depositamos sobre la puerta rota.

Por motivos de seguridad, el gobierno de Syriza había prohibido las manifestaciones en el centro de la ciudad durante la visita de Obama, pero los radicales de Atenas iban a marchar de todas formas. El día de la llegada del presidente, un par de docenas de personas de la casa okupada se reunieron en Steki, el centro social de Exarchia. Elias, un joven griego diseñador de páginas web que ayudaba a dirigir el equipo de mantenimiento del Plaza, se presentó ante nosotros con su pelo ondulado recogido en una coleta. Me gustaba Elias por su actitud tranquila e irónica, pero ahora tenía una expresión seria mientras se dirigía al grupo en inglés.

—El gobierno se toma en serio lo de bloquear la marcha para que no llegue a la embajada, y toda la ciudad está llena de fuerzas de seguridad —dijo al tiempo que pasaba la mirada por cada uno de nosotros—. Existe la posibilidad de que haya detenciones masivas. Tened por seguro que habrá violencia.

Tanto Omar como yo queríamos unirnos a la marcha, pero, después de haber escuchado hablar a Elias, le dije a Omar que tal vez no fuera buena idea que él asistiera.

—Entonces, ¿por qué sigues yendo? —preguntó.

—Quiero verlo —respondí. Además, todavía tenía mi pasaporte en el bolsillo.

—De acuerdo, hermano —contestó mientras me lanzaba una mirada de forma escrutadora—. Ten cuidado.

La Universidad Politécnica no estaba lejos de Steki. Cuando llegamos, Nasim y Elias se sorprendieron ante la cantidad de gente que ya estaba reunida allí a la espera de que comenzara la marcha. La multitud se extendía a lo largo de varias manzanas y estaba agrupada por partidos bajo pancartas y banderas pintadas a mano. Encontramos espacio en la parte de atrás, entre algunos maoístas griegos y un grupo de chicos sirios de una de las casas okupadas. En Atenas, los jóvenes musulmanes que estaban enfadados se hicieron de izquierda. Mientras esperábamos, pregunté por la última versión que había oído del rumor sobre la persona famosa; que Obama quería visitar el Plaza. Elias se rio.

—La gente de Obama le pidió a alguien de Human Rights Watch que le diera sugerencias para su itinerario, y esa persona nos preguntó si estábamos interesados —dijo—. Claro está, era imposible. —Seguro que tanto el gobierno griego como la embajada de Estados Unidos lo habrían vetado, pero la petición molestó a los activistas; como si alguna vez fueran a dejar entrar al Servicio Secreto en el Plaza.

—La gente ve las noticias sobre nosotros y piensa que somos una especie de ONG —refunfuñó Nasim.

—¿No te resulta extraño protestar contra Obama ahora que Trump ha sido elegido? —le pregunté a Elias, mientras la multitud empezaba a moverse—. Las cosas podrían empeorar para los refugiados.

Negó con la cabeza.

—Aunque sea más progresista que Bush o que Trump, sigue siendo el representante de la principal potencia imperialista responsable de las guerras que han convertido a muchas de estas personas en refugiados.

Recordé un cartel anarquista que había visto en la universidad. LA VISITA DEL PRESIDENTE ESTADOUNIDENSE OBAMA EL DÍA DE LA REVUELTA DE LA POLITÉCNICA DE 1973 ES UNA PROVOCACIÓN QUE NO QUEDARÁ SIN RESPUESTA. Obama quiso hablar cerca del Partenón, símbolo de la democracia, pero el acto se trasladó a un lugar más seguro[298] después de que lanzaran una granada contra la embajada francesa. La Conspiración de las Células de Fuego, supuestamente nihilista, profirió amenazas. Así, pues, en su lugar, el presidente dio su discurso en la Fundación Stavros Niarchos, que lleva el nombre del multimillonario griego. Fue una especie de canto de cisne; habían pasado ocho años, me di cuenta, desde que estuve en la ducha de Herāt escuchando su discurso en Chicago, cuando nos dijo que iba a haber un cambio.

Después de caminar durante media hora, llegamos a la primera fila de policías antidisturbios que había alineados en la acera con cascos y máscaras antigases, campesinos del Peloponeso, donde ellos todavía tenían en cuenta a Dios y a la patria. Detrás de cada docena de escudos acechaba un agente armado con un gran bote de gas pimienta o un lanzador de gases lacrimógenos. La marcha avanzó a trompicones por el centro de Atenas. Estaba nublado y cada vez hacía más frío, y la luz se desvanecía sobre el hormigón, las persianas metálicas y la ropa raída de los manifestantes. Lo único que destacaba era el rojo de las banderas. Los cánticos fueron adquiriendo un tono cada vez más enfadado: llamaban a Tsipras «perrito faldero de Estados Unidos» y denunciaban el «terrorismo planetario», y en ellos estaba la cadencia de las protestas pasadas, las generaciones muertas. Detrás de nosotros, los sirios cantaban una estridente llamada y respuesta en árabe contra el dictador mientras agitaban la bandera de la revolución con sus tres estrellas.

«¡Cerdos! ¡Policías! ¡Asesinos!», decían.

Una columna de anarquistas vestidos de negro se abrió paso entre los manifestantes. Llevaban máscaras de gas y cascos de moto y sostenían los mangos de madera con banderas. Algunos portaban extintores o mochilas cargadas con proyectiles. El bloque negro se interpuso entre nuestro grupo y los sirios, y formó un cuadrado, con las filas exteriores enlazadas y las porras en posición horizontal. Nasim y Elias intercambiaron una mirada de consternación. Esto solo podía acabar de una manera.

Llegamos a un punto en el que estaba demasiado estrecho como para seguir avanzando, delante de la plaza Syntagma, donde los policías dejaban pasar a los grupos de uno en uno. El bloque negro y la policía antidisturbios se estaban enfrentando y lanzándose ataques. Elias estaba hablando por teléfono, recibiendo información sobre la situación. Hubo algunas refriegas y gases lacrimógenos, nada grave, pero ahora les tocaba pasar a los anarquistas. Un contenedor de basura ardió por un cóctel molotov, lo que obligó a los policías a retroceder.

Un helicóptero rugió encima de nuestras cabezas. Vi que los fotógrafos se habían puesto las máscaras y que se acercaban para hacer las fotos que saldrían en las noticias de la noche.

Se escuchó un cántico en inglés: «¡Refugiados e inmigrantes, bienvenidos! ¡No al terrorismo planetario!».

Abrí la boca, pero no salió nada.

Hubo una ráfaga de explosiones y las granadas, de las cuales emanaba humo, rebotaron hasta llegar a la multitud. Nuestro chef Cristian se abrió paso por entre el bloque negro y agitó su bandera roja dentro de la nube.

«Quiero elogiar al primer ministro Tsipras por las difíciles reformas que su gobierno está llevando a cabo para desarrollar la economía sobre una base más firme», diría Obama al día siguiente[299].

Los policías antidisturbios cargaron hacia delante; nuestras filas se rompieron y huimos por el bulevar. Las granadas de aturdimiento estallaron a nuestro alrededor y estuve a punto de caerme. Elias gritaba que fuéramos más despacio, que nos mantuviéramos unidos. Había más enfrentamientos por donde habíamos venido. Vi que nuestro estandarte se escabullía por una calle lateral y lo seguí al trote.

Al final del callejón, nuestro grupo se reunió en una plaza vacía. Nuestra retirada había sido rápida e ignominiosa y estábamos casi intactos, aunque el gas empezaba a arder, un dolor que te llegaba por los ojos hasta que te palpitaba todo el cuerpo. Cristian llegó con la cara mojada y roja como un tomate, y uno de los griegos lo roció con un pulverizador de antiácido.

Recuperando el aliento, miré a mi alrededor y me di cuenta de dónde estábamos, la enorme plaza de la universidad en la que, dos años atrás, en mi primer viaje a Atenas, había visto a Tsipras dar su discurso de victoria. «El veredicto del pueblo griego pone fin, sin lugar a duda, al círculo vicioso de la austeridad que hay en nuestro país»[300], le dijo a la exultante audiencia. Durante una semana apenas dormí en el apartamento que había alquilado con amigos en Exarchia, ya que cada noche me quedaba despierto en bares llenos de humo oyendo hablar de la revolución que se avecinaba. No era solo Syriza, sino España y Portugal, Bernie Sanders y Jeremy Corbyn. Creer era como enamorarse.

Mientras miraba la plaza desierta, parpadeando para retener las lágrimas causadas por el gas, volví a ver las caras alegres que habían llenado las calles aquella noche, escuché sus risas melifluas. Después del discurso de la victoria, nos dirigimos a la carpa de Syriza, donde la multitud delirante lloró y se abrazó, entrelazó los brazos y cantó:

Agrupémonos todos
en la lucha final.
El género humano
es «La Internacional».

Después de disolver la marcha, los policías persiguieron a los anarquistas de vuelta a Exarchia y se enfrentaron entre ellos alrededor de la plaza. Algunos de los miembros de la casa okupada fuimos allí más tarde y vimos cómo la muchedumbre apilaba sillas en barricadas enmarañadas. Arrancaron los postes de acero que bordeaban las aceras y los utilizaron como martinetes para destrozar el pavimento y convertirlo en proyectiles. Un semáforo de un paso de peatones colgaba del cable como una piñata, hasta que alguien lo derribó con una porra entre vítores. Los policías se situaron a dos manzanas de distancia, detrás de sus escudos, y nos lanzaron piedras. La respuesta a sus gases lacrimógenos fue un arcoíris de cócteles molotov que se congeló en el aire.

Esos fueron los últimos días de la zona autónoma[301]. Syriza perdería las siguientes elecciones generales frente a los conservadores. El nuevo líder de Grecia, un banquero e inversionista cuyo padre había sido primer ministro, prometió que limpiaría Exarchia y que no permitiría «el resurgimiento de una nueva generación de terroristas»[302]. El acordonamiento de policías antidisturbios se hizo más estrecho hasta que sus botas se plantaron en la plaza.

Y Exarchia se convertiría en el segundo barrio más popular de Atenas en Airbnb[303].

«¿Y QUÉ SI APAGAN LAS VELAS en las habitaciones donde se encuentran los amantes?», escribió el poeta Faiz. «Si son tan poderosos, que apaguen la luna»[304].

La última noche de la celebración por los seis meses del Plaza, en la casa okupada hubo una cena y un baile, los cuales estuvieron abiertos a todos. Omar y yo estábamos en el turno de cocina; Shero, el chef kurdo, preparó pollo asado y arroz. Para hacer la ocasión más formal, servimos a la gente en el comedor, llevando las bandejas por encima de los niños que jugaban entre las mesas. El plato fuerte de Shero consistía en un helado casero aromatizado con cardamomo, el cual fue muy bien acogido. Después del frenético trabajo, Omar y yo nos sentamos con el resto del turno en el pequeño balcón de la cocina, donde nos pasamos un bol de acero con restos de helado y presionamos el metal contra nuestras frentes sudorosas. La luna estaba casi llena.

Para cuando terminamos de limpiar, la banda se había instalado en el extremo del comedor, despejado de mesas y sillas. Olga, la activista, se acercó al micrófono. Los residentes no dejaron de aplaudirla cada vez que intentaba hablar, hasta que la broma se volvió pesada y nos observó fijamente con su famosa mirada de «nada de tonterías», lo que redobló nuestras risas. Cuando por fin nos calmamos, presentó a la banda, un grupo kurdo, y explicó que los habían invitado por solidaridad con un partido de izquierdas de Turquía cuyo mando había sido detenido. No fue más que un gesto ante la represión del Estado, pero, esa noche, ese acto nos unió. Tal vez eso era lo que significaba no tener fronteras; podías empezar en tu corazón, con tus vecinos, en tu ciudad.

Respaldados por una caja de ritmos, el cantante, el guitarrista y el teclista comenzaron a tocar música de fiesta, de esa que uno escucharía en una boda kurda; el cantante exhortaba al público, el guitarrista deslizaba los dedos sobre las cuerdas y el del sintetizador lanzaba *loops*. Los kurdos formaron un círculo, en el cual hombres y mujeres se tomaron del brazo, y bailaron en el sentido de las agujas del reloj al ritmo de tres pasos: dos pasos a la derecha, una patada a la izquierda. Sobre ese ritmo puede surgir toda una variedad de movimientos, y, a medida que la multitud aumenta, los círculos concéntricos giran en direcciones opuestas mientras que, en el anillo central, la gente se turna para dar patadas y girar con los dedos alzados y un pañuelo tensado entre ellos.

Los kurdos bailaban fieles a su manera, pero el resto nos unimos y se transformó en un baile estilo libre. Un residente afgano que llevaba a su hijo pequeño en brazos condujo a su grupo hacia el interior; la danza *atan* no fue tan diferente. Con la espalda encorvada y agitando las manos en el aire, el viejo Hajji, de Irán, hizo movimientos tradicionales de Khuzistan, o simplemente de su repertorio personal. Zied se puso a Rabi, de Siria, sobre los hombros, así que yo hice lo mismo con Carles, y, entre silbidos, les añadimos una capa vertical a los aros.

Como lo afirmó Kierkegaard[305], si solo entendiéramos el amor, no necesitaríamos que nos lo ordenaran. La verdad que buscábamos en el Plaza todavía no había llegado a este mundo; quizá solo la encontraremos en fragmentos. Sin embargo, en ese momento, dando vueltas y más vueltas juntos al ritmo de unas canciones que se iban volviendo más sudorosas, nos esforzamos por conseguir la unión entre nosotros. Al pasar por delante, vi a Omar de pie en el anillo más externo con los aplausos y los teléfonos, con los brazos cruzados. Hice contacto visual con él y lo llamé por su nombre, pero se limitó a mirar, con una sonrisa que se había mantenido en sus labios a través de las revoluciones.

21

Al llegar el invierno, Omar estaba desesperado por poder escapar de Grecia. Lo escuché hablar por teléfono con Maryam, que seguía en Estambul, lamentando el peligro de meterse debajo de los camiones y el riesgo de usar documentos falsos en el aeropuerto. El juez de Patras lo había dejado libre, pero ahora tenía antecedentes penales, y la próxima vez podría no tener tanta suerte.

Pasaba la mayor parte de sus días en la cama, con su Samsung pegado a la nariz, como si fuera a atravesar la pantalla con ella. Le compré el *smartphone* para nuestro viaje. Nunca antes había tenido uno, y ahora se había aficionado a Facebook. Cada vez que llegaba a la habitación, había algo grotesco que insistía en enseñarme, un clip viral que demostraba que los *djinns* eran reales o una mujer pisoteada e incendiada en Guatemala por una muchedumbre. Los familiares que tenía en Afganistán publicaban sobre atentados suicidas, y los amigos que habían llegado a Occidente escribían sobre lo solos que se sentían y sobre lo hartos que estaban de sus trabajos sin futuro. La única persona a la que Omar quería ver no estaba en Facebook. El padre de Laila aún no le había devuelto el móvil, y llevaba sin hablar con ella desde que se había ido de Kabul. Lo único que tenía eran avistamientos callejeros de los vecinos. De ella dependía el sentido de su odisea. Si alguna vez podría tener una esposa, una familia y un hogar. O si acabaría vagando por una tierra salvaje, solo.

Me lo encontraba escuchando a Céline cada vez más.

Cerca, lejos, dondequiera que estés,
creo que el corazón sigue adelante[306].

Cada vez que entraba y veía a Omar tumbado y totalmente inmerso en Facebook, sentía una punzada de irritación. ¿Qué clase de protagonista era? Nasim me preguntaba por qué Omar no se implicaba más en la casa okupada. Los afganos necesitaban su propio equivalente de Rabi, el sirio que ayudaba a gestionar la recepción, alguien que hablara inglés y entendiera Europa, que marchara con los activistas e hiciera el amor con las personas voluntarias, un verdadero héroe.

Omar y yo empezamos a discutir por tonterías, como la limpieza de la habitación. Cuando me pidió dinero para más datos telefónicos, le lancé una pulla sobre Facebook; no hablamos durante el resto del día.

ME MANTUVE OCUPADO con tareas como picar cebollas en la cocina o cerrar las ventanas del hueco de la escalera con alambres después de haber pillado a unos niños que intentaban trepar por el quinto piso. Me gustaba el flujo aleatorio de la vida en comunidad. Podía ser útil como intérprete para los médicos que visitaban la casa okupada. Me sentaba junto con las pacientes en un taburete que daba a la esquina y mi voz se convertía en un dolor por dentro, un corazón que fallaba, una historia de cáncer, de ataques psicosomáticos y de autolesiones. Para algunos de los soñadores del Plaza, fueron mil y una veces la misma noche, el avión sobrevolando, el contenedor dando golpes en el callejón. No obstante, en Europa la guerra había terminado.

Hace falta valor para enfrentarse a la vida, y también a la muerte. Zied, atormentado, tuvo que dejar de interpretar para los sirios y el psicólogo. Quería recuperar el sueño; me dijo que estaba pensando en volar a casa, a Túnez, para descansar. Cinco años antes de que nos conociéramos, Zied estuvo en el mar formado por miles de personas frente al Ministerio del Interior en la ciudad de Túnez, cuando el rugido del pueblo por «el pan, la libertad y la dignidad» sacudió la tierra. Un par de años más tarde, mi amigo Zied sería voluntario en los barcos de rescate frente a las costas de Libia y ayudaría a sacar a los inmigrantes del agua, cuyos cuerpos estaban cubiertos de quemaduras de gasolina, hombres que pagaron su pasaje en las minas de oro del desierto, mujeres que se inyectaron anticonceptivos antes de partir. ¿Qué es el regreso a casa cuando un día de vuelo puede llevarte de vuelta?

Era imposible que Omar y yo siguiéramos enfadados. Estábamos tumbados en nuestras literas, discutiendo de manera despreocupada sobre los últimos romances de la casa okupada, cuando soltó una risa abrupta.

—¿Te puedes creer que hace un año que no estoy con una mujer? Antes lo necesitaba cada semana, por lo menos, o me volvía loco. —Se levantó, caminó hasta la puerta del balcón y encendió un cigarrillo—. ¿Cómo es posible que haya cambiado tanto de repente?

Le dije que no pasaba nada, que incluso era mejor para él si no necesitaba tanto practicar sexo. No obstante, yo esperaba que estuviera más excitado por los encantos de Atenas; si no por las mujeres, por el ambiente de libertad.

—Es porque la amo —dijo.

Reflexioné un momento. ¿Era esa la explicación? Como no quería interferir, me había guardado las dudas que tenía sobre Laila, pero a veces, cuando me preguntaba por la vida en Occidente, le soltaba indirectas sobre que era mucho más fácil ser independiente, y sobre lo larga y costosa que sería su lucha para ascender.

No sé si me escuchaba; puede que estuviera hablando solo. Ahora era franco. ¿Cómo podía estar tan seguro de que la amaba? No había pasado mucho tiempo en su presencia. Ni siquiera habían paseado abiertamente por la calle, y mucho menos habían compartido una noche desnudos, uno en brazos del otro. Se conocían por el móvil. Tal vez solo amara la idea que tenía de ella. Tal vez amara una fantasía.

Se quedó callado, mirando por la ventana, y yo continué. Su deseo de casarse con Laila surgió en el mismo momento en el que el resto de su vida se desmoronó, cuando sus amigos y su familia abandonaron Kabul para siempre y el visado estadounidense acabó siendo un espejismo. ¿Podría ser que estuviera aferrándose a algo más que le diera un propósito?

—No quiero que te sacrifiques tanto por algo que podría no ser real —le dije.

Se volvió hacia mí.

—Es cierto que ahora Laila es mi único objetivo —respondió, suavemente—. Y no puedo dejar de pensar en ella. Siempre estoy llamando a sus amigos y preguntando por ella, aunque sé que eso me hace parecer un burro, alguien de quien compadecerse.

No reconocía lo deprimido que estaba. Hacía tiempo había estado lleno de ansias de vivir, tanto que había desperdiciado los años en que se produjeron las olas en fiestas y aventuras amorosas, mientras sus hermanos aseguraban su futuro en Europa.

—¿Quién soy? ¿Qué me ha pasado? —Se miró en el espejo—. ¡Mírame! ¿Quién eres? —Su reflejo emitió una risa triste.

La luz del exterior se había atenuado. Podíamos oír a nuestros vecinos sirios discutiendo al otro lado de la pared. Omar suspiró.

—Aunque venir a Europa haya resultado un error, si me arruino aquí o vuelvo a Kabul, nunca olvidaré cómo me ayudaste. Eres un amigo de verdad. Me ayudaste con un corazón puro.

Miré hacia la alfombra.

—Llega adonde tengas que ir y estaremos en paz, ¿vale? No necesito que me des las gracias. Tan solo vuelve a encontrarte a ti mismo y sé feliz. Eso es lo único que quiero.

—Tengo que cambiar, hermano. Quiero cambiar.

—Lo sé. Lo harás cuando llegues a tu destino.

Cuando propuse escribir sobre nuestro viaje, hacía más de un año, ninguno de los dos sabía cómo iba a terminar. Claro que Omar quería llegar a Italia, pero el destino podría haberlo llevado fácilmente a otro lugar. Sin embargo, no esperábamos que el viaje durara tanto. Yo imaginaba que tendría tiempo para quedarme una temporada con Omar una vez que llegara a su ciudad de refugio; puede que conseguir un trabajo en negro mientras él solicitaba el asilo, vivir juntos sin un hogar, él por necesidad y yo por voluntad propia. Incluso había fantaseado con solicitarlo también. Podría empezar de nuevo como Habib, vivir unos años como él, toda una vida. ¿Podía un cuerpo hacer eso? ¿O las huellas dactilares de Matthieu me encontrarían algún día y traerían a la policía a mi puerta? Estábamos entrando en una nueva era de vigilancia biométrica en la que sería imposible viajar de incógnito como lo había hecho yo.

Todos tenemos cosas de nosotros mismos que nos gustaría cambiar, y es seductor imaginar que eso pueda ocurrir con un único movimiento. Ese era el sueño que se escondía detrás de la inmigración: un nuevo comienzo. El viaje era un preludio. La vida venía después y podía ser más dura, más desgarradora que el camino del contrabandista.

No obstante, en realidad, no nos podemos abandonar a nosotros mismos. Solo tenemos una historia, la cual narramos mirando hacia atrás. Nuestras elecciones y encuentros fortuitos, el temblor de la mano de otro, todo importa porque nos llevan a alguna parte.

Alasdair MacIntyre nos definió como un «animal que cuenta historias»[307]; nuestros finales nos dan sentido.

Y, sin embargo, esos finales retroceden en círculo para tragarse a sí mismos. Si la conclusión de Omar en cuanto a este periplo era un principio, yo también tendría que reiniciar el viaje, viviéndolo de nuevo hasta que se transformara en palabras, y la persona en la que me había convertido, en un personaje en la página.

—Después de esto, ¿no volverás? —me preguntó Ruby—. ¿No formarás parte del Movimiento?

Estábamos sentados solos en la colina más alta de Exarchia, hablando de la comunidad que se había formado en torno al Plaza y de si duraría o no. Ruby, al igual que los demás, sabía que estaba escribiendo un libro, pero le había confesado el secreto de mi huida de Lesbos y le había dicho que todavía me sentía como un impostor dentro de la casa okupada, aunque no por mi falsa identidad.

—No sé lo que haré —respondí.

Me miró con compasión, sin decir nada, con sus delgados brazos apretados alrededor de las rodillas. Ruby, llena de amor por los hijos de desconocidos, se convertiría en madre dentro de unos años. En cuanto a mí, iba a volver a Nueva York.

Omar decidió que nada de camiones. Intentaría lo del aeropuerto con documentos falsos. Los precios de los contrabandistas habían bajado desde el pico de aquel verano. No obstante, si iba a volar, podía ir a cualquier parte; esa era la magia de los aeropuertos. ¿De verdad quería acabar en Italia, donde había oído que era casi tan difícil encontrar trabajo como en Grecia? Quería aprender un oficio para poder mantener a su familia. Si lo aceptaban en un país rico como Alemania o Suecia, obtendría ayuda económica para estudiar. El proceso de asilo llevaría tiempo, pero no había garantía de que Italia fuera a ser más rápida. Tenía que tener paciencia y confiar en que Laila esperaría. Así, tendría más que ofrecerle a su familia.

«Todo lo que el anhelo sustrae del corazón, seguramente traerá algo mejor a cambio», escribió Rumi[308].

Si Omar iba a subirse a un avión, no era buena idea seguirlo por el aeropuerto. Y no se sabía cuánto tiempo tendría que esperar a que un contrabandista lo enviara. Se acercaba la Navidad, así que llegamos a un acuerdo: yo volvería a casa para las vacaciones y, si Omar seguía atrapado en Atenas después de Año Nuevo, yo regresaría. Si no, lo vería en su nuevo país, fuera cual fuere.

Firouz, nuestro amigo iraní, fue el primero en salir de Grecia. Voló a Alemania con un pasaporte falso, donde lo esperaban su mujer y su hija. Su éxito animó a Omar, que encontró a su propio contrabandista, un joven afgano engreído que había crecido en Grecia. El hombre se reunió con él en la parte trasera de una tienda china situada cerca de Victoria. Su precio era de cuatro mil euros, depositados en fideicomiso, y Omar podía seguir intentándolo hasta que lo consiguiera, a menos, claro está, que fuera a la cárcel. Cuando el contrabandista vio el aspecto europeo de Omar, se rio y le dio una palmada en el hombro.

«Pasarás, ciento por ciento. Si no lo consigues, dejaré este trabajo», le dijo.

GUARDÉ LAS POCAS COSAS QUE TENÍA y me despedí de Nasim, Zied y los demás. De camino a la planta baja, me detuve en la entreplanta, bajo la fila de retratos, e intenté grabarme la escena en la memoria. La casa okupada se había convertido en un refugio para muchos tipos de personas desplazadas, un punto de apoyo en la ciudad contra las fuerzas centrífugas del encarcelamiento, la deportación, la gentrificación, todo lo que estaba expulsando a la gente al final de las líneas del tren, a los campos del gobierno y a los monótonos suburbios. Sin embargo, el Plaza no duraría para siempre, todos lo sabíamos. Incluso ahora nos estamos dispersando. Nos encontramos solo para perdernos.

Omar me esperaba en la acera, bajo el cartel. Años atrás, lo había visto en el hotel Mustafa, un desconocido. Ahora había lágrimas en sus ojos. Nos abrazamos y nos apretamos con fuerza; luego tuve que irme.

El sistema *hawala* de Atenas estaba conectado con el de Estambul, por lo que Maryam podía pagar al contrabandista desde allí. Omar llamó a su madre y le explicó dónde debía llevar el dinero.

—Voy a abordar un avión en cuanto el contrabandista esté listo, madre.

—Que Dios te proteja.

Maryam sabía que su hijo se arriesgaba a ir a la cárcel, pero lo único que podía hacer era rezar. Su fe era fuerte. ¿Acaso Dios no había protegido a sus seis hijos durante la guerra cuando tantas madres habían perdido a los suyos? Maryam llevó a Omar recién nacido al campo de Pakistán y vio la ladera de la colina llena de pequeñas tumbas. Ahora era un hombre en Europa. Su destino en la vida habían sido la pobreza y la violencia, pero ella se había negado a aceptarlo. Eran afganos, pero también eran seres humanos. Aunque la supervivencia había significado separarse, Maryam creía que todos se reunirían algún día. Ella y los demás seguirían a su hijo, aunque tuvieran que cruzar el agua.

Tenía que volver a Trieste para recoger el portátil y las maletas que había dejado allí a principios de ese verano, así que decidí ir en ferri. Era un viaje nocturno que iba a Italia desde Patras, pero quería tener tiempo para pensar. Compré el billete en el centro, no muy lejos del antiguo cementerio de la Plaza Kotzia. Desde la valla del recinto arqueológico era posible mirar hacia abajo, hacia las tumbas abiertas. Este era un patio para los plebeyos; los esqueletos de otro yacimiento cercano a Kerameikos llevaban unas dietas más ricas[309]. Muchos de los habitantes de este lugar debieron de ser esclavos a los que no enterraron por separado[310]. Tal vez un tercio de la población de la Atenas Clásica había estado esclavizado; eran una parte esencial de la economía de la ciudad-Estado. «La autoridad y la obediencia no son solo cosas necesarias, sino que son eminentemente útiles. Algunos seres, desde el momento en que nacen, están destinados, unos a obedecer, otros a mandar», escribió Aristóteles[311].

Solo una minoría, los ciudadanos varones adultos, podían votar en la asamblea. Al igual que el trabajo de las mujeres en el hogar dejaba a los hombres tiempo libre para la vida pública, la esclavitud proporcionaba la base material de la democracia ateniense. Según sostenía el filósofo Bernard Williams, los antiguos griegos eran incapaces de imaginarse la civilización sin ella. «El efecto de la necesidad fue, más bien, que la vida transcurría sobre la base de la esclavitud y no dejaba espacio, en efecto, para que se planteara la cuestión de su justicia», afirmó[312].

Cuando llegó el día, Omar fue al aeropuerto. El contrabandista se reunió con sus clientes de uno en uno en el aparcamiento y les entregó sus documentos. Omar consiguió un pasaporte búlgaro con su fotografía y una tarjeta de embarque. Eran doce personas, incluido él, y todos tenían un asiento reservado en el mismo vuelo a Suiza. Desde allí, enlazarían con sus destinos por separado. Por muy inusual que pareciera, su contrabandista volaba con ellos, acompañado de su novia, una joven griega con mucho estilo. Era casi Navidad y los dos iban a pasar las vacaciones en Suiza.

Esta vez, Omar tuvo la precaución de esperar un rato después de que los demás hubieran entrado. Fumó en el aparcamiento mientras se paseaba entre los coches y pensaba en las oportunidades que había tenido en Lesbos y en Patras, en su suerte, buena y mala. Cuando estuvo listo, entró en la terminal y se unió a la corriente que se dirigía a las líneas de seguridad.

En Patras creí reconocer a algunos de los contrabandistas que había frente a la fábrica Panjshiri cuando pasé con el taxi. Salimos de la autopista y entramos en el puerto, donde pagué al conductor y me eché la mochila al hombro. La terminal del ferri estaba casi desierta y, mientras caminaba hacia la puerta de embarque, me di cuenta de que el policía y el guardia de seguridad me estaban observando. Supongo que tendría que haber sido más cuidadoso, vestido como estaba y con el aspecto que tenía, pero no me atreví a seguir el guion, es decir, a ir con paso decidido, hacer contacto visual y mostrar una sonrisa arrogante. Me limité a sacar mis documentos del bolsillo y a entregárselos. El policía tomó el pasaporte, lo hojeó y entró en la oficina. A través de la puerta pude ver cómo tecleaba algo en un ordenador, quizá consultando la lista de documentos robados de la Interpol. Un segundo guardia se colocó detrás de mí por si salía corriendo. De manera involuntaria, se reprodujo una escena en mi mente en la que me daba la vuelta, le daba una patada en la ingle, lo esquivaba y corría a toda velocidad hacia la salida; llevaba ventaja, llegaba al aparcamiento y, probablemente, saltaba la valla.

Omar puso su maleta en el escáner, junto con el cinturón, el móvil, la cartera, el mechero, los cigarrillos y el chicle, y luego pasó por el detector de metales. Esperó. Había un problema con su maleta. La mujer le preguntó si era suya. Él se encogió de hombros. No hablaba inglés. Era de Bulgaria. Rebuscó y sacó un bote de laca para el pelo, tras lo que se disculpó mientras lo confiscaba. Le dijo que podía irse. Se guardó sus cosas en los bolsillos, recogió la maleta y siguió avanzando por el aeropuerto.

Volví a meter mi pasaporte en su funda de cuero y subí por la pasarela con el olor de la creosota del muelle y el sonido de los cabos crujiendo al tensarse. Me abrí paso a través de los mamparos del barco, subí las escaleras, pasé por un salón con espejos y seguí ascendiendo hasta que llegué a la cubierta. Desde la barandilla situada en la popa pude observar los camiones que entraban al ferri, cuyos remolques golpeaban al ascender por la rampa. En el extremo más alejado del terreno, me fijé en unas figuras que observaban la escena junto a la valla del puerto. Todos los contenedores tenían el mismo aspecto, una caja de acero.

Omar miró el número que había sobre la puerta y luego a las personas que estaban sentadas, con cuidado de no detenerse en ningún rostro. Contó ocho clientes, incluido él, que habían pasado. Treinta y dos mil euros. Sin duda, era Navidad para el contrabandista. Omar se sentó. Cuando los pasajeros empezaron a embarcar, se puso en la cola cerca del final; los demás ya se habían ido cuando la azafata escaneó su papel, miró su pasaporte y frunció el ceño.

«Señor, tiene la tarjeta de embarque de otra persona», dijo.

Me quedé junto a la barandilla incluso después de que la ciudad blanca se retirara, contemplando cómo la estela se alejaba en forma de espiral, cómo se doblaba sobre sí misma. El ferri parecía tan estable como una isla.

«¿Crees que alguna vez volverá a estar tan *gadwad*, mezclado?», había inquirido Maryam en Estambul, tiempo atrás. Estaba preguntando si se abriría la frontera. ¿Volvería el júbilo? Le dije que no lo sabía.

Maryam se había convertido en refugiada hacía casi cuarenta años y, sin embargo, Afganistán seguía en guerra. En el futuro, sus nietos les contarían su historia a sus propios hijos aquí, a los europeos. No obstante, si la historia de Maryam fue inspiradora por lo poco probable que era que hubiera sobrevivido, también fue un testamento para los muchos que habían desaparecido. De este modo, nuestras historias transmiten fragmentos de otras, al igual que nosotros transmitimos los genes de nuestros hermanos, aunque estos no tengan hijos. «Somos una síntesis entre conquistadores y conquistados; una mezcla que demuestra que toda la sangre está intrincadamente entrelazada», escribió Gloria Anzaldúa[313]. Todos somos parientes de los inmigrantes.

A lo lejos, donde la costa llegaba a su fin, una franja del horizonte se abría hacia el sur, resplandeciendo con la última luz del día. Sobre esa curva se extendía el camino de nuestro viaje, las ciudades bombardeadas y las aldeas hambrientas, el desierto y las montañas, el mar como tinta, las islas donde los niños se aferraban a los vientres de los camiones. La noche ya estaba cayendo sobre los clandestinos, Maryam estaba rezando su *maghrib*, Malik estaba trabajando hasta tarde en la sastrería, y Zulmay y Raja se estaban acostando en su tienda de Moria. Otros se estaban adentrando en la oscuridad, como lo habíamos hecho nosotros.

Una sensación fría se expandió por el pecho de Omar; el contrabandista le había dado la tarjeta de embarque equivocada. Parpadeó, abrió las palmas de las manos con impotencia. La mujer le dijo que esperara mientras los demás pasajeros embarcaban. Llegaron dos policías.

«Bulgaria, Bulgaria, no inglés», dijo Omar. Les entregó el pasaporte y sonrió.

Sea lo que fuere lo que nos separa, viajamos en la superficie de una esfera. Sé que nuestros caminos deben cruzarse.

El policía le devolvió el pasaporte a Omar y asintió en dirección a la mujer. Su máquina escupió otra tarjeta. Le hizo un gesto para que pasara a la puerta de embarque.

Dios los había cegado.

La luz del cinturón de seguridad sonó. Pasaron un par de horas.

Abajo había montañas, espirales nevadas más empinadas que las de su país natal. Era Suiza; Omar la reconoció por las películas de Bollywood, con los dúos de los amantes ambientados en los valles. Sin embargo, en lugar de Abhishek Bachchan y Karisma Kapoor, él y Laila entonaban la canción que le cantaría a ella algún día:

Mira las señales del cambio de estación.
Así de solo, no puedo vivir[314].

La amaba. Yo no lo entendía, pero me perdonó. Era su vida, después de todo. Iba a encontrar un país y a construir un hogar.

Aprendería el idioma, sería agradecido, pero no perdería su orgullo, y, cuando se hubiera ganado el derecho a viajar, volvería a buscarla.

¿Actuaba por necesidad o por libertad? Una cosa no excluía la otra. Por que ¿qué otra cosa es el viaje de la vida sino la búsqueda de la persona a la que amamos?

Epílogo

El City Plaza cerró de manera voluntaria en 2019, después de que en Grecia resultara elegido un gobierno conservador.

En septiembre de 2020, el campo de Moria ardió hasta los cimientos. El gobierno griego empezó a construir instalaciones nuevas y más permanentes.

Desde mayo de 2021, trece mil solicitantes de asilo fueron retenidos en las islas griegas.

El 15 de agosto de 2021 los talibanes tomaron Kabul, lo que envió una nueva ola de refugiados afganos al exilio.

Maryam, Farah, Suleyman y Jamal cruzaron en una balsa de goma desde Turquía hasta Grecia y, al final, se les concedió asilo en otro país.

Laila y Omar están casados y viven en Europa con su primer hijo.

Agradecimientos

Este libro está dedicado a Omar y a su familia, que compartieron su vida conmigo.

En cierto modo, he estado trabajando en esto desde que crucé el Amu Darya en 2008. Desde entonces, me han ayudado demasiadas personas como para enumerarlas aquí, en particular mis amigos de Afganistán, Pakistán, Siria, Irak, Libia y Yemen. Algunos de ellos ya no están vivos.

A lo largo de este proyecto, que comenzó en otoño de 2015, me he beneficiado con la amabilidad y la solidaridad de muchas personas, a algunas de las cuales no puedo nombrar. Les estoy especialmente agradecido a quienes enumero a continuación:

Rozina Ali, Noah Arjomand, Awista Ayub, Sayed Rahman Bekur, Peter Bergen, Victor Blue, Peter Bouckaert, Bette Dam, Berit Ebert, Fabrizio Foschini, Anand Gopal, Taya Grobow, Susan Kamil, Sarah Leonard, Melanie Locay, Nasim Lomani, Nick McDonell, Shaheryar Mirza, Fazal Rahman Muzhary, Samuel Nicholson, Ilya Poskonin, Zarka Radoja, Siavash Rahbari, Graeme Smith, Katerina Tsapopoulou, Matthaios Tsimitakis, Waheed Wafa y Thomas Wide.

Me gustaría darles las gracias a las siguientes instituciones, así como a la generosidad de sus colaboradores, por haberme permitido dedicar cinco años casi ininterrumpidos a escribir este libro: Type Media Center (antes, Nation Institute) y Lannan Foundation, que también me acogió en una residencia en Marfa; New

America; Eric and Wendy Schmidt Foundation; Southern New Hampshire University; Edward R. Murrow Fellowship, del Council on Foreign Relations; Berlin Prize, de la American Academy de Berlín; y American Library de París. Además, estoy en deuda con el programa Frederick Lewis Allen Room, de la Biblioteca Pública de Nueva York.

Asimismo, infinitas gracias a mi editor, Noah Eaker, y al equipo editorial de Harper, a Jacques Testard y a Fitzcarraldo Editions en el Reino Unido, a Edward Orloff de McCormick Literary, y a Kyle Paoletta, por su trabajo a la hora de comprobar el manuscrito.

Por último, gracias a mi propia familia por su amor y su apoyo inquebrantables.

Nota sobre fuentes y métodos

Al escribir este libro me he ceñido a lo que John Hersey llamaba «la leyenda de la licencia», es decir, nada de esto es inventado. Los únicos detalles que he cambiado son los seudónimos que he utilizado para proteger a las personas, empezando por Omar y su familia.

Salimos de Kabul hacia Nimroz el 29 de agosto de 2016. Mi principal fuente para nuestro viaje fueron las más de sesenta mil palabras de notas que escribí en mi móvil —una tarea casi diaria que me resultó más fácil de lo esperado, ya que todo el mundo está muy ocupado con sus móviles en estos días—, junto con las fotos y los vídeos que grabé y recogí de otras personas. Terminamos nuestro viaje a finales de 2016 y, a lo largo de los cuatro años siguientes, realicé entrevistas de seguimiento y emprendí numerosos viajes como reportero a los lugares en los que habíamos estado. Proporcioné estos materiales a un verificador.

También me he basado en el trabajo de expertos en campos como la historia, la antropología y los estudios migratorios, así como en informes de periodistas y otras fuentes contemporáneas. He citado las referencias en la sección de notas finales.

Seudónimo y capítulo en el que aparece por primera vez

Ali	15
Arash	15
Elham	7
Farah	3
Firouz	13
Habib	6
Haider	19
Haniya	3
Haris	9
Ismail	5
Jamal	4
Karim	7
Khalid	3
Laila	1
Malik	6
Mansoor	3
Maryam	3
Omar	1
Raja	16
Reza	15

Sardar	12
Shahin	18
Sharif	19
Shireen	9
Suleyman	4
Vygaudas	16
Waleed	17
Yousef	16
Zakaria	6
Zia	3
Zulmay	16

Notas

Las traducciones del persa y del francés han sido efectuadas por el traductor, a no ser que se mencione otra información.

1

1. «Sea Arrivals Data, Greece», Operational Data Portal, Alto Comisionado de las Naciones Unidas para los Refugiados (UNHCR).
2. Huetteman, E. (agosto 2016), «"They Will Kill Us": Afghan Translators Plead for Delayed U.S. Visas», *The New York Times.*
3. Berger, J. (2008), *Hold Everything Dear: Dispatches on Survival and Resistance,* Nueva York: Vintage, p. 94.

2

4. Aikins, M. (mayo 2016), «Doctors with Enemies», *The New York Times Magazine.*
5. Aikins, M. (diciembre 2009), «The Master of Spin Boldak», *Harper's Magazine.*
6. Departamento de Defensa (junio 2008), *Report on Progress toward Security and Stability in Afghanistan,* p. 20.
7. Khapalwak, R. y Gall, C. (julio 2006), «Taliban Kill Afghan Interpreters Working for U.S. and Its Allies», *The New York Times.*
8. Smith, G. (2013), *The Dogs Are Eating Them Now: Our War in Afghanistan,* Toronto: Knopf Canada, p. 55.
9. Escribí sobre el viaje en «Unembedded in Afghanistan», *The Coast,* 1 de octubre de 2009.

10. National Public Radio (noviembre 2008), «Transcript of Barack Obama's Victory Speech».

11. Oficina de Naciones Unidas contra la Droga y el Delito (julio 2011), *The Global Afghan Opium Trade: A Threat Assessment.*

12. Escribí sobre los asesinatos de Raziq en «Our Man in Kandahar», *The Atlantic*, noviembre de 2011.

13. Congressional Research Service (febrero 2021), «Department of Defense Contractor and Troop Levels in Afghanistan and Iraq: 2007-2020», p. 7.

14. Landler, M. (enero 2017), «The Afghan War and the Evolution of Obama», *The New York Times.*

3

15. Dam, B. (2014), *A Man and a Motorcycle: How Hamid Karzai Came to Power*, Utrecht: Ipso Facto.

16. Congressional Research Service (febrero 2021), «Department of Defense Contractor and Troop Levels in Afghanistan and Iraq: 2007-2020»; Artemy M. Kalinovsky (2011), *A Long Goodbye: The Soviet Withdrawal from Afghanistan*, Cambridge: Harvard University Press, p. 42.

17. Petraeus, D. (septiembre-octubre 2008), «Multinational Force–Iraq Commander's Counterinsurgency Guidance», *Military Review*, p. 3.

18. Belasco, A. (diciembre 2014), «The Cost of Iraq, Afghanistan, and Other Global War on Terror Operations Since 9/11», Congressional Research Service, p. 19.

19. Stillman, S. (mayo 2011), «The Invisible Army», *The New Yorker*.

20. Shirazi, H., *Ay Padesha Khuban*, Ghazal 493.

21. Rumi (2008), *The Quatrains of Rumi: Complete Translation with Persian Text*, traducido por Ibrahim W. Gamard y A. G. Rawan Farhadi, San Rafael, California: Sufi Dari Books, pp. 657, 670.

22. Buber, M. (1970), *I and Thou*, traducido por Walter Kaufmann, Nueva York: Charles Scribner's Sons, p. 154.

23. Rumi, «Man Mast to Diwana», Ghazal 2309, *Divane Shams*.

24. Lewis, F. «Hafez and Rendi», *Encyclopedia Iranica*, vol. XI, fasc. 5, pp. 483-491.

25. Rumi, «Ay Qawm ba Haj Rafta», Ghazal 648, *Divane Shams*.

26. «Mausam Ki Tarah», de la película *Jaanwar*.

27. Credit Suisse (octubre 2019), «Global Wealth Report 2019».

28. Paridad de poder adquisitivo, de los datos del Banco Mundial.
29. Milanovic, B. (2019), *Capitalism, Alone: The Future of the System That Rules the World*, Cambridge: Belknap, p. 129.
30. Zucman, G. (2015), *The Hidden Wealth of Nations: The Scourge of Tax Havens*, traducido por Teresa Lavender Fagan, London: University of Chicago Press, p. 53; Al Jazeera Investigative Unit (agosto 2020), «Exclusive: Cyprus Sold Passports to "Politically Exposed Persons"», Al Jazeera.
31. Abrahamian, A. A. (2015), *The Cosmopolites: The Coming of the Global Citizen*, Nueva York: Columbia Global Reports; Transparency International and Global Witness (septiembre 2018), «European Getaway: Inside the Murky World of Golden Visas».
32. Fanon, F. (1970), *Les damnés de la terre*, París: François Maspero, p. 150.

4

33. Internal Displacement Monitoring Centre, «Global Internal Displacement Database».
34. FitzGerald, D. S. (2019), *Refuge beyond Reach: How Rich Democracies Repel Asylum Seekers*, Oxford: Oxford University Press, pp. 10, 21, 164.
35. El peor según el índice de restricciones de visas de Henley & Partners de 2020.
36. Zahir, A., «Zendagi Akher Sarayad».
37. Edwards, D. (2002), *Before Taliban: Genealogies of the Afghan Jihad*, Berkeley: University of California Press, p. 32.
38. General Staff ruso (2002), *The SovietAfghan War: How a Superpower Fought and Lost*, Lester W. Grau y Michael A. Cress (eds.), Lawrence: University Press of Kansas, p. 29; Wiesner, L. A. (1988), *Victims and Survivors: Displaced Persons and Other War Victims in VietNam*, 1954-1975, Westport: Greenwood Press, pp. 349, 355.
39. Schöch, R. (junio 2008), «Afghan Refugees in Pakistan During the 1980s: Cold War Politics and Registration Practice», *New Issues in Refugee Research*, informe de investigación n.º 157.
40. Yousaf, M. y Adken, M. (1992), *Afghanistan: The Bear Trap: The Defeat of a Superpower*, Filadelfia: Casemate, p. 138.
41. Acnur (2000), *The State of the World's Refugees, 2000: Fifty Years of Humanitarian Action*, Oxford: Oxford University Press, p. 119.
42. Loescher, G. (2001), *The UNHCR and World Politics*, Nueva York: Oxford University Press, p. 45.

43. Loescher, G. (2001), *The UNHCR and World Politics*, ob. cit., pp. 44, 64.

44. Loescher, G. y Scanlan, J. (1986), *Calculated Kindness: Refugees and America's HalfOpen Door, 1945 to the Present*, Nueva York: Free Press, pp. 85, 171.

45. Cifras sobre la crisis de Indochina extraídas de Acnur, *State of the World's Refugees, 2000*, capítulos 4 y 6.

46. Robinson, W. C. (1998), *Terms of Refuge: The Indochinese Exodus and the International Response*, Zed Books, pp. 43, 60.

47. Moyn, S. (2010), *The Last Utopia: Human Rights in History*, Cambridge: Belknap.

48. «Auch einen Zuhälter retten», *Der Spiegel*, 18 de octubre de 1981.

49. Levinas, E. (1996), «Peace and Proximity», en *Basic Philosophical Writings*, Adriaan T. Peperzak et al. (eds.), Bloomington: Indiana University Press, p. 167.

50. Raspail, J. (1973), *El desembarco*, París: Robert Laffont, pp. 280, 343, 107, 111, 214.

51. Cortes, C. (junio 1990), «Vietnamese Refugees Allowed Ashore after Resettlement Pact with Canada», Associated Press.

52. Lehman, D. (noviembre 1984), «Waiting's the Hardest Part», en *TimesColonist*, Victoria, British Columbia.

53. Hatton, T. y Williamson, J. (1998), *The Age of Mass Migration: Causes and Economic Impact*, Nueva York: Oxford University Press, p. 7.

54. Okihiro, G. Y. (2001), *The Columbia Guide to Asian American History*, Nueva York: Columbia University Press, p. 111.

55. Robinson, G. (2003), *By Order of the President: FDR and the Internment of Japanese Americans*, Cambridge: Harvard University Press, pp. 40-41.

56. Murray, A. Y. (2008), *Historical Memories of the Japanese American Internment and the Struggle for Redress*, Stanford: Stanford University Press, p. 76.

57. Les estoy agradecido a mi madre y a sus hermanos por haberme proporcionado su historia familiar en este capítulo, en especial a Louise Anderson, quien estuvo décadas recopilando documentos e historia oral.

58. Hersey, J. (1988), «Commentary», en *Manzanar*, John Armor y Peter Wright (eds.), Nueva York: Times Books, pp. 7, 70.

59. Robinson, G. (2010), *A Tragedy of Democracy: Japanese Confinement in North America*, Nueva York: Columbia University Press, pp. 154-157, 192.

60. Doreski, C. K. (2001), «"Kin in Some Way": The *Chicago Defender* Reads the Japanese Internment, 1942-1945», en *The Black Press: New Literary and Historical Essays*, Todd Vogel (ed.), New Brunswick: Rutgers University Press, p. 173.

61. McWilliams, J. (diciembre 2017), «The Lucrative Art of Chicken Sexing», *Pacific Standard*; Yokota, R. M. (2016), «Japanese American Chick Sexers in Chicago», *Discover Nikkei*.

62. Lyon, C., «Loyalty Questionnaire», *Densho Encyclopedia*.

63. Painter, N. I. (2011), *The History of White People*, Nueva York: Norton, p. 389.

64. Kaufman, A. (marzo 2010), «The Reality of Tila Tequila's Situation», *Los Angeles Times*; Suebsaeng, A. (noviembre 2016), «White Nationalists and Nazi-Saluting Tila Tequila Toast "Emperor Trump" in Washington, DC», *Daily Beast*.

65. Acnur (2000), «The State of the World's Refugees», pp. 116, 119.

66. Loescher, G. (2001), *The UNHCR and World Politics*, ob. cit., p. 7.

67. Lévy, B. (2001), *Réflexions sur la guerre, le mal et la fin de l'histoire*, París: Bernard Grasset, p. 28.

68. «Tribal Turmoil», *The Times*, 27 de abril de 1992.

69. En *Modern Persian Literature in Afghanistan: Anomalous Visions of History and Form,* traducido por Wali Ahmadi, Nueva York: Routledge, 2008, p. 121.

70. Casa Blanca (septiembre 2002), «President Bush Statement with Afghanistan's President Karzai».

71. Ressner, J. (noviembre 2001), «Farhad Darya», *Time*.

5

72. Alavi, E. (noviembre 2017), «Marg dar inja chun gird dar hawast», *Etemad*, 24 Abaan, 1396, n.º 3.955.

73. Savage, M. et al. (diciembre 2009), «Socio-Economic Impacts of Climate Change in Afghanistan», Stockholm Environment Institute.

74. Aikins, M. (febrero 2013), «Kabubble», *Harper's Magazine*.

75. Hall, S. (2011), «Buried in Bricks: A Rapid Assessment of Bonded Labour in Brick Kilns in Afghanistan», Organización Internacional del Trabajo.

6

76. Tinti, P. y Reitano, T. (2017), *Migrant, Refugee, Smuggler, Saviour*, Oxford: Oxford University Press, p. 83.
77. ABC News (agosto 2016), «FULL TEXT: Khizr Khan's Speech to the 2016 Democratic National Convention».
78. Hamidi, M. (julio 2019), «The Two Faces of the Fatemiyun (I): Revisiting the Male Fighters», Afghanistan Analysts Network.
79. Jacobsen, A. (enero 2021), «Palantir's God's-Eye View of Afghanistan», *Wired*.
80. Essers, L. (mayo 2014), «Assange Names Country Targeted by NSA's MYSTIC Mass Phone Tapping Program», *PC World*; Devereaux, R., Greenwald, G. y Poitras, L. (mayo 2014), «The NSA Is Recording Every Cell Phone Call in the Bahamas», *The Intercept*.
81. Dupree, L. (1973), *Afghanistan*, Princeton: Princeton University Press, p. 241.
82. Cline, E. L. (2012), *Overdressed: The Shockingly High Cost of Cheap Fashion*, Nueva York: Portfolio/Penguin, pp. 5, 41.
83. London, J. (1963), *La gente del abismo*, Nueva York: Archer House, pp. 23, 19.
84. (1903) «Books of Travel and Social Study», *American Monthly Review of Reviews* 28, n.º 6, julio-diciembre, Nueva York: Review of Reviews, p. 762.
85. Koven, S.(2006), *Slumming: Sexual and Social Politics in Victorian London*, Princeton: Princeton University Press, p. 61.
86. Burton, R. F. (1893), *Personal Narrative of a Pilgrimage to ElMedinah and Meccah*, Londres: Tylston and Edwards, vol. I, p. 111.
87. Keddie, N. R.(1972), *Sayyid Jamal ad-Din «al-Afghani»: A Political Biography*, Berkeley: University of California Press, pp. 10, 78.
88. Akbari, A. (2011), *The Illegal Journeys: From East to West*, Bloomington: Xlibris, p. 91.
89. Haider, A. (2018), *Mistaken Identity: Race and Class in the Age of Trump*, Nueva York: Verso, p. 79.

7

90. Renzi, M. (abril 2015), «Helping the Migrants Is Everyone's Duty», *The New York Times*.

91. Amiri, D.(2014), *Confessions of a PeopleSmuggler*, Brunswick, Victoria, Australia: Scribe, p. 109.

92. Monsutti, A. (2005), *War and Migration: Social Networks and Economic Strategies of the Hazaras of Afghanistan*, Londres: Routledge, p. 160; Mansfield, D. (septiembre 2020), «Catapults, Pickups and Tankers: Cross-Border Production and Trade and How It Shapes the Political Economy of the Borderland of Nimroz», Afghanistan Research and Evaluation Unit.

93. Mogelson, L. (octubre 2012), «The Scariest Little Corner of the World», *The New York Times Magazine*.

94. Human Rights Watch (noviembre 2013), «Unwelcome Guests: Iran's Violation of Afghan Refugee and Migrant Rights».

95. Bauer, S., Fattal, J. y Shourd, S. (marzo-abril 2014), «How We Survived Two Years of Hell as Hostages in Tehran», *Mother Jones*.

96. BBC News (mayo 2016), «Afghanistan Fuel Tanker Crash Kills 73 in Ghazni Province».

97. Fraser, P. M. (1996), *Cities of Alexander the Great*, Oxford: Clarendon, p. 132.

98. Dupree, L. (1973), *Afghanistan*, Princeton: Princeton University Press, p. 286.

99. Naciones Unidas (enero 2013), «Treatment of Conflict-Related Detainees in Afghan Custody: One Year On», p. 49; Crilly, R. (febrero 2014), «US General Criticised over Photo-Op with Afghan Cop Accused of Human Rights Abuses», *Telegraph*.

100. Datos de la Oficina de Naciones Unidas contra la Droga y el Delito.

101. Mansfield, D. (2016), *A State Built on Sand: How Opium Undermined Afghanistan*, Londres: Hurst, p. 271.

102. Bradford, J. T. (2019), *Poppies, Politics, and Power: Afghanistan and the Global History of Drugs and Diplomacy*, Ithaca: Cornell University Press, pp. 131, 177, 187, 208.

103. Aikins, M. (diciembre 2014), «Afghanistan: The Making of a Narco State», *Rolling Stone*.

104. Whitney, J. W. (2006), *Geology, Water, and Wind in the Lower Helmand Basin, Southern Afghanistan*, Scientific Investigations Report n.º 2006-5182, Reston, Virginia: Servicio Geológico de Estados Unidos, pp. 5, 19.

105. Graves, R. (1960), *Goodbye to All That*, Londres: Penguin Books, p. 240.

8

106. Lebel, J. (abril 2020), «Turkish Airlines: An International Strategic Instrument for Turkey», *Études de l'Ifri*, IFRI p. 18.

107. Serres, M. (1993), *La légende des anges*, París: Flammarion, p. 8.

108. Aikins, M. (septiembre 2014), «Whoever Saves a Life», *Matter*.

109. Associated Press (noviembre 2018), «6 Convicted for 2016 Istanbul Airport Attack That Killed 45».

110. Longo, M. (2017), *The Politics of Borders: Sovereignty, Security, and the Citizen after 9/11*, Cambridge, Cambridge University Press, pp. 17, 141.

111. Cresswell, T. (2006), *On the Move: Mobility in the Modern Western World*, Londres: Routledge, p. 240.

112. Kingsley, P. (julio 2016), «Turkey Detains 6,000 over Coup Attempt as Erdoğan Vows to "Clean State of Virus"», *The Guardian*.

113. Eissenstat, H. (abril 2017), «Erdoğan as Autocrat: A Very Turkish Tragedy», Project on Middle East Democracy, p. 13; Human Rights Watch (octubre 2017), «In Custody: Police Torture and Abductions in Turkey».

114. Amnistía Internacional (julio 2014), «The Human Cost of Fortress Europe: Human Rights Violations against Migrants and Refugees at Europe's Borders».

115. Burton, I. y Wilkins, W. H. (1897), *The Romance of Isabel Lady Burton*, Londres: Hutchinson & Co., p. 542.

116. Gatrell, P. (2013), *The Making of the Modern Refugee*, Oxford: Oxford University Press, p. 18; Marrus, M. (1985), *The Unwanted*, Nueva York: Oxford University Press, p. 15.

117. Arendt, H. (1966), *The Origins of Totalitarianism*, Nueva York: Harcourt, Brace & World, p. 296.

118. Kant, I. (1971), «Perpetual Peace: A Philosophical Sketch», en *Kant's Political Writings*, Hans Reiss (ed.), traducido por H. B. Nisbet, Cambridge: Cambridge University Press, p. 104.

119. Schuman, R., «The Schuman Declaration— 9 May 1950».

120. Van Rompuy, H. y Durao Barroso, J. M. (diciembre 2012), «From War to Peace: A European Tale».

121. De Nerval, G. (1927), *Voyage en Orient: Tome second*, París: Le Divan, p. 275.

122. Feldman, G. (2011), *The Migration Apparatus: Security, Labor, and Policymaking in the European Union*, Stanford: Stanford University Press,

p. 61; FitzGerald, D. S. (2019), *Refuge beyond Reach: How Rich Democracies Repel Asylum Seekers*, Oxford: Oxford University Press, p. 170.

123. Hoerder, D. (2002), *Cultures in Contact: World Migrations in the Second Millennium*, Durham: Duke University Press, p. 339.

124. Mezzadra, S. y Neilson, B. (2013), *Border as Method, or, The Multiplication of Labor*, Durham: Duke University Press, p. 19.

125. Gedikkaya Bal, P. (marzo 2016), «The Effects of the Refugee Crisis on the EU-Turkey Relations», *European Scientific Journal* 12, n.º 8; Alscher, S. (noviembre 2005), «Knocking at the Doors of "Fortress Europe": Migration and Border Control in Southern Spain and Eastern Poland», Center for Comparative Immigration Studies, documento de trabajo n.º 126.

126. Sellman, J. (2018), «A Global Postcolonial: Contemporary Arabic Literature of Migration to Europe», *Journal of Postcolonial Writing* 54, n.º 6, p. 752; Abderrezak, H. (2020), «The Mediterranean Sieve, Spring and Seametery», en *Refugee Imaginaries: Research across the Humanities*, Emma Cox et al. (eds.), Edimburgo: Edinburgh University Press, p. 373.

127. Milanovic, B. (2019), *Capitalism, Alone: The Future of the System that Rules the World*, Cambridge: Belknap, p. 156.

128. BBC News (agosto 2010), «Gaddafi Wants EU Cash to Stop African Migrants».

129. Ghodsee, K. (2005), *The Red Riviera: Gender, Tourism, and Postsocialism on the Black Sea*, Durham: Duke University Press, p. 85.

130. Jones, R. (2016), *Violent Borders: Refugees and the Right to Move*, Nueva York: Verso, p. 32.

131. Stoynova, N., Bezlov, T. et al. (2017), «Human Smuggling in Bulgaria», en *CrossBorder Organised Crime: Bulgaria and Norway in the Context of the Migrant Crisis*, Sofía: Center for the Study of Democracy, p. 13; Sontheimer, M. y Supp, B. (julio 2008), «Avenging East Germans Killed in Bulgaria», *Der Spiegel*.

132. Lyman, R. (abril 2015), «Bulgaria Puts Up a New Wall, but This One Keeps People Out», *The New York Times*.

133. Jones, R. (2016), *Violent Borders*, ob. cit., p. 88.

134. Human Rights Watch (enero 2016), «Bulgaria: Pushbacks, Abuse at Borders».

135. Kassabova, K. (enero 2018), «Border Ghosts», *World Literature Today*.

136. Rumi, *Masnavi*, libro 2, líneas 688, 700-701, 704, 706.

9

137. Acnur, «Global Trends: Forced Displacement in 2015».

138. Piper, M., Power, P. y Thom, G. (febrero 2013), «Refugee Resettlement: 2012 and Beyond», *New Issues in Refugee Research*, informe de investigación n.º 253, Acnur.

139. Troeller, G. (enero 2002), «UNHCR Resettlement: Evolution and Future Direction», *International Journal of Refugee Law* 14, n.º 1.

140. Yildiz, U. (2019), *Tracing Asylum Journeys: Transnational Mobility of NonEuropean Refugees to Canada via Turkey*, Londres: Routledge, pp. 44, 48.

141. Kirişçi, K. (2012), «Turkey's New Draft Law on Asylum: What to Make of It?», en *Turkey, Migration and the EU*, Seçil Paçacı Elitok y Thomas Straubhaar (eds.), Hamburgo: Hamburg University Press, p. 66.

142. Arjomand, N. (septiembre 2016), «Afghan Exodus: Smuggling Networks, Migration and Settlement Patterns in Turkey», Afghanistan Analysts Network.

143. Nayeri, D. (2019), *The Ungrateful Refugee*, Edimburgo: Canongate Books, pp. 6, 8.

144. Calvino, I. (1974), *Invisible Cities*, traducido por William Weaver, Nueva York: Harcourt Brace, p. 135.

145. Acnur (septiembre 2005), «Refugee Status Determination: Identifying Who Is a Refugee», pp. 112-113.

146. Datos de la Dirección General de Migraciones de Suecia acerca de todas las decisiones positivas para los afganos en 2015 y en 2017, sin incluir las devoluciones de Dublín.

147. Mi análisis de las oportunidades de Farah y de Shireen en Canadá, Estados Unidos y Europa está basado en estadísticas y entrevistas publicadas sobre inmigración con expertos en asilo en dichos países.

148. Koçak, M. (2020), «Who Is "Queerer" and Deserves Resettlement?: Queer Asylum Seekers and Their Deservingness of Refugee Status in Turkey», *Middle East Critique*, p. 42.

149. Fassin, D. (2012), *Humanitarian Reason: A Moral History of the Present*, Berkeley: University of California Press, p. 87.

150. «Theresa May's Speech to the Conservative Party Conference— in Full», *The Independent*, 6 de octubre de 2015.

151. Fine, S. (2018), *Borders and Mobility in Turkey: Governing Sobibliuls and States*, Nueva York: Palgrave, pp. 93, 120.

152. Hamedani, A. (junio 2016), «Gay Mullah Flees Iran over Secret Same-Sex Weddings», BBC News.

10

153. Acnur (febrero 2016), «Iran Factsheet».

154. Traducción del autor del texto, los pasajes y la discusión en línea en Olszewska, Z. (2015), *The Pearl of Dari: Poetry and Personhood among Young Afghans in Iran*, Bloomington: Indiana University Press, pp. 57, 153.

155. Adelkhah, F. y Olszewska, Z. (2017), «The Iranian Afghans», *Iranian Studies* 40, n.º 2, p. 154.

156. Human Rights Watch (noviembre 2013), «Unwelcome Guests: Iran's Violation of Afghan Refugee and Migrant Rights».

157. Monsutti, A. (2004), *War and Migration: Social Networks and Economic Strategies of the Hazaras of Afghanistan*, Nueva York: Routledge, pp. 127, 137. Ver también: Olszewska, Z. (2015), *The Pearl of Dari*, ob. cit., pp. 41-47.

158. Çelik, A. (2019), «Challenging State Borders: Smuggling as Kurdish Infra-Politics During "The Years of Silence"», en *Kurds in Turkey: Ethnographies of Heterogeneous Experiences*, Lucie Drechselová y Adnan Çelik (eds.), Londres: Lexington Books, pp. 169, 177, 181.

159. Gingeras, R. (2014), *Heroin, Organized Crime, and the Making of Modern Turkey*, Oxford: Oxford University Press, pp. 117, 234, 241.

160. International Crisis Group (mayo 2017), «The PKK's Fateful Choice in Northern Syria», Middle East Report, n.º 176.

11

161. Pusch, B. (2012), «Bordering the EU: Istanbul as a Hotspot for Transnational Migration», en *Turkey, Migration and the EU: Potentials, Challenges and Opportunities*, Seçil Paçacı Elitok y Thomas Straubhaar (eds.), Hamburgo: Hamburg University Press, pp. 174, 178.

162. Tansel, C. B. (2019), «National Neoliberalism in Turkey», *Dissent*; Emily Canal (marzo 2016), «The Cities with the Most Billionaires», *Forbes*.

163. İçduygu, A. (abril 2014), «Turkey's Migration Transition and Its Implications for the Euro-Turkish Transnational Space», documento de trabajo del Global Turkey in Europe (Istituto Affari Internazionali), n.º 7.

164. Kirişci, K. (2007), «Border Management and EU-Turkish Relations: Convergence or Deadlock», CARIM Research Reports, Robert Schuman Centre for Advanced Studies.

165. Karaçay, A. B. (2017), «Shifting Human Smuggling Routes along Turkey's Borders», *Turkish Policy Quarterly* 15, n.º 4, pp. 97-108; Kirişci, K. (febrero 2014), «Will the Readmission Agreement Bring the EU and Turkey Together or Pull them Apart?», Centre for European Policy Studies.

166. Özler, Z. (2012), «Breaking the Vicious Circle in EU-Turkey Relations: Visa Negotiations», Turkish Policy Quarterly 11, n.º 1, p. 130.

167. OTAN (febrero 2016), «Standing NATO Maritime Group Two Conducts Drills in the Aegean Sea».

168. Keefe, P. R. (2009), *The Snakehead: An Epic Tale of the Chinatown Underworld and the American Dream*, Nueva York: Doubleday, p. 46.

169. Tinti, P. y Reitano, T. (2017), *Migrant, Refugee, Smuggler, Saviour*, Oxford: Oxford University Press, p. 68.

170. Monsutti, A. (2004), *War and Migration: Social Networks and Economic Strategies of the Hazaras of Afghanistan*, New York: Routledge, pp. 174, 185, 205.

12

171. De Vertot, L. (1856), *The History of the Knights Hospitallers of St. John of Jerusalem*, Nueva York: J. W. Leonard & Company, vol. 2, p. 104.

172. Llewellyn-Smith, M. (1998), *Ionian Vision: Greece in Asia Minor 1919-1922*, Londres: Hurst & Company, pp. 29, 107, 288.

173. Clark, B. (2006), *Twice a Stranger: The Mass Expulsions That Forged Modern Greece and Turkey*, Cambridge: Harvard University Press, pp. 12, 18, 91.

174. Morgenthau, H. (1929), *I Was Sent to Athens*, Nueva York: Doubleday, Doran & Company Inc., p. 101.

175. Kingsley, P. (2016), *The New Odyssey: The Story of Europe's Refugee Crisis*, Londres: Guardian Books, p. 190.

176. Pugliese, D. (enero 2017), «HMCS Charlottetown Returns Home from NATO Mission», *Ottawa Citizen.*

177. Stavridis, J. (2008), *Destroyer Captain: Lessons of a First Command*, Annapolis: Naval Institute Press, p. 128.

178. Bienvenu, H. y Santora, M. (junio 2018), «They Let 71 People Die in a Stifling Truck. They Got 25 Years», *The New York Times*.

179. Fargues, P. (2017), *Four Decades of CrossMediterranean Undocumented Migration to Europe: A Review of the Evidence*, Organización Internacional para las Migraciones.

180. De León, J. (2015), *The Land of Open Graves: Living and Dying on the Migrant Trail*, Oakland: University of California Press, p. 83.

13

181. Todas las cifras sobre las llegadas de embarcaciones han sido extraídas del Operational Data Portal de Acnur, Grecia.

182. Rouzakou, K. (marzo 2017), «Nonrecording the "European Refugee Crisis" in Greece: Navigating through Irregular Bureaucracy», *Focaal* 77.

183. Acnur (diciembre 2015), «Nationality of Arrivals to Greece, Italy and Spain: January–December 2015», Operational Data Portal; Acnur (enero 2016), «Breakdown of Men-Women-Children among Sea Arrivals in Greece for the Period June 2015-January 2016»; Brian, T. y Laczko, F. (2016), «Fatal Journeys, Volume 2: Identification and Tracing of Dead and Missing Migrants», Organización Internacional para las Migraciones, p. 5.

184. Apocalipsis 20:13, Biblia del rey Jacobo.

185. Tyrikos-Ergas, G. (2016), «Orange Life Jackets: Materiality and Narration in Lesvos, One Year after the Eruption of the "Refugee Crisis"», *Journal of Contemporary Archaeology* 3, n.º 2, pp. 230-231.

186. D'Orazio, F. (diciembre 2015), «Journey of an Image: From a Beach in Bodrum to Twenty Million Screens Across the World», en *The Iconic Image on Social Media: A Rapid Research Response to the Death of Aylan Kurdi*, Farida Vis y Olga Goriunova (eds.), Visual Social Media Lab, p. 16; Simon Rogers, «What Can Search Data Tell Us About How the Story of Aylan Kurdi Spread around the World?», *The Iconic Image on Social Media*, p. 22.

187. Abellán, L. (septiembre 2015), «Una imagen que estremece la conciencia de Europa», *El País*; Hopkins, K. (abril 2015), «Rescue Boats? I'd Use Gunships to Stop Migrants», *The Sun*; Wells, N. P. y Harvey, O. (septiembre 2015), «SUN CAMPAIGN: Our Bid to Help Thousands of Kids Like Drowned Migrant Boy», *The Sun*.

188. Knausgaard, K. O. (noviembre 2015), «Vanishing Point», *The New Yorker*.

189. Barisione, M., Michailidou, A. y Airoldi, M. (diciembre 2017), «Understanding a Digital Movement of Opinion: The Case of #RefugeesWelcome», en *Information, Communication & Society*, p. 5; Graham-Harrison, E., Kingsley, P., Waites, R., y McVeigh, T. (septiembre 2015), «Cheering German Crowds Greet Refugees after Long Trek from Budapest to Munich», *The Guardian*; Thränhardt, D. (2019), «Welcoming Citizens, Divided Government, Simplifying Media: Germany's Refugee Crisis, 2015-2017», en *Refugee News, Refugee Politics: Journalism, Public Opinion and Policymaking in Europe*, Giovanna Dell'Orto e Irmgard Wetzstein (eds.), Nueva York: Routledge, p. 15.

190. El éxodo de Mariel de 1980 trajo ciento cincuenta mil personas en seis meses. Tras la guerra de Vietnam, ochocientos mil huyeron por mar, pero durante un periodo de dos décadas.

191. Paterson, T. (octubre 2015), «Refugee Crisis: Germany's "Welcome Culture" Fades as Thousands Continue to Arrive», *The Independent*.

192. Benedicto, A. R. y Brunet, P. (septiembre 2018), «Building Walls: Fear and Securitization in the European Union», Centre Delàs d'Estudis per la Pau.

193. Citas en Brenner, Y. y Ohlendorf, K. (mayo 2016), «Time for the Facts. What Do We Know about Cologne Four Months Later?», *Correspondent*.

194. Bastié, E. (enero 2016), «"Que serait devenu le petit Aylan s'il avait grandi?": *Charlie Hebdo* choque», *Le Figaro*.

195. «Schäuble will Autofahrer in Asylkrise zur Kasse bitten», *Die Welt*, 16 de enero de 2016.

196. Para más detalles, véase Vradis, A., Papada, E., Painter, J. y Papoutsi, A. (2019), *New Borders: Hotspots and the European Migration Regime*, Londres: Pluto Press, pp. 79-80; Pollozek, S. y Passoth, J. H. (2019), «Infrastructuring European Migration and Border Control: The Logistics of Registration and Identification at Moria Hotspot», *Society and Space* 37, n.º 4, p. 612.

197. Feldman, G. (2011), *The Migration Apparatus: Security, Labor, and Policymaking in the European Union*, Stanford: Stanford University Press, p. 134.

198. FitzGerald, D. S. (2019), *Refuge beyond Reach: How Rich Democracies Repel Asylum Seekers*, Oxford: Oxford University Press, p. 172.

199. Roots, L. (2015), «The New Eurodac Regulation: Fingerprints as a Source of Informal Discrimination», *Baltic Journal of European Studies*, vol. 5, n.º 2, p. 109.

200. Faiola, A. y Mekhennet, S. (abril 2016), «Tracing the Path of Four Terrorists Sent to Europe by the Islamic State», *The Washington Post*.

201. Agencia de los Derechos Fundamentales de la Unión Europea (mayo 2017), «Fundamental Rights and the Interoperability of EU Information Systems: Borders and Security».

202. Sengoopta, C. (2003), *Imprint of the Raj: How Fingerprinting Was Born in Colonial India*, Londres: Macmillan, p. 51.

203. Longo, M. (2017), *The Politics of Borders: Sovereignty, Security, and the Citizen after 9/11*, Cambridge: Cambridge University Press, p. 148.

204. Jacobsen, A. (2021), *First Platoon: A Story of Modern War in the Age of Identity Dominance*, Nueva York: Dutton, p. 294.

205. Agamben, G. (enero 2004), «Non au tatouage biopolitique», *Le Monde*.

14

206. Cerimovic, E. (noviembre 2017), «Asylum Seekers' Hell in a Greek "Hotspot"», Human Rights Watch.

207. Frelick, B. (mayo 2016), «Greece: Refugee "Hotspots" Unsafe, Unsanitary», Human Rights Watch.

208. Acnur (septiembre 2016), «Fire at Reception Site on Lesvos Island, Greece».

209. Boochani, B. (2019), *No Friend but the Mountains: Writing from Manus Prison*, Toronto: House of Anansi, pp. 197, 125.

210. Contexto y decisión de quedarse en Moria sacados de una entrevista con Stefanos Samiotakis, director de EuroRelief, Mitilene, 17 de julio de 2017.

211. Golinghorst, L. y Schlabach, A. (2016), «Not Forgotten by God», https://lovinglesvos2016.wordpress.com/2016/03/01/not-forgotten-by-god/.

212. Siegel, D. (2019), *Dynamics of Solidarity: Consequences of the 'Refugee Crisis' on Lesbos*, La Haya: Eleven International Publishing, pp. 75, 79, 85.

213. Euractiv (marzo 2016), «MSF, Oxfam Pull Out of Lesbos Hotspot in Yet Another Blow to EU».

214. European Center for Constitutional and Human Rights (abril 2019), «Case Report: EASO's Involvement in Greek Hotspots Exceeds the Agency's Competence and Disregards Fundamental Rights».

215. Kouvelakis, S. (marzo-abril 2018), «Borderland: Greece and the EU's Southern Question», *New Left Review*, n.º 110, pp. 7, 31.

216. Euractiv (diciembre 2015), «EU Mulls Plan to Take Charge of Europe's Borders».

217. Fotiadis, A. (junio 2016), «New Security on Greek Islands Reduces Access», *New Humanitarian.*

218. Yardley, J. (abril 2016), «Pope Francis Takes 12 Refugees Back to Vatican after Trip to Greece», *The New York Times.*

15

219. Clark, B. (2006), *Twice a Stranger: The Mass Expulsions That Forged Modern Greece and Turkey*, Cambridge: Harvard University Press, p. 28.

220. Safo (2002), *If Not, Winter: Fragments of Sappho*, traducido por Anne Carson, Nueva York: Knopf, p. 298.

221. Niarchos, N. (septiembre 2015), «An Island of Refugees», *The New Yorker.*

222. Lovejoy, E. (1927), *Certain Samaritans*, Nueva York: Macmillan, p. 174.

223. Oikonomakis, L. (2018), «Solidarity in Transition: The Case of Greece», en *Solidarity Mobilizations in the "Refugee Crisis"*, Donatella della Porta (ed.), Londres: Palgrave Macmillan, p. 77.

224. Clark, B. (2006), *Twice a Stranger*, ob. cit., p. 93.

225. Ikonomou, C. (2019), *Good Will Come from the Sea*, traducido por Karen Emmerich, Brooklyn: Archipelago, p. 40.

226. Kakissis, J. (abril 2016), «For These Greek Grandmas, Helping Migrants Brings Back Their Own Past», National Public Radio.

227. «Barcelona, París, Lesbos y Lampedusa piden a los Estados que "no den la espalda" a las ciudades refugio», *Público*, 13 de septiembre de 2015.

228. Entrevista con Giorgos Tyrikos-Ergas, Kalloni, 13 de julio de 2017.

229. Brady, K. (octubre 2016), «Nobel Peace Prize: Who Will Win?», *Deutsche Welle.*

230. Steinbeck, J. (2002), *Las uvas de la ira*, Nueva York: Penguin Books, p. 434.

231. Ivanov, S. y Stavrinoudis, T. A. (agosto 2018), «Impacts of the Refugee Crisis on the Hotel Industry: Evidence from Four Greek Islands», *Tourism Management* 67, pp. 214-223.

232. Smith, H. y Kingsley, P. (noviembre 2016), «Far-Right Group Attacks Refugee Camp on Greek Island of Chios», *The Guardian.*

233. Harris, M. (octubre 2016), «Lesbos Parents Lock Schools to Keep Refugees Out», *Greek Reporter*.

234. Said, E. W. (1994), *Orientalism*, Nueva York: Vintage, p. 160.

16

235. Orwell, G. (1958), *El camino a Wigan Pier*, Nueva York: Harcourt, pp. 17, 33.

236. Abbott, T. (septiembre 2016), «Address to the Alliance of European Conservatives and Reformists, Lobkowicz Palace, Prague, Czech Republic».

237. Cavallaro, J., Shamas, D., Van Schaack, B. et al. (febrero 2017), «Communiqué to the Office of the Prosecutor of the International Criminal Court Under Article 15 of the Rome Statute», Stanford Human Rights Center, p. 52.

238. Lowy Institute (febrero 2019), «Polls Apart: How Australian Views Have Changed on "Boat People"»; Janet Phillips (enero 2017), «Boat Arrivals and Boat "Turnbacks" in Australia Since 1976: A Quick Guide to the Statistics», Research Paper Series 2016-2017, Parlamento de Australia.

239. Human Rights Watch (diciembre 2017), «Greece: Dire Risks for Women Asylum Seekers».

240. Hermans, M. et al. (2017), «Healthcare and Disease Burden Among Refugees in Long-Stay Refugee Camps at Lesbos, Greece», *European Journal of Epidemiology* 32, p. 853.

241. Collier, P. (2013), *Exodus: How Migration Is Changing Our World*, Oxford: Oxford University Press, pp. 271, 26.

242. Milanovic, B. (2018), *Global Inequality: A New Approach for the Age of Globalization*, Cambridge: Harvard University Press, p. 166.

243. Woodward, D. (2015), «Incrementum ad Absurdum: Global Growth, Inequality and Poverty Eradication in a Carbon-Constrained World», *World Social and Economic Review*, n.º 4; Jason Hickel (2019), «The Contradiction of the Sustainable Development Goals: Growth versus Ecology on a Finite Planet», *Sustainable Development* 27.

244. Frankel, M. (mayo 2016), «From Morningside Heights to the Maldives», Columbia Law School.

245. Kalir, B. y Rozakou, K. (noviembre 2016), «"Giving Form to Chaos": The Futility of EU Border Management at Moria Hotspot In Lesvos», *Society and Space*.

246. Farhad Darya, *Salaam Afghanistan.*

247. Reuters (febrero 2016), «Germany Offers Afghanistan Help to Take Back Migrants».

248. Quie, M. y Hakimi, H. (noviembre 2020), «The EU and the Politics of Migration Management in Afghanistan», Chatham House, p. 4.

249. Hakim, Y. (marzo 2016), «President Ghani Calls for Afghans to Remain in Country», BBC News.

250. Mackintosh, E. (enero 2017), «Conditions Worsen for Europe's Refugees as Temperatures Plummet», CNN.

251. Cossé, E. (febrero 2017), «Death and Despair in Lesbos», Human Rights Watch.

252. Boochani, B. (2019), *No Friend but the Mountains: Writing from Manus Prison*, Toronto: House of Anansi, pp. 212, 214, 318.

253. Médicos Sin Fronteras (octubre 2017), «Confronting the Mental Health Emergency on Samos and Lesvos», *Médecins Sans Frontières*, p. 7.

254. Infomobile (octubre 2015), «Moria/Lesbos: Tear Gas and Beatings Continue while Families Wait in the Mud All the Night»; Slater, J. (septiembre 2015), «Don't Send Anyone Else. This Is a Very Difficult Road», *Globe and Mail.*

17

255. Faiz, F. A. (1988), *The True Subject: Selected Poems of Faiz Ahmed Faiz*, traducido por Naomi Lazard, Princeton: Princeton University Press, p. 33.

256. Trilling, D. (2018), *Lights in the Distance*, Londres: Picador, pp. 124, 181.

257. Hadjimichalis, C. (julio 2013), «From Streets and Squares to Radical Political Emancipation? Resistance Lessons from Athens during the Crisis», *Human Geography* 6, n.º 2, p. 130.

258. Apoifis, N. (2014), «"FUCK MAY 68, FIGHT NOW!" Athenian Anarchists & Anti-Authoritarians: Militant Ethnography & Collective Identity Formation», trabajo final de máster, Universidad Macquarie, pp. 14, 107.

259. King, N. (2016), *No Borders: The Politics of Immigration Control and Resistance*, Londres: Zed Books, pp. 58-60.

260. Rozakou, K. (2016), «Socialities of Solidarity: Revisiting the Gift Taboo in Times of Crises», *Social Anthropology* 24, n.º 2, p. 185; Maniatis, G.

(octubre 2018), «From a Crisis of Management to Humanitarian Crisis Management», *South Atlantic Quarterly* 117, n.º 3, p. 908.

261. Lafazani, O. (octubre 2018), «Homeplace Plaza: Challenging the Border between Host and Hosted», *South Atlantic Quarterly* 117, n.º 3, p. 896.

262. Varoufakis, Y. (2017), *Adults in the Room: My Battle With Europe's Deep Establishment*, Nueva York: Farrar, Straus and Giroux, p. 457.

263. Nallu, P. (marzo 2015), «Greece Outlines Radical Immigration Reforms», Al Jazeera.

264. Amnistía Internacional (abril 2016), «Trapped in Greece: An Avoidable Refugee Crisis».

265. Raimondi, V. (2019), «For "Common Struggles of Migrants and Locals": Migrant Activism and Squatting in Athens», *Citizenship Studies* 23, n.º 6, pp. 566-567.

266. Entrevista con Aliki Papachela, Atenas, 21 de junio de 2017.

267. Giannarou, L. (octubre 2016), «Ta Gkriza Shmeia Ths Katalhyhs Toy City Plaza», *Kathimerini.*

268. Baker, A. (noviembre 2016), «Greek Anarchists Are Finding Space for Refugees in Abandoned Hotels», *Time.*

269. Andriopoulou, E., Karakitsios, A. y Tsakloglou, P. (2016), «Inequality and Poverty in Greece: Changes in Times of Crisis», Hellenic Observatory, GreeSE paper n.º 116.

270. Poulimenakos, G. y Dalakoglou, D. (2018), «Hetero-Utopias: Squatting and Spatial Materialities of Resistance in Athens at Times of Crisis», en *Critical Times in Greece: Anthropological Engagements with the Crisis*, Dimitris Dalakoglou y Giorgos Agelopoulos (eds.), Nueva York: Routledge, pp. 174, 179.

271. «Responsibility Claim for the Execution of Mafioso Habibi in June, Exarhia Area—Athens, Greece», 14 de julio de 2016, https://actforfree.nostate.net/?p=24330.

272. Manu Chao, *Clandestino.*

273. Fekete, L., Webbe, F. y Edmond-Pettit, A. (2017), «Humanitarianism: The Unacceptable Face of Solidarity», Institute of Race Relations.

274. Nossiter, A. (octubre 2016), «A French Underground Railroad, Moving African Migrants», *The New York Times.*

275. «Greece: Suspended Sentence for Spanish Activist Is "Decisive" for Decriminalising Solidarity with Migrants and Refugees», Statewatch, 19 de diciembre de 2018.

18

276. Psaroudakes, S. (2006), «A Lyre from the Cemetery of the Acharnian Gate, Athens», en *Music Archeology in Contexts*, Ellen Hickman, Arnd Both y Ricardo Eichmann (eds.), Rahden: Verlag Marie Leiderdorf, p. 59.

277. Navia, L. E. (1998), *Diogenes of Sinope: The Man in the Tub*, Westport: Greenwood Press, pp. 19, 22, 123.

278. Cifras sobre la población extraídas de Nippel, W. (2015), *Ancient and Modern Democracy: Two Concepts of Liberty?*, traducido por Keith Tribe, Cambridge: Cambridge University Press, p. 10; Andrews, K. (1979), *Athens Alive, or The Practical Tourist's Companion to the Fall of Man*, Atenas: Hermes Publications, p. 198.

279. Arrigoni, G. et al. (marzo 2017), «Online Visual Dialogues about Place: Using the Geostream Tools to Identify Heritage Practices on Photo-sharing Social Media», CoHERE, pp. 9, 26.

280. Themis, A. (mayo 2015), «Brothels: Houses Which Stood the Test of Time», en *Athens Social Atlas*, Thomas Maloutas y Stavros Spyrellis (eds.).

281. Horner, W. (enero 2017), «Afghan Asylum Seekers Resort to Sex Work in Athens», Al Jazeera.

282. Connor, P. y Krogstad, J. M. (mayo 2016), «Europe Sees Rise in Unaccompanied Minors Seeking Asylum, with Almost Half from Afghanistan», Centro de Investigaciones Pew.

283. Nyman, M. y Varga, P. (2019), «Country Report: Sweden, 2019 Update», Asylum Information Database, p. 88.

284. Human Rights Watch (septiembre 2016), «"Why Are You Keeping Me Here?": Unaccompanied Children Detained in Greece», p. 9.

285. Canción de Abdullah (2015), traducida del pastún por Thomas Wide y grabada por Celeste Cantor-Stephens, en «New Jungle Music: A Fieldwork Study of the Migrant Jungle of Calais», MSt Music, Oxford, p. 51.

286. Mezzadra, S. (octubre 2018), «In the Wake of the Greek Spring and the Summer of Migration», *South Atlantic Quarterly* 117, n.º 3, p. 927.

287. Human Rights Watch (julio 2016), «Hungary: Migrants Abused at the Border».

19

288. Entrevista con un oficial naval griego, Atenas, 2017.

289. Lafazani, O. (2013), «A Border within a Border: The Migrants' Squatter Settlement in Patras as a Heterotopia», *Journal of Borderlands Studies* 28, n.º 1, p. 2.

290. Yaghmaian, B. (2006), *Embracing the Infidel: Stories of Muslim Migrants on the Journey West*, Nueva York: Delta, pp. 221-225; Carr, M. (2015), *Fortress Europe: Dispatches from a Gated Continent*, Londres: Hurst, pp. 102-103.

291. Benjamin, W. (2007), «Theses on the Philosophy of History», en *Illuminations*, traducido por Harry Zohn, Nueva York: Schocken Books, p. 257.

292. Khosravi, S. (2010), *"Illegal" Traveller: An AutoEthnography of Borders*, Nueva York, Palgrave Macmillan, pp. 60, 62.

20

293. Mezzadra, S. y Neilson, B. (2013), *Border as Method, or, the Multiplication of Labor*, Durham: Duke University Press, p. 269.

294. Heller, C., Pezzani, L. y Stierl, M. (2019), «Toward a Politics of Freedom of Movement», *Open Borders*, Reece Jones (ed.), Atenas: University of Georgia Press, p. 59.

295. *Fatal Journeys: Volume 3, Part 1*, Frank Laczko, Ann Singleton y Julia Black (eds.), IOM, p. 6.

296. Kostis, K. (2018), *History's Spoiled Children: The Formation of the Modern Greek State*, Londres: Hurst, p. 399.

297. Truth Committee on Public Debt (junio 2015), «Preliminary Report», Parlamento Helénico, p. 20; FMI (febrero 2017), «Greece: 2017 Article IV Consultation», p. 6.

298. Harris, M. (noviembre 2016), «U.S. President Obama's Speech Cancelled at Pnyx Hill», *Greek Reporter*.

299. Obama, B. (noviembre 2016), «Remarks by President Obama at Stavros Niarchos Foundation Cultural Center in Athens, Greece».

300. Witte, G. (enero 2015), «Greeks Emphatically Reject Austerity, Elect Syriza in Historic Vote», *The Washington Post*.

301. Crabapple, M. (enero 2020), «The Attack on Exarchia, an Anarchist Refuge in Athens», *The New Yorker*.

302. «Mitsotakis Slams "Inconceivable Tolerance" of Gov't for Anarchist Violence», *Ekathimerini*, 22 de enero de 2018.

303. Roussanoglou, N. (octubre 2017), «Plaka and Exarchia Top Airbnb Chart», *Kathimerini.*

304. Faiz, F. A. (2004), «Prison Nightfall», traducido por Ted Genoways, «"Let Them Snuff Out the Moon": Faiz Ahmed Faiz's Prison Lyrics in Dast-e Saba», *Annual of Urdu Studies*, p. 115.

305. Kierkegaard, S. (2009), *Works of Love*, traducido por Howard y Edna Hong, Nueva York: Harper Perennial, p. 344.

21

306. Dios, C., *My Heart Will Go On.*

307. MacIntyre, A. (1981), *After Virtue: A Study in Moral Theory*, Universidad de Notre Dame, p. 216.

308. Rumi, *Masnavi*, libro 5, línea 3.683.

309. Lagia, A. (2014), «Health Inequalities in the Classical City», en *L'apport de la paléoanthropologie funéraire aux sciences historiques*, Anne-Catherine Gillis (ed.), Lille: Septentrion, p. 103.

310. Cilliers, L. (marzo 2010), «Burial Customs, the Afterlife and the Pollution of Death in Ancient Greece», *Acta Theologica* 26, n.º 2, p. 55; Paul Cartledge (2016), *Democracy: A Life*, Oxford: Oxford University Press, p. 138.

311. Aristóteles (1885), *The Politics of Aristotle*, traducido por Benjamin Jowett, Oxford: Clarendon, p. 7.

312. Williams, B. (1993), *Shame and Necessity*, Berkeley: University of California Press, p. 124.

313. Anzaldúa, G. (1987), *Borderlands/La Frontera: The New Mestiza*, San Francisco: Aunt Lute Books, pp. 30, 85.

314. «Hum Yaar Hain Tumhare», de la película *Haan Maine Bhi Pyaar Kiya.*

Sobre el autor

Matthieu Aikins lleva informando desde Afganistán y Oriente Medio desde el año 2008. Colabora en la revista *The New York Times Magazine* y es editor colaborador de *Rolling Stone*; ha recibido numerosos reconocimientos, como los premios George Polk y Livingston. Ha trabajado en el Type Media Center, en el New America, en el Council on Foreign Relations y en la American Academy de Berlín. Matthieu creció en Nueva Escocia y tiene un máster en estudios sobre Oriente Próximo por la Universidad de Nueva York. *Los cuerpos desnudos no le temen al agua* es su primer libro.